Bibliografische Information der Deutschen Nationalbibliothek
Die Deutsche Nationalbibliothek verzeichnet diese Publikation
in der Deutschen Nationalbibliografie; detaillierte
bibliografische Daten sind im Internet über
http://dnb.de abrufbar.

Michael Haller / Hans-Peter Waldrich
Schuld, Verantwortung und Solidarität.
Eine Kontroverse über Russland, Deutschland
und die Nato im Ukrainekrieg
Köln: Halem 2024

ISBN (Print):   978-3-86962-692-5
ISBN (PDF):   978-3-86962-693-2
ISBN (ePub):   978-3-86962-694-9

Den Herbert von Halem Verlag erreichen Sie auch im
Internet unter http://www.halem-verlag.de
E-Mail: info@halem-verlag.de

SATZ: Herbert von Halem Verlag
LEKTORAT: Julian Pitten
DRUCK: docupoint GmbH, Magdeburg
GESTALTUNG: Claudia Ott Grafischer Entwurf, Düsseldorf
Copyright Lexicon ©1992 by The Enschedé Font Foundry.
Lexicon® is a Registered Trademark of The Enschedé Font Foundry.

Michael Haller / Hans-Peter Waldrich

Schuld, Verantwortung und Solidarität

Eine Kontroverse über Russland, Deutschland
und die Nato im Ukrainekrieg

HERBERT VON HALEM VERLAG

Inhalt

Vorbemerkung:
Wie der Briefwechsel und daraus das Buch
entstanden sind

Sie beschimpfen sich, sie geifern gegeneinander; jeder hat die einzig wahre Sicht, die andern sind ahnungslos oder borniert oder haben die Zeichen der Zeit nicht erkannt.

Nach dem Konflikt über die Migrationspolitik, nach dem Streit um die richtigen Corona-Maßnahmen streitet man sich seit bald zwei Jahren über die Waffenlieferungen für die überfallene Ukraine, die Deutschland in verfeindete Meinungslager spaltet. Es scheint, als werde der echte Ukrainekrieg in Deutschland als Meinungskrieg ausgefochten.

Es geht offensichtlich um einen fundamentalen Wertekonflikt: Müssen wir uns vor Putins Atomraketen fürchten? Sollten wir nicht zuerst an uns und unsere Wirtschaft denken? Oder sind wir Wohlstandsbürger zu bequem geworden, um uns für die Menschenrechte der Ukrainerinnen und Ukrainer zu engagieren? Oder könnte es sein, dass uns die Medien mit ihren Katastrophen-Geschichten, ihren Putin-Verteufelungen und Appellen für die Waffenlieferungen an die Ukraine in die Irre führen?

Jeden Tag dieselben Bilder und Berichte von brennenden Gebäuden, zerstörten Wohnblocks, verzweifelten Müttern und Kindern. Dazwischen mehrdeutige Statements unserer Politiker. Ein wachsender Teil in unserer Bevölkerung wendet sich ab, viele verlieren ihr Informationsinteresse und gehen den Nachrichten über Politik und Krieg ganz aus dem Weg. Wie kommt das?

Deutschland gehört zur Gemeinschaft der Vereinten Nationen, Deutschland hat die Menschenrechtsabkommen der UNO ratifiziert; Deutschland ist Mitglied der Nato und unterstützt die Friedenspolitik seiner Bündnispartner. Warum reagieren so viele Menschen empört, wenn es um die Einlösung dieser Beistandspflicht für die Ukraine geht? Warum ergreifen die Leitmedien, wenn Fragen aufkommen, sogleich Partei für die Politik der Nato? Können wir denn nicht über die Frage der Verantwortung auf beiden Seiten, über das Für und das Wider der Waffenhilfe miteinander nachdenken und die Argumente gemeinsam abwägen?

Doch, genau dies wollten wir. Statt Gesinnung und Vorurteile gegeneinander zu stellen, haben wir das Riesenthema »Was genau bedeutet der Krieg in der Ukraine? Was können wir tun? Wie könnte der Weg aussehen, der zum Frieden führt?« im Fortgang unserer Meinungskontroverse durchleuchtet. Unsere Leuchtmittel sind Erfahrungen, Erwägungen und frische Gedanken.

Dieses Buch gibt unser Gespräch in Form von 25 Briefen wieder. Wir haben sie im Lauf von sechs Monaten – von Mitte März 2023 bis Mitte September 2023 – geschrieben und ausgetauscht: eine schriftlich geführte Debatte. Dabei vertritt keiner von uns ideologische Besserwisser-Positionen. Jeder steht vielmehr für eine der beiden in der Bevölkerung »mehrheitsfähigen« Positionen ein:

Hans-Peter Waldrich ist studierter Politikwissenschaftler und Publizist. Er hat verschiedene Bücher über Bildungspolitik veröffentlicht, gehört zur Friedensbewegung und ist überzeugter Atomwaffengegner: »Frieden statt Waffen!«.

Michael Haller, studierter Philosoph und Medienwissenschaftler, argumentiert aus der Sicht des Ethikers, für den der Schutz der Menschenrechte das höchste Gut bedeutet: »Wir müssen der Ukraine beistehen, auch mit schweren Waffen!«

Weshalb wollten wir diese Debatte führen? Wir sind zwei alte Männer, die am Ende des Zweiten Weltkriegs zur Welt kamen, die schon als Schüler befreundet waren, die gegen die Wiederbewaffnung der Bundesrepublik, gegen Nato und die atomare Abschreckung auf die Straßen gingen, Manifeste schrieben und Proteste organisierten. Deren Lebenswege dann aber in verschiedene Regionen und Richtungen führten – und zu unterschiedlichen politischen Auffassungen.

Diesem Disput vorausgegangen ist die Beobachtung, dass eine wachsende Zahl an Menschen nicht mehr miteinander reden kann, dass die »demokratische Streitkultur« in der Medienöffentlichkeit schon wieder vergessen scheint. Vielleicht kann dieses Buch mancher Leserin, manchem Leser als Anregung dienen, auch über fundamentale Problemthemen den Gedankenaustausch zu suchen und dem Vorurteil zu widerstehen.

Das Motto unseres Gesprächs haben wir nicht Hegel, sondern Martin Walser entlehnt: »Nichts ist ohne sein Gegenteil wahr.«[1]

Michael Haller und Hans-Peter Waldrich
Hamburg und Freiburg, Ende September 2023

---

1   *Martin Walser über sich und sein Werk. Vorträge und Gespräche.* München [Quartino] 2012

Zum Auftakt

Ausgangspunkt unserer Debatte waren zwei Ereignisse:
Das »Manifest für Frieden« und die Kundgebung »Aufstand für Frieden« in Berlin, veranstaltet von Sahra Wagenknecht und Alice Schwarzer. Zur Einstimmung dokumentieren wir hier beide Ereignisse.

Manifest für Frieden

Das »Manifest« wurde am 10. Februar 2023 auf change.org veröffentlicht und von Alice Schwarzers Zeitschrift *Emma* unterstützt. Bis zum Sommer 2023 wurde das Manifest von rund 850.000 Personen unterzeichnet. Hier der Wortlaut:

Heute ist der 352. Kriegstag in der Ukraine (10.2.2023). Über 200.000 Soldaten und 50.000 Zivilisten wurden bisher getötet. Frauen wurden vergewaltigt, Kinder verängstigt, ein ganzes Volk traumatisiert. Wenn die Kämpfe so weitergehen, ist die Ukraine bald ein entvölkertes, zerstörtes Land. Und auch viele Menschen in ganz Europa haben Angst vor einer Ausweitung des Krieges. Sie fürchten um ihre und die Zukunft ihrer Kinder.

Die von Russland brutal überfallene ukrainische Bevölkerung braucht unsere Solidarität. Aber was wäre jetzt solidarisch? Wie lange noch soll auf dem Schlachtfeld Ukraine gekämpft und gestorben werden? Und was ist jetzt, ein Jahr danach, eigentlich das Ziel dieses Krieges? Die deutsche Außenministerin sprach jüngst davon, dass »wir« einen »Krieg gegen Russland« führen. Im Ernst?

Präsident Selenskyj macht aus seinem Ziel kein Geheimnis. Nach den zugesagten Panzern fordert er jetzt auch Kampfjets, Langstreckenraketen und Kriegsschiffe – um Russland auf ganzer Linie zu besiegen? Noch versichert der deutsche Kanzler, er wolle weder Kampfjets noch »Bodentruppen« senden. Doch wie viele »rote Linien« wurden in den letzten Monaten schon überschritten?

Es ist zu befürchten, dass Putin spätestens bei einem Angriff auf die Krim zu einem maximalen Gegenschlag ausholt. Geraten wir dann unaufhaltsam auf eine Rutschbahn Richtung Weltkrieg und Atomkrieg? Es wäre nicht der erste große Krieg, der so begonnen hat. Aber es wäre vielleicht der letzte.

Die Ukraine kann zwar – unterstützt durch den Westen – einzelne Schlachten gewinnen. Aber sie kann gegen die größte Atommacht der Welt keinen Krieg gewinnen. Das sagt auch der höchste Militär der USA, General Milley. Er spricht von einer Pattsituation, in der keine Seite militärisch siegen und der Krieg nur am Verhandlungstisch beendet werden kann. Warum dann nicht jetzt? Sofort!

Verhandeln heißt nicht kapitulieren. Verhandeln heißt, Kompromisse machen, auf beiden Seiten. Mit dem Ziel, weitere Hunderttausende Tote und Schlimmeres zu verhindern. Das meinen auch wir, meint auch die Hälfte der deutschen Bevölkerung. Es ist Zeit, uns zuzuhören!

Wir Bürgerinnen und Bürger Deutschlands können nicht direkt auf Amerika und Russland oder auf unsere europäischen Nachbarn einwirken. Doch wir können und müssen unsere Regierung und den Kanzler in die Pflicht nehmen und ihn an seinen Schwur erinnern:

»Schaden vom deutschen Volk wenden«.

Wir fordern den Bundeskanzler auf, die Eskalation der Waffenlieferungen zu stoppen. Jetzt! Er sollte sich auf deutscher wie europäischer Ebene an die Spitze einer starken Allianz für einen Waffenstillstand und für Friedensverhandlungen setzen. Jetzt! Denn jeder verlorene Tag kostet bis zu 1.000 weitere Menschenleben – und bringt uns einem 3. Weltkrieg näher.

Alice Schwarzer und Sahra Wagenknecht

+++

Die Kundgebung in Berlin am 25. Februar 2023

Auf dem Podium (von links): Erich Vad, Corinna Kirchhoff, Hans-Peter Waldrich, Sahra Wagenknecht, Alice Schwarzer.

Zwei Wochen später, am 25. Februar 2023, fand in Berlin die Großdemonstration »Aufstand für Frieden« statt. Dieser sei »der Beginn einer neuen starken Friedensbewegung«, erklären die Veranstalterinnen.

Die Nachrichtenagentur dpa berichtete über die Kundgebung wie folgt:

Alice Schwarzer hat die von ihr und Sahra Wagenknecht initiierte Kundgebung am Samstag in Berlin als »gewaltigen Erfolg« gewertet. »Ich bin total glücklich«, sagte die Frauenrechtlerin am Abend der Deutschen Presse-Agentur. »Es war eine so friedliche und fröhliche Stimmung. Keine parteigebundene Stimmung, keine Sektenstimmung. Da waren einfach Menschen aus der Mitte der Gesellschaft, die aus allen Ecken Deutschlands angereist waren, um ein Zeichen zu setzen.« Als am Ende *Imagine* von John Lennon gespielt worden sei, hätte sie am liebsten auf der Bühne getanzt.

Mit der Kundgebung wollten Wagenknecht und Schwarzer ihre Forderungen zum Umgang mit dem russischen Angriffskrieg in der Ukraine untermauern. Sie hatten vor zwei Wochen ein »Manifest für Frieden« veröffentlicht, in dem sie Bundeskanzler Olaf Scholz (SPD) auffordern, »die Eskalation der Waffenlieferungen zu stoppen«. Die Frauenrechtlerin und die Linken-Politikerin rufen darin zu einem Waffenstillstand und Friedensverhandlungen mit Russland auf. Kritiker hatten Wagenknecht und Schwarzer vorgeworfen, ihr Text sei »naiv«.

Schwarzer sagte zu der Stimmung am Samstag, auf dem Weg zu einem Café sei sie »durch einen Strom von Herzlichkeit und Zustimmung« gegangen. Die Menschen hätten sich bei ihr dafür bedankt, dass sie endlich die Möglichkeit bekommen hätten, ihre große Sorge vor einer Ausweitung des Ukraine-Krieges zum Ausdruck zu bringen. Rechtsextreme habe sie bei der Kundgebung nicht gesehen, sagte Schwarzer. Natürlich könne sie nicht ausschließen, dass einzelne Rechte da gewesen seien, es könne sich dabei dann aber nur um eine verschwindende Minderheit gehandelt haben.

Die Polizei hatte nach der Veranstaltung von 13.000 Teilnehmern gesprochen – die Veranstalter sprachen von 50.000 Teilnehmern.

© dpa-infocom, dpa:230225-99-738968/3

Teil 1:
Wer trägt die Verantwortung?

Briefe 1 bis 7

Brief 1, Hamburg, Mitte März 2023

Lieber Hans-Peter,

kennst Du vielleicht den Weg, der weg vom Krieg in Richtung Frieden führt? Unsere Regierungspolitiker scheinen ratlos, unsere Leitmedien sind Parteivertreter und wirken hysterisch, viele Menschen sind verwirrt. Vor wenigen Tagen starb Antje Vollmer, die Theologin und geistreiche Politikerin der Grünen, die das Ethos des Politischen als Auftrag zur Befriedung der Welt noch ernst und ehrlich nahm. Kurz vor ihrem Tod schrieb die überzeugte Pazifistin in ihrem letzten Essay: »*Warum nur fand ausgerechnet Europa, dieser Kontinent mit all seinen historischen Tragödien und Irrwegen, nicht die Kraft, zum Zentrum einer friedlichen Vision für den bedrohten Planeten zu werden?*«[2] Ja, warum nicht? Mit ihrem Rückblick auf die Nachkriegsgeschichte schrieb Vollmer: Der Hang der Westmächte, »sich zum Sieger zu erklären, ist eine alte westliche Hybris und seit jeher Grund für viele Demütigungen, die das ungleiche Verhältnis zum Osten prägen.« Dem kann ich voll zustimmen, nur: Dieser Rück-

---

2 Antje Vollmers Essay vom 23.02.2023 findet sich hier (Bezahlschranke): https://www.berliner-zeitung.de/politik-gesellschaft/ein-jahr-ukraine-krieg-kritik-an-gruenen-antje-vollmers-vermaechtnis-einer-pazifistin-was-ich-noch-zu-sagen-haette-li.320443

blick hilft uns heute, im Krieg der Russen gegen die Ukrainer, nicht weiter.

Seit mehr als einem Jahr führt Russland diesen grauenhaften Angriffskrieg, ein Ende ist nicht in Sicht: ›Abnützungskrieg‹ ist das Schlagwort der Stunde. Britischen Geheimdienstberichten zufolge werden täglich mehr als tausend russische Soldaten getötet oder durch Verletzungen kampfunfähig. Auf ukrainischer Seite sollen es viele Hundert sein. Täglich sterben Zivilisten durch Raketentreffer und Granaten der russischen Artillerie, brennen Schulen und Krankenhäuser, zerbersten Wasserleitungen und explodieren Stromwerke. Auch wenn wir nur Zuschauer sind, so spüren wir doch dieses ungeheure Leid der betroffenen ukrainischen Menschen; wir spüren, dass Mitleid mit den Opfern keine Attitüde ist, sondern Mit-Leiden bedeutet. Alle Personen in meinem Freundeskreis helfen irgendwie betroffenen Ukrainern, die meisten den geflüchteten Frauen und Kindern, andere durch Spenden für die Bevölkerung in den zerstörten Dörfern und Städten der Ukraine.

Ich kenne niemanden, der nicht den Frieden für die Ukraine herbeisehnt. In einer aktuellen Umfrage vom März 2023 wünschen mehr als zwei Drittel der Befragten ein möglichst rasches Ende des Krieges und so auch Friedensverhandlungen. Natürlich kann eine Befragung nicht ermitteln, wie dieser Frieden erreicht werden könnte. Dafür werden in Zeitungskommentaren, auf den Kanälen der Social Media, in Podcast-Sendungen und in den zahllosen TV-Talkrunden wunderwirkende Ideen vorgestellt und vermeintlich Schuldige an den Pranger gestellt. Die einen finden, die Regierung in Kiew solle doch den Donbass und die Krim abtreten, dann wäre der um sein Image bangende Putin zufrieden. Andere wollen die Armee der Ukraine so rasch wie möglich weiter aufrüsten, damit sie weitere Gebiete befreien und die russische Armee so weit schwächen könne, bis der Kreml endlich zu Waffenstillstandsverhandlungen bereit sein werde. Manche fordern Konferenzen zwischen US-Präsident Biden und Kreml-Chef Putin, andere sehen Chinas mächtigen Staats- und Parteichef Xi Jinping als halbneutralen Vermittler, wiederum andere erinnern sich an die Gesprächsrunde in Istanbul im April 2022 und setzen auf den türkischen Regierungschef Erdoğan: Er solle die Kriegsbeteiligten wieder zusammenbringen.

Diese und viele weitere Ideen sprudeln in der öffentlichen Debatte, die Sahra Wagenknecht und Alice Schwarzer mit vielen Erstunterzeichnern – darunter auch Antje Vollmer – im Februar 2023 mit ihrem »Manifest für Frieden« initiiert haben und die durch eure »Friedensdemo« am 25. Februar in Berlin so richtig in Schwung kam. Beide Initiantinnen behaupteten in vollem Ernst, »eine Lösung für das Ende des Krieges« zu kennen.

Vielleicht haben solche Sätze der beiden Frauen die Journalisten dazu verleitet, mit Schlagseite zu berichten und oberschlau zu kommentieren – und für eure politischen Gegner sofort Platz freizuräumen. Zum Beispiel für Katrin Göring-Eckhardts Meinung, euer Aufruf sei »naiv und unehrlich« (*Südkurier*), er komme »im vergnügten Ton der Bevormundung« daher (*Tagesspiegel*) und bedeute »eine Beleidigung für die Ukrainer« (*Kölnische Rundschau*).

Ob es wirklich nur »Friedens-Sprücheklopferinnen seien« (*Der Spiegel*), die in Berlin zur Groß-Kundgebung riefen? Ich wollte statt der abwertenden Medienberichte den O-Ton hören und die Originalbilder sehen und habe mir darum die ungeschnittene Videoaufzeichung Eurer Berliner Kundgebung angeschaut.[3]

Der Aufzeichnung zufolge hast Du, lieber Hans-Peter, auf dieser Friedensdemo in Berlin mit starken Worten und schockierend wirkenden Sprachbildern über die Gefahr ei-

---

3 Die Reden der VeranstalterInnen können hier nachgehört werden: https://aufstand-fuer-frieden.de/

ner weiteren Eskalation – Stichwort: Atomkrieg – gesprochen und sofortige Friedensverhandlungen eingefordert.
Ich bin überzeugt, dass Du dies nicht als wohlfeile Meinung kundtatst, wie viele andere, die mit ihren Ansichten
die Redner der Friedensbewegung munitionieren, obwohl
sie keine belastbaren Aussagen machen können. Ich denke, dass Du als kenntnisreicher Politologe und erfahrener
Streiter der Friedensbewegung konkrete Vorstellungen,
vielleicht auch Vorschläge geben kannst, die mir helfen,
den Realismus einzusehen, der in euren Forderungen ste-
cken und der handlungsleitend wirken soll. Du hast das
Wort.

Mit herzlichem Gruß
Michael

Brief 2, Freiburg, 23. März 2023

Ja, lieber Michael,

viele von uns empfanden die Berichterstattung mancher Mainstreammedien an der Grenze zur Diffamierung. Wer Frieden statt Waffen fordert, der gilt bereits als Putinist. Sag Du mir, warum es den Journalisten der meisten Medien immer schwerer fällt, die Nachrichten von ihrer Meinung getrennt zu halten? Darüber möchte ich mich mit dir als Medienforscher auch austauschen.

Jetzt aber geht's um die Berliner Veranstaltung selbst. Du fragst mich, ob in den Forderungen, die wir beim ›Aufstand für Frieden‹ am 25. Februar in Berlin gestellt haben, Ansätze zu einem gangbaren Weg zum Frieden zu finden sind. Denn sicher reicht es nicht aus, nach Waffenstillstand und Verhandlungen zu rufen, ohne zeigen zu können, dass hiermit aktuell das Problem gelöst werden könnte.

In verschiedenen Erklärungen hat Bundeskanzler Scholz Friedensverhandlungen vorläufig ausgeschlossen. Über die Köpfe der Ukrainerinnen und Ukrainer hinweg seien diese nicht denkbar. Ein Diktatfrieden könne nicht akzeptiert werden, man müsse damit rechnen, dass dieser Krieg noch länger dauere. Einig ist sich Scholz auch mit den Staats- und

Regierungschefs der EU, die sich vor wenigen Tagen einigten, die Ukraine weiterhin humanitär, aber auch mit Waffen zu unterstützen und generell den Druck auf Russland zu erhöhen.

In Bezug auf diese Position stelle ich zwei Fragen: Was sind die Ziele sowohl des Bundeskanzlers wie auch der EU? Und kann wirklich davon ausgegangen werden, dass alle einen raschen Frieden wollen? »Ich kenne niemanden, der nicht den Frieden für die Ukraine herbeisehnt«, schreibst Du (18). Sicher wird das auf die Menschen in unserer Umgebung zutreffen. Das heißt aber noch lange nicht, dass es auch für die interessengeleitete Außenpolitik jener Mächte zutrifft, die an diesem Konflikt beteiligt sind.

Die Forderung nach einem Waffenstillstand und nach Friedensverhandlungen läuft also zunächst einmal auf die Überzeugung hinaus, dass das Geflecht jener Interessen, die sich in diesem Konflikt aufgeschaukelt haben, besser auf dem Verhandlungsweg aufgelöst werden kann als durch Krieg, und dass daher die Interessen und Ziele aller an diesem Konflikt Beteiligten zur Sprache kommen müssen. Die »Sprache« der Waffen ist dafür ungeeignet.

Zugrunde liegen folgende Voraussetzungen: Nahezu alle Kriege können ursächlich auf bereits lange bestehende Streitigkeiten reduziert werden. Krieg ist gewissermaßen die Verlegenheitslösung dieser Streitigkeiten, wenn der vorherige Interessensausgleich nicht stattfand bzw. versäumt wurde. So waren etwa die außenpolitischen Anstrengungen der Weimarer Republik zwischen Deutschland und Frankreich vor allem ein Versuch, gegenseitige nationale Kränkungen und vor allem die Demütigungen des Versailler Vertrags auf friedlichem Weg wieder gut zu machen. Selbstverständlich sind Hitlers Eroberungsgelüste nicht dadurch zu erklären, dass diese Versuche nur unvollkommen gelangen. Dennoch ist der Zweite Weltkrieg auch eine Folge des ungenügenden Interessensausgleichs.

Werden zur Zeit also Verhandlungen im Ukraine-Krieg von westlicher Seite abgelehnt, so scheint mir das geradezu ein Beweis dafür zu sein, dass es sich hier keineswegs mehr um einen reinen Verteidigungskrieg handelt, in dem das Richtige und das Verkehrte, das Gute und das Böse säuberlich geschieden werden können. Nicht das Ende des Kriegs, so scheint es mir, steht für den Westen daher auf der Tagesordnung, sondern implizit die Durchsetzung von Interessen, die im Hintergrund bereits lange schon eine Rolle spielten und nun – da der Krieg nun einmal da ist – konsequent weiterverfolgt werden.

Ich weiß, wie geradezu ungeheuerlich diese Behauptung für manche Ohren klingen mag. Sehen doch gerade wir Deutschen uns zum ersten Mal seit 1945 in einer bewaffneten Auseinandersetzung auf der Seite der Gerechtigkeit, vielleicht abgesehen von jener ebenfalls schon bedenklichen Intervention 1999 im Kosovokrieg. Und tatsächlich besteht ja kein Zweifel daran, dass der Überfall Russlands auf die Ukraine einen Bruch des Völkerrechts darstellt. Ebenso unbestreitbar ist es, dass nach Art. 51 der UN-Charta solidarische militärische Hilfe, also vor allem Waffenlieferungen rechtens sind.

Das schließt aber keineswegs aus, dass der Konflikt außer der widerrechtlichen Aggression Russlands noch eine ganze weitere Reihe von Ursachen hat, die nun eben – gewissermaßen stellvertretend für Verhandlungen – in kriegerischer Form einer Lösung zugeführt werden sollen. Um es provokativ zu wiederholen: Kriege sind oft Ersatzhandlung, nachdem der Aufbau einer klugen, diplomatisch gesteuerten Friedensarchitektur im Vorlauf verfehlt wurde. Auch dieser Krieg kann so gesehen als Symptom betrachtet werden, das eine tiefer liegende Dysfunktion anzeigt. Nämlich als Symptom für eine schlechte Außenpolitik der maßgebenden Mächte, denen es nicht gelang, eine stabile Friedensordnung aufzurichten.

Auch diese Behauptung mag einen provokativen Beiklang haben. Gilt nicht Putin als der Alleinschuldige an dieser Misere? Bereite ich hier nicht so etwas wie eine Täter-Opfer-Umkehr vor? Will ich nicht den Despoten Putin entlasten, wenn ich auf die eventuelle Mitschuld anderer hinweise? Die Antwort lautet, dass hier sorgsam unterschieden werden muss. Im außerpolitischen Konzert ist Schuld stets nur verteilt aufzufinden. Beginnt aber jemand einen Angriffskrieg, so ist er ohne Wenn und Aber der Angreifer und der Friedensbrecher. Von Kriegsverbrechen, sofern sie stattfanden, kann er schon gar nicht freigesprochen werden, nur er hat sie zu verantworten. Hieran kann nicht gerüttelt werden.

Das schließt aber nicht aus, dass zumindest der Möglichkeit nach auch der Angegriffene als Mitverursacher des kriegsauslösenden Konflikts infrage kommen kann. Die Schuld des einen löscht die eventuelle Schuld des anderen nicht aus. Da die Verursachung sozialer und politischer Konflikte also zumeist breit gestreut ist und fast ohne Ausnahme mehrere Akteure daran mitgewirkt haben, scheint es mir wichtig zu sein, sich die jeweilige Situation unter diesem Gesichtspunkt deutlich vor Augen zu führen. Wollen wir lernen, wie Frieden organisiert werden kann, so sind solche oft versteckten Ursachen von größter Bedeutung.

Leider scheint mir zurzeit gerade diese Sicht sträflich zu kurz zu kommen. Der Unwille zu verhandeln scheint mir daher genau diesen Hintergrund zu haben: Man verbirgt die eigene Beteiligung an der Wurzel und Entstehung des Konflikts. Man versteckt sich geradezu hinter einer selektiven Wahrnehmung und Interpretation des Ereignisses: eben der eindeutigen Verletzung des Völkerrechts auf der Seite Russlands. Und freilich wäre diese Blickverengung auch nicht förderlich, um erfolgreich Verhandlungen zu führen. Wäre man restlos davon überzeugt, dass die völkerrechtliche Schuld des Angriffs identisch mit der Gesamtschuld an dieser Auseinandersetzung ist, bräuchte man Verhandlungen gar nicht erst zu beginnen. Wer sich sicher ist, niemals irgendeinen Konfliktstoff geliefert zu haben, der braucht über Kompromisse nicht einmal nachzudenken. Wer dem außenpolitischen Kontrahenten jedes Recht auf ein begründetes Interesse abspricht und sein eigenes Interesse absolut setzt, der wird mit leeren Händen wieder nach Hause gehen. Sieht es aber anders aus, so könnte die Sprache der Waffen durch Diplomatie ersetzt werden.

Es liegt also eine gewisse Mehrdeutigkeit in der gegenwärtigen westlichen Ablehnung von Verhandlungen. Sie beruft sich einerseits auf Recht und Gerechtigkeit, weiß aber, dass man der anderen Seite durchaus Gründe geliefert hat, das Recht zu übertreten. Gehen wir davon aus, dass das Ende des Konflikts nicht durch militärische Gewalt erzwungen werden kann, sondern – der Gemengelage der Sache entsprechend – im Kompromiss liegen wird, so war unsere Forderung am 25. Februar, sofort Verhandlungen aufzunehmen, einer realistischen Sicht geschuldet. Was in der Realität Ergebnis gemeinsamer Irrtümer und Fehler ist, kann heutzutage nicht mehr entlang der Interessen nur einer einzigen Seite »durchgeprügelt« werden. Diese Methode legt den Zündstoff für spätere Folgekonflikte. Freilich gilt solches Reden in erster Linie für Russland, aber eben auch für den Westen.

Was Du dazu sagen magst? Ich bin gespannt.
Dein Freund Hans-Peter

Brief 3, Hamburg, Anfang April 2023

Lieber Hans-Peter,

während der Lektüre deines Antwortbriefs gewann ich den Eindruck, dass Du der Frage »Wie kommen wir vom Krieg zum Frieden?« ausweichst und stattdessen die Frage aufwirfst, ob die Weststaaten – Du meinst vermutlich die USA mit ihren Nato-Verbündeten – eine doppelte Schuld träfe: zum einen als Mitverursacher der dem Krieg vorausgegangenen Konflikte, zum andern durch ihre Verweigerung, Friedensverhandlungen aufzunehmen. Ich kenne diese Positionen, sie decken sich grosso modo mit dem offenen Brief (»Manifest«) von Sahra Wagenknecht und Alice Schwarzer an die Bundesregierung, den Du mitunterzeichnet hast. Beide Punkte kommen auch in den Reden vor, die Ihr an der Kundgebung am 25. Februar in Berlin gehalten habt. Aus meiner Sicht zielen beide Positionen am Kern des Problems vorbei. Bitte lass mich dies hier begründen.

Zur ersten Position: Du bindest die Suche nach Frieden zurück an die Ursachen des Konflikts. Diese müssten rekonstruiert werden, so verstehe ich dich, ehe der Weg zum Frieden gefunden werden kann. Diesen Ansatz halte ich für akademisch, vielleicht geeignet für ein Seminar mit angehenden Historikern. Als Handlungsziel für die Friedenspolitik erscheint er mir irreführend. Deine These, Kriege seien Ersatzhandlungen und könnten mit »einer klugen, diplomatisch gesteuerten Friedensarchitektur« vermieden werden, vertreten auch namhafte Publizisten der linksalterativen Szene. Doch aus meiner Sicht erzählen die seit dem Zweiten Weltkrieg stattgehabten Kriege eine andere Geschichte. Du sagst, dass Kriege »als Symptom für eine schlechte Außenpolitik« zu deuten seien (23). Das mag – wenn ich dem britischen Historiker Christopher Clark (deutsch: *Die Schlafwandler,* 2013) folge – für die Gründe des Ersten Weltkriegs zutreffen. Damals gelang es den europäischen Nationalstaaten tatsächlich nicht, »eine stabile Friedenordnung aufzurichten«, wie Du es formulierst. Wobei: Die damaligen Machtstaaten Europas standen im Widerstreit zwischen borniertem Nationalismus und imperialen Grandiositätsphantasien. Vermutlich wollten die Generalstäbe der Achsenmächte keine Friedensordnung. Kriegsführung galt ihnen noch im Clausewitz'schen Sinne als effektives Instrument zur Durchsetzung außenpolitischer Ziele. Ich meine: Jene Sturköpfe waren vermutlich in Erinnerung an »Preußens Gloria« (FISCHER-FABIAN 1976) noch immer dem eitlen Renommier-Nationalismus des 19. Jahrhunderts verhaftet, Motto: »Viel Feind, viel Ehr!«.

Das änderte sich mit den ideologisch begründeten Herrschaftsansprüchen, zuerst durch die Bolschewisten der Sowjetunion, dann durch den faschistischen Autoritarismus: Mussolini als erster, gefolgt von Franco und den Nationalsozialisten mit ihren Vasallen im Südosten. Das Münchner Abkommen von 1938 gilt bis heute als Menetekel: Die auf eine »stabile Friedensordnung« gerichtete Besänftigungspolitik Chamberlains ermutigte Hitler, ein gutes halbes Jahr später das von den Nazis »Rest-Tschechei« genannte Gebiet militärisch zu besetzen. Die Analogie zu Putin mit seiner Annektierung der Krim und der folgenden Aufwiegelei im Donbass kommt nicht von mir, sie ist vielerorts beschrieben worden.

Aus westlicher Sicht war der Koreakrieg 1950/53 der wohl letzte ideologisch begründete Krieg. In Indien, Indochina und Vietnam, Rhodesien, Angola, Mosambik, Guinea-Bissau, Kongo und Algerien tobten indessen brutale Rückzugskriege der Kolonialmächte, die ihre Rohstoffressourcen sichern wollten. Daran ändert die von den US-Präsidenten Johnson und Nixon als Ideologem verkaufte Domino-Theorie nichts, der zufolge ganz Südostasien kommunistisch zu werden drohe (sozusagen eine antiideologische Ideologie). Tatsächlich ging es um die auf Ausbeutung gestützten hegemonialen Wirtschaftsinteressen der USA und ihrer Verbündeten. Der Weg zur »stabilen Friedensordnung« setzte damals die Unterwerfung unter das Regime des Dollars voraus, anfangs unter Bretton-Woods, anschließend unter dem Zepter der WTO. Die meisten im Namen der Freiheit und Menschenrechte von den USA geführten Kriege – ich spanne den Bogen vom Sturz des gewählten Regierungschefs Mossadegh 1953 im Iran, dann die Ermordung Allendes, gefolgt von der Pinochet-Diktatur in Chile 1973 bis zur Hinrichtung Saddam Husseins im Irak 2006 – dienten vor allem den Rohstoff-Interessen der kapitalistischen US-Wirtschaft. Chiles Kupfer, Irans Ölfelder und jene des Irak waren für die westlichen Energieindustrien verlockend, ähnlich wie es heute die seltenen Metalle für die Halbleiterindustrie sind. Heute zeigt China uns und der Welt, dass es auch anders geht: Peking investiert in die Infrastruktur zahlloser Staaten des globalen Südens und bewirkt *auf friedlichen Wege* durchaus ähnliche wirtschaftspolitische Abhängigkeiten wie damals die westlichen Kolonialmächte mit ihren terroristischen Kriegen.

Um die Hintergründe für den russischen Überfall auf die Ukraine zu verstehen, scheint mir noch eine andere Motivlage relevant. Bereits der blutige Einmarsch der USA in den Irak war neben dem wirtschaftspolitischen Interesse vor allem *innenpolitisch* motiviert: George W. Bush und sein Kriegstrommler Donald Rumsfeld wollten sich innenpolitisch als Sieger im selbsterklärten »Krieg« gegen Osama bin Laden und Al-Qaida feiern lassen. Da die US-Militärs in Afghanistan aber keine Erfolge vorweisen konnten, wurde der Irak kurzerhand der »Achse des Bösen« zugerechnet, den Staaten, die laut Bush »terroristische Verbündete« seien, die in seltsamer Weise die USA bedrohen »könnten«. Im September 2002 verkündete Bush, die USA müssten jetzt »weltweit« Freiheit und Gerechtigkeit verteidigen, außerdem dürften sie im Namen der nationalen Selbstverteidigung Präventivkriege auch ohne UN-Mandat führen. Ich sehe auch hier ein Muster, das Putin für seine Strategie übernommen hat: Seit 2014 macht er das, was Bush jr. der ganzen Welt vorgegaukelt hat. In Putins Reden agieren die Nato-Staaten in einer Art »Achse des Bösen«, weil sie den russischen Rückholdrang mit Eindämmung konterkarieren: Russland werde durch die Nato-Osterweiterung direkt bedroht und müsse seine Interessen mit der Annexion der (angeblich mehrheitlich von Russen bewohnten) Krim und dann mit dem Angriffskrieg gegen die Ukraine sichern. Ich hoffe, auch Du siehst, wie verdreht diese Rechtfertigung ist. Deren Logik entspricht diesem Muster: Weil aus dem Nachbarhaus die laute Musik immer lauter wird, darf ich jetzt das ganze Haus abfackeln.

Putin ist ein findiger Lehrling, wenn es um Machtsicherung und Propaganda geht. Das gilt auch für die Produktion von Lügengeschichten zur Manipulation der öffentlichen Meinung im Inland. Bekanntlich hat Colin Powell dem UN-Sicherheitsrat 2003 mit gefakten Bildern erzählt, Saddam Hussein habe große Vorräte an C-Waffen und baue demnächst Atombomben. Ich vermute, der einstige KGB-Offizier Putin staunte nicht schlecht, wie einfach es war, mit dieser Lügengeschichte das Meinungsklima zu manipulieren, Kritik abzuwehren und neue Tatsachen zu schaffen. Die freien Medien in den USA waren so blind, dass sie Bush als großen Kämpfer für die Freiheit feierten. Dem gegenüber unterhält der Kreml große Lügenproduktions-fabriken in Moskau und in St. Petersburg. Er führt einen multimedialen Cyber-Lügenkrieg, um seine Kriegsattacken mit Bedrohungsgeschichten und Rettungsmythen – die von ukrainischen Nazis drangsalierten armen Russen im Donbass – zu rechtfertigen. Leider gehen ihm viele »Sys-temkritiker« auch bei uns auf den Leim (vor allem in den Neuen Bundesländern). Man liest ihre Nato-feindlichen Geschichten in den Blogs der rechten Szene und man sah sie zu Tausenden an Eurer Friedenskundgebung in Berlin die Peace-Fahnen schwenken.

Was ich damit sagen möchte: Ich sehe (auch) hier einen *innenpolitisch* begründeten Krieg, der dem Zweck dient, dem regierenden KGB-Clan im Kreml die Macht zu sichern, indem er dem eigenen Volk den Krieg als eine Art Notwehr verkauft und so von der Unterdrückung der Freiheits-rechte und der fortschreitenden Verarmung der Landbe-völkerung ablenkt. Putin erinnert mit viel Pathos an das großrussische Reich und die mächtige Sowjetunion, ein Imperium, welches von den ausbeuterischen Kapitalisten in den Machtzentren des Westens mit bösen Täuschungs-manövern zerstört worden sei. Jetzt werde Russland durch die Nato-Osterweiterung und die wirtschaftspolitische Westorientierung der Ukraine »existenziell bedroht«. Von daher nennt er seinen Überfall auf die Ukraine – wie da-mals die USA den Einmarsch in den Irak – eine präventive »Maßnahme«, um die Bedrohung abzuwenden. Der für mich einzig plausible Grund für das alles: Putin darf aus *innenpolitischen* Machtsicherungsgründen nicht als Verlie-rer dastehen.

Du greifst das Thema *Kriegsschuld* auf und fragst rheto-risch: »Ist nicht Putin der Alleinschuldige?« Mit dieser Verabsolutierung gibst Du zu erkennen, dass Du Putin nicht als Alleinschuldigen sehen kannst. Aber meintest Du »Schuld« im Sinne kausaler Urheberschaft oder eher moralisch? Ich möchte hier nicht über Schuld nachdenken (Putins Armee hat den Angriffskrieg begonnen und niemand sonst), sondern bei der Diskussion mutmaßlicher Kriegsgründe bleiben. Und die lassen sich unter Einschluss des Persönlichkeitsprofils von Putin grob beschreiben. Experten, die sich mit der Person Putin – und insofern mit seinen Motiven – beschäftigt haben, kommen im Wesentlichen zu demselben Befund: Spätestens seit den gefälschten Wahlen 2011/12 demontierte Putin während seiner dritten Amtszeit Schritt um Schritt die für die Machtkontrolle zentralen Einrichtungen des russischen Rechtsstaates: Auflösung der in Ansätzen vorhandenen Gewaltenteilung, Instrumentalisierung der Judikative, Verfolgung der Kritiker und Vernichtung oppositioneller Politiker, Organisation der »gelenkten Demokratie« über Massenbewegungen (hat er in der DDR gelernt) sowie Sicherung der ministeriellen Machtpositionen mit KGB-Adlaten und Abhängigen.

Es ist noch nicht lange her, da sprachen wir anders. Ich weiß noch gut, dass wir alle diesen Umbau zu einer Despotie nicht wahrhaben wollten. Merkwürdigerweise wollen es manche Altlinke auch heute noch nicht. Einige aber sahen es frühzeitig. Der französische Intellektuelle und Russlandexperte Michel Eltchaninoff beschrieb bereits 2015 Putins Traum von der »russischen Welt«, in der wieder alle Territorien, in denen Russen leben, egal, welche Staatsangehörigkeit sie haben, unter der Herrschaft des Kreml stehen sollten.[4] Oder nimm Catherine Belton mit ihrer innenpolitischen Lagebeschreibung. Sie ist eine gut informierte Beobachterin des Kreml. Ihre dicht dokumentierte

4 MICHEL ELTCHANINOFF: *In Putins Kopf. Logik und Willkür eins Autokraten*. Deutsche Ausgabe: Stuttgart 2016

Beschreibung des Putin'schen Machtkartells *Putin's People* belegt die »Mafiamethoden«, mit denen Putin und seine Gefolgsleute einen »KGB-Kapitalismus« errichteten und wie seine »engmaschige Kontrolle und Korruption jeden Winkel der Gesellschaft, jede politische Entscheidung und jeden Geschäftsabschluss durchdrangen« (S. 588).[5] Diejenigen, die das politische System Russlands demokratisieren und das Land in Richtung soziale Marktwirtschaft umbauen wollten, wurden von den KGB-Männern ausgeschaltet: Die Reformer »hatten die anhaltende Macht der Männer aus den Sicherheitsbehörden unterschätzt« (S. 601).

Aus der Schar kompetenter Russlandkenner führe ich dir nur noch diesen vor: den Moskauer Soziologen Grigori Judin. Er findet im Interview mit *Meduza* drastische Worte: »Man sollte sich keinen Illusionen hingeben: Solange Putin im Kreml sitzt, wird der Krieg nicht enden. Er wird sich nur ausweiten«.[6] Übrigens hat Judin zwei Tage vor dem Überfall auf die Ukraine im Februar 2022 einen Essay veröffentlicht mit dem Titel: *Putin wird bald den sinnlosesten Krieg der Geschichte beginnen*. Jetzt zog er Bilanz und rechnet auch mit dem Westen ab: »Forderungen nach Verhandlungen sind derzeit aussichtslos, weil Putin glaubt, dass er den Krieg gewinnen wird«.[7] Also zuwarten, bis er erkennt, dass er ihn nicht gewinnen kann? Dumme Frage.

Ich bin damit beim zweiten Punkt, bei Eurer Forderung an Bundeskanzler Olaf Scholz, für Friedensverhandlungen zu sorgen. Ich deute diese Forderung als einen aus Angst vor der Atomkriegsgefahr geborenen Hilferuf. Solche Ängs-

---

5 Deutsch: BELTON, CATHERINE: *Putins Netz – Wie sich der KGB Russland zurückholte und dann den Westen ins Auge fasste.* Hamburg [Harper Collins] 2020

6 https://meduza.io/en/feature/2023/02/25/russia-ends-nowhere-they-say, abgerufen im März 2023

7 Auf deutsch unter: https://www.dekoder.org/de/article/krieg-ukraine-judin-ziel-putin-analyse

te habe ich auch. Nur, ich käme nicht auf die Idee, unseren Kanzler anzugehen. Er gehört in diesem grausamen Spiel zu den Schwächeren, die vor Putins Drohungen weiche Knie bekamen und ihre Waffenliefer-Zusagen an die Ukrainer auf die lange Bank schieben, weil doch das Pentagon das Sagen hat. Der Bundeskanzler gehört damit zu denen, die Putin nicht sehr ernst nimmt. Deutschland hat seit dem März 2022 – umfassende Sanktionen,[8] Stopp der Öllieferungen und Schluss mit der Nord-Stream-Gasverbindung – alles aus der Hand gegeben, was ihm als Gesprächspartner des Kreml Gewicht verliehen hätte. Die damit verbundene »Zeitenwende« in der Russlandpolitik muss man nicht gutheißen, aber man könnte sie nachvollziehen, sofern sie mehr bedeutete als nur ihre Verkündigung. Wie die SPD-Politiker, allen voran Parteichef Lars Klingbeil, so haben ja auch wir lernen müssen, dass die Formel »Wandel durch Handel« (sorry, die Politiker hatten den Slogan verschönert: »Wandel durch Annäherung«) zwar der deutschen Wirtschaft zu billigen fossilen Brennstoffen verholfen hat, dass aber der Wandel, den Putin seinem Russland aufgezwungen hat, in die entgegengesetzte Richtung lief, weg von den »butterweichen« westeuropäischen Zivi-Werten, hin zum streng autoritär geführten Nationalstaat.

Euer »Manifest« ist in dieser Hinsicht – so meine Einschätzung – tatsächlich naiv: Es soll aus dem Mündel den Vormund machen. Warum nur habt Ihr euren Aufruf nicht an die beiden Kriegsparteien adressiert? Ich verstehe schon: Sahra Wagenknecht will sich als Leitfigur einer Sammelbewegung gegen ihre Berliner Linkspartei profilieren. Auch hier gilt: Der Motor dieser »Friedensbewegung« sind Sahras *innenpolitische* Sonderinteressen; der Casus Ukraine liefert ihr

---

8 Die westlichen Staaten haben seit Februar 2022 in insgesamt neun Sanktionspaketen rund 11.000 Einzelsanktionen verhängt, berichtete die *Tagesschau* am 22. Februar 2023

den Treibstoff. Ich weiß, dass dies nicht für dich und nicht für Alice Schwarzer zutrifft. Euch treibt die mit der militärischen Bedrohung direkt verbundene Angst. Und dies erklärt auch, warum Ihr kein Manifest geschrieben habt, damals, als die Army der USA den Irak überfiel. Der Irak war ja keine Atommacht, und der Irak ist weit weg.

Also: Wie kommt die Ukraine vom Krieg zum Frieden? Ich denke, wir sind uns darin einig, dass es nicht um einen Kapitulationsfrieden gehen kann, denn der wäre mit der Selbstaufgabe des ukrainischen Staates und der Unterdrückung der Bevölkerung identisch. Also Verhandlungen, die auf ein für beide Seiten hinnehmbares Ende dieses Krieges gerichtet sind?[9] Diese Strategie setzt erstens die Verhandlungsbereitschaft der unmittelbar Beteiligten voraus. Die ist seit dem Scheitern der Istanbul-Konferenz Anfang Mai 2022 nicht zu erkennen, jede der beiden Kriegsparteien nennt Bedingungen, die von der anderen Seite als inakzeptabel zurückgewiesen werden.[10]

Was dann? Hinter dem schrecklichen Wort »Abnützungskrieg« verbirgt sich eine andere Strategie, nämlich die, dass zumindest eine der beiden Kriegsparteien so geschwächt sein wird, dass sie den Status quo als Ausgangspunkt für Verhandlungen hinzunehmen bereit ist. Also zum Beispiel auf ukrainischer Seite den definitiven Verlust der Krim, der Region Luhansk und des rohstoffreichen Donezk – und auf russischer Seite die Freigabe besetzter Teile des Donbass. Und wie steht's um die diplomatische Vorbereitung der Kriegsbeendigungskonferenz? Die könnten vermutlich

9 Die Geschichte der russisch-ukrainischen Einigungsversuche sind (aus meiner Sicht) recht gut dokumentiert im Wikipedia-Eintrag: https://de.wikipedia.org/wiki/Russisch-ukrainische_Friedensverhandlungen_seit_2022#cite_note-Sasse100-30
10 Näheres habe ich gefunden bei: GWENDOLYN SASSE: *Der Krieg gegen die Ukraine. Hintergründe, Ereignisse, Folgen.* München [C. H. Beck] 2022, S. 93-103 und Carlo Masala: *Weltunordnung.* München [C. H. Beck] 2023, S. 161-180

nur Vertreter der Staaten einleiten, die nicht involviert sind und in beiden Kriegslagern über politischen Einfluss und Reputation verfügen. Wer könnte das sein? Wie so manchem Beobachter fallen auch mir nur China, Indien und mit dicken Fragezeichen vielleicht auch die türkische Regierung ein. Dabei ist dies klar: Diese Initiative müsste abgestimmt sein mit den USA und ihren Nato-Staaten als Verbündete der Ukraine und wahre Gegenspieler Russlands. Also eine recht unübersichtliche Gemengelage an Interessen, Wünschen und Zielvorstellungen. Ich würde ja gern die Metapher vom gordischen Knoten bemühen, wenn sich jemand zeigte, dem wir zutrauten, dass er sinnbildlich die Rolle des knotendurchschlagenden Alexanders übernähme. Wer könnte dies sein? Siehst Du jemanden am Horizont?

Fragt freundschaftlich grüßend
Michael

Brief 4, Freiburg, 11. April 2023

Lieber Michael,

Du stellst die Frage in den Raum, wie wir zu einem Frieden kommen. Es scheint mir kein Ausweichen zu sein, wenn wir uns zunächst anschauen, wie der Konflikt entstanden ist. Es ist ja auffällig, dass unsere Medien dieser Frage praktisch keinen Raum, also auch keine Bedeutung schenken. Die finden andere Themen aufregender, zum Beispiel schrieb *welt.de* vor ein paar Tagen als Hauptüberschrift: »›Solange die Dinger sicher laufen‹, sind ukrainische Atomkraftwerke für Habeck ›in Ordnung‹«. Und gestern las ich bei *t-online* als wichtigste Nachricht dies: »Russland soll britischen Jet beinahe abgeschossen haben.« Russland? Beinahe? Ich warte auf deine Medienanalyse.

Also: Wie ist der Konflikt entstanden? Sicher, diese Blickrichtung ist rein militärisch gesehen untergeordnet. Hier kommt es eher darauf an, wer der letztlich Stärkere bleibt. Setze ich aber auf Diplomatie, also auf Verhandlungen, so sollte zunächst einmal festgestellt werden, wer überhaupt an der Entstehung des Konflikts beteiligt war und daher auch bei Verhandlungen dabei sein sollte. Darüber hinaus kann es nicht schaden, wenn die Verhandlungsführer ihren eigenen Anteil an der Misere erkannt haben. Gewinnen alle einen realistischen Blick auf das Ausmaß ihrer Beteiligung, kann – um es einmal so auszudrücken – die Verhandlungsmasse deutlicher ins Blickfeld treten. Der Umfang des Verhandlungsgegenstands wird erst wirklich sichtbar, wenn die Vorgeschichte nicht ausgeblendet bleibt.

Zudem schlage ich vor, unser Thema durch geeignete Fragen zu erschließen. Je treffender gefragt wird, desto klarer mögen die Antworten ausfallen. Ich frage also weiterhin: Was sind die Ursachen dieses Krieges? oder: Wen trifft in welchem Ausmaß welche Verantwortung?

Und ich sehe, dass grundsätzlich zwei Antworten möglich sind. Beide Antworten sind in unserer bisherigen Korrespondenz bereits andeutungsweise oder implizit aufgetaucht. Ich formuliere sie einmal in der Form von Hypothesen.

Hypothese eins: Nicht Putin allein ist der Verantwortliche an diesem Konflikt, sondern auch andere Akteure sind beteiligt wie etwa die USA, die Nato oder die EU (ich bezeichne sie als »der Westen«). Hinzu käme eine weitere Annahme. Nämlich die Unterstellung, wenigstens »der Westen«, also die Kontrahenten Putins, seien an humanistischen Werten orientiert, vor allem an der Schonung von Menschenleben. Denn Wertsetzungen sind ganz entscheidende Faktoren bei Konfliktregulierungen. Bei Verhandlungen können sie richtungsbestimmend sein und das Ergebnis entscheidend determinieren.

Es liegt auf der Hand, dass in diesem Fall eine für einen Waffenstillstand und einen Friedensschluss günstige Situation vorläge. Alle an der Entstehung dieses Konflikts beteiligten Parteien, zudem eine Reihe potentieller Garantiemächte, könnten sich zusammensetzen, um sich über eine mögliche Beendigung des Kriegs zu einigen. Sofern sie in der Lage wären zu erkennen, inwiefern auch die Wahrnehmung ihrer eigenen Interessen dem Frieden nicht eben förderlich war, könnten sie zu einem Interessensausgleich kommen. Natürlich in der Form des *Do ut des* – ich gebe, damit Du gibst. Existiert nichts, das man geben könnte, so wird auch nichts zu nehmen bzw. zu gewinnen sein. Der Friedensschluss wäre schwer oder unmöglich.

Wäre es also Tatsache – und ob es das ist, darf gefragt werden – , dass auch die USA und/oder die Nato im Hinblick auf die Ukraine Interessen verfolgen, die den Konflikt geschürt haben, ja sogar weiter in Gang halten, so läge hier ein wesentliches Kompromisspotenzial bereit, etwas, das im Austausch gegen Angebote der russischen Seite zur Disposition gestellt werden könnte. Ich rede von »könnte«, denn wir befinden uns auf einer hypothetischen Ebene. Auf dieser rein gedanklichen Ebene, einer Ebene der Möglichkeiten, ist aber eine konträre zweite Hypothese naheliegend.

Hypothese zwei: Putin trägt ausschließlich die Alleinschuld. Der Krieg ist – wie Du schreibst – ein »innenpolitisch begründete(r) Krieg« (30). Putin hat das Regierungssystem Russlands Schritt für Schritt in eine ganz auf ihn zugeschnittene und zunehmend totalitäre Autokratie umgewandelt. Der Krieg ist daher alleine eine Folge seines ureigenen Entschlusses, seine eigene Macht zu erhalten und zu erweitern, mehr noch – und nun kommt ein Zusatz, der mich, wenn er zuträfe, außerordentlich irritiert – eine Folge seines wahnhaften revanchistischen Traums von der Wiederherstellung des sowjetischen Imperiums. Gut beschrieben fand ich diesen geradezu idiosynkratischen Wahn Putins durch den Moskauer Soziologen Grigori Judin, den Du als Beleg anführst. Ähnlich etwa auch durch die von dir genannte Analyse Michel Eltchaninoffs, die ich ebenfalls gelesen habe. Hinzu kommt, dass Putin nicht an humanistische Wertsetzungen gebunden, die Schonung von Menschenleben ihm also vermutlich nachrangig ist.

Noch einmal: Wir befinden uns auf der Ebene von Hypothesen. Sollte nun diese zweite Hypothese zutreffen, so sieht es im Hinblick auf eine friedliche Konfliktlösung eher düster aus. Wie sollen wir eine solche Lage charakterisieren? Ich bezeichne sie bildhaft als eine »Enfant-terrible-Situation«. Das Enfant terrible ist das »schreckliche Kind«, das durch keine Maßnahme der entsetzten Eltern zur Vernunft zu bringen ist. Es durchkreuzt alle Erwartungen und Regeln, gefährdet sich und andere und reagiert eigentlich nur auf eines: auf eine beherzt gesetzte Ohrfeige oder auf eine Tracht Prügel. Der Vergleich hinkt vor allem deshalb, weil es in der Außenpolitik nicht um Erziehung geht und in der Pädagogik Prügel nicht mehr als angemessen gelten. Wo er dagegen nicht zu hinken scheint, das ist das Folgende: nämlich im Hinblick auf die Auffassung, dass diesem Enfant terrible auf der politischen Bühne offenbar nur mit Gewalt begegnet werden kann. Und da liegt das Problem.

Denn in diesem Fall wäre die schöne Phantasie, dass sich alle Miterzeuger des Konflikts um den runden Tisch eingefunden haben und auf ein gutes Ergebnis zusteuern, vielleicht naiv und realitätsfern. Die Folgerungen scheinen eindeutig zu sein: Verhandlungen sind sinnlos, dem Gewaltmenschen Putin muss Paroli geboten werden und zwar mit den Mitteln, die er selbst, nur er, ins Spiel gebracht hat, den militärischen. Diese Situation entspräche etwa der Weltlage ab Mitte 1941. Alles Appeasement gegenüber Hitler hat nichts gebracht. Spätestens nach dem ›Blitzkrieg‹ gegen Frankreich und dem Einfall in die Sowjetunion konnte ernsthaft nur noch eine militärische Lösung des von Hitler heraufbeschworenen Weltkonflikts in Erwägung gezogen werden.

Weil sich also eine vergleichbare Situation heute wiederholt haben könnte, muss ich im Hinblick auf eine allgemeine von mir vorgebrachte Aussage einen Rückzieher machen. Historisch gesehen sind Kriege offenbar nicht ausschließlich »Ersatzhandlungen« für verpatzte diplomatische Lösungen, wie ich schrieb, oder für ungeschickte oder bornierte Außenpolitik. Taucht ein politisches Enfant terrible oder gar ein vom Cäsarenwahn befallener Diktator auf, kann Krieg auch zu dessen authentischem Instrumentarium gehören, gewissermaßen zu seinen Leidenschaften. Ohne Krieg zu führen, mag er seinen Lebenszweck als verfehlt ansehen und dieser Zweck bündelt sich in seiner Macht. Von »Ersatzhandlungen« in einem solchen Fall also keine Rede. Aber ich hoffe doch sehr, dass eine solche Situation die Ausnahme ist, was nicht ausschließt, dass sie zurzeit vorliegt.

Diese beiden grundsätzlich möglichen Antworten auf die gestellte Ausgangsfrage enthalten nun einen spannenden Aspekt. Er zeigt sich, wenn danach gefragt wird, welche Wertsetzungen die Kontrahenten mitbringen. Ich unterstelle, dass der Westen sich an humanistische Werte eher bindet, was bei Putin, gemäß der Hypothese zwei, eher nicht der Fall ist. Unter dieser Voraussetzung betrachtet, sollte ein Blick auf den Spielraum der Möglichkeiten geworfen werden. Steht zu erwarten, dass Putin von sich aus einlenkt? Gehen wir von der Hypothese zwei aus, lautet die Antwort: vermutlich nein! Flexibilität in dieser Angelegenheit ist – wenn überhaupt – nur vom Westen zu erwarten. Während Putins Priorität bei dem Gebrauch von Waffen liegt und Diplomatie in dieser Angelegenheit und im jetzigen Stadium eher nicht das Mittel seiner Wahl sein dürfte, verfügt der Westen grundsätzlich über einen größeren Spielraum von Handlungsoptionen. Und zwar deshalb, weil er nicht notwendig an einen militärischen Sieg gebunden ist, sondern es ihm um humanistische Normen, hier die Schonung von Menschenleben geht. Aus der Sicht Putins geht es um die Frage: Wie kann ich meine Macht erhalten bzw. ausweiten. Aus der Sicht des Westens lautet die Frage: Wie können möglichst viele Menschenleben gerettet werden?

Wie also sollte sich der Westen verhalten, um zu einem baldigen Frieden zu kommen? Putin bildhaft als Enfant terrible zu betrachten, hilft uns hier ein Stück weiter. Besteht die einzige Option tatsächlich darin, mit einer Tracht Prügel zu reagieren? Im Stil einer überholten Pädagogik wäre das angemessen. Es waren ja erst die humanistischen Wertsetzungen, die an die Stelle der älteren sogenannten Schwarzen Pädagogik vollkommen andere Methoden der Erziehung setzten, die auch in schwierigen Fällen zum Erfolg führen. Und das übrigens, um nachfolgenden Schaden zu minimieren, denn Prügel setzen bekanntlich einen individualpsychologischen Kreislauf in Gang, der als Kreislauf der Gewalt bezeichnet wird.

Wer früh Gewalt erfuhr, neigt dazu, diese Gewalt später weiterzugeben. Der Westen, eingedenk seiner Wertsetzungen, wird also nicht reflexhaft Gewalt mit Gegengewalt beantworten. Jedenfalls stehen ihm noch weitere und vielleicht effektivere Handlungsoptionen zur Verfügung. Welche könnten das sein?

Wie wäre es mit dieser Option, der Option der Schadensminimierung? Sie beruht auf einer Art vorausschauender Kalkulation im Hinblick auf die Frage, welche Maßnahmen voraussichtlich geeigneter sind als andere, um Menschenleben zu schonen. Denn darum geht es doch: die Schonung von Menschenleben. In der Sicht des Westens – diese quasi idealistische Voraussetzung behalte ich zunächst einmal bei – ist dieses Ziel allem anderen übergeordnet. Und das ist durchaus quantitativ zu verstehen. Je mehr Menschenleben verschont werden, desto besser. Es geht also um die Auswahl der Mittel, die diesen Zweck befördern.

Von großer Bedeutung ist in diesem Zusammenhang das Folgende: Auch Unterlassungen und Verzichte gehören zur Auswahl der Mittel. Und in dieser Hinsicht liegt ja bereits eine Grundentscheidung des Westens vor: nämlich der Verzicht der Nato, militärisch direkt in den Konflikt einzugreifen. Diese Unterlassung ist gewiss geeignet, den gewaltsamen Tod sehr vieler Menschen zu vermeiden.

Zwar dürfte es der Nato nicht schwerfallen, bei kriegerischer Konfrontation Sieger zu bleiben, vermutlich aber nur unter Entrichtung eines sehr oder gar extrem hohen Blutzolls. Diesem Verzicht liegt also bereits eine Art von Kalkulation zugrunde.

Ich orientiere mich hier übrigens an Olaf Müllers Ansatz eines »pragmatischen Pazifismus«.[11] Dieser Pazifismus ist nicht radikal oder gesinnungsethisch, sondern verantwortungsethisch an den Folgen orientiert. Er vermeidet kriegerische Handlungen nicht um jeden Preis, hält sie aber grundsätzlich für problematisch. Daher fragt er äußerst nachdrücklich nach den Konsequenzen. »Grob gesagt« – ich zitiere Olaf Müller – »läuft die verantwortungsethische Folgenabschätzung auf folgende Forderung hinaus: Ein Krieg ist nur dann zulässig, wenn seine Vermeidung einen inakzeptablen größeren Preis an Menschenleben, Verletzungen, Traumatisierungen usw. nach sich zieht als seine Durchführung.« (S. 34)

Werden solche Werte und humanistische Normen tatsächlich ernst genommen, so müsste nun die folgende Rechnung aufgemacht werden: Auf die eine der beiden Waagschalen müssten die Übel gelegt werden, die durch eine Fortführung des Krieges zu erwarten wären, auf die andere Schale alles Übel im Fall einer raschen Beendigung der Kampfhandlungen, konkret: der ukrainischen Verteidigungsanstrengungen. Dabei könnte die Einsicht in die eventuell eigene Beteiligung an der Entstehung der Auseinandersetzung nützlich sein. Das betrifft sowohl die Ukraine selbst wie auch die Zulieferer von Waffen. Zurückzublicken, wie es dazu kam, ist sicher förderlich und erweitert jene Flexibilität, die Voraussetzung jeder Form von Diplomatie ist. Freilich bleibt bei alledem die mögliche Borniert-

11 MÜLLER, OLAF: *Pazifismus. Eine Verteidigung.* Stuttgart [Reclam] 2022

heit Putins ein arges Problem. Ich möchte jetzt nicht darauf eingehen, sondern dir das Wort geben.

Ich freue mich auf deine Antwort und bin
Hans-Peter

Brief 5, Hamburg, Mitte April 2023

Lieber Hans-Peter,

Du stellst die von unseren westlichen Newsmedien aus-geblendete Frage nach den Ursachen und von daher nach (Mit-)Verantwortlichen für den Angriffskrieg Russ-lands – und diskutierst zwei interessante Thesen als Vor-schläge für eine Antwort. Ich beginne mit deiner als »Hy-pothese 1« bezeichneten Annahme, dass Putin nicht der alleinige »Verantwortliche an diesem Konflikt« sei. Ich bin erleichtert, dass Du den Schuldbegriff hast fallen lassen.

Du sprichst von »Konflikt«. Da wir uns in den voraus-gegangenen Briefen einig waren, dass es sich um einen völ-kerrechtswidrigen, mit Waffengewalt und Vernichtungs-willen in Gang gesetzten Angriffskrieg handelt, den man mit dem abstrakten Begriff ›Konflikt‹ quasi verharmlosen würde, meinst Du mit »Konflikt« vermutlich einen größe-ren Zeitraum und schon länger andauernde politische Aus-einandersetzungen, die den Rahmen geben, innerhalb dem dieser Krieg stattfindet.

Welche Vorgänge und Handlungen waren aus deiner Sicht so, dass sie den Beginn des politischen Russland/Ukrai-ne-Konflikts markieren? Zur Erinnerung: Mit dem Zerfall der Sowjetunion erlangten eine ganze Reihe sowjetischer

Gliedstaaten (»Republiken«) ihre nationale Souveränität. Ich erinnere mich noch an ein Foto, auf dem Russlands Präsident Boris Jelzin, der ukrainische Regierungschef Leonid Krawtschuk und US-Präsident Bill Clinton ihre Hände fassten, sie aufeinanderlegen für ihre *Trilaterale Erklärung*. Damit machten sie den Weg frei für das *Budapester Memorandum* im Dezember 1994. Bekanntlich garantierten damit Russland, die USA und Großbritannien den drei Neugründungen Kasachstan, Weißrussland (Belarus) und Ukraine ihre staatliche Souveränität. Alle drei Staaten – also auch Belarus – verzichteten explizit auf die weitere Stationierung von Nuklearwaffen auf ihren Territorien (von daher bedeutet die kürzlich angekündigte Stationierung russischer Nuklearwaffen in Belarus einen Vertragsbruch Russlands). Auch war man sich damals einig, dass die Ukraine keinem der beiden Verteidigungsbündnisse beitreten werde.

Und auch dies zur Erinnerung: Im *Budapester Memorandum* bekräftigten die drei Garantiemächte die Verpflichtung *(reaffirm commitment)*, »die Souveränität sowie bestehende Grenzen zu achten« und »die Prinzipien der Souveränität, der Unverletzlichkeit der Grenzen und der territorialen Integrität« hoch- bzw. einzuhalten. Im Artikel 2 wurde die Pflicht *(reaffirm obligation)* zur »Enthaltung von Gewalt« festgeschrieben und das Gewaltverbot nach Maßgabe der Charta der Vereinten Nationen explizit genannt. Wir können rückblickend in dieser diplomatisch erzielten Entwicklung den Abbau von Konflikten und darin eine Wegweisung in Richtung »nachhaltige Friedenspolitik« sehen.

Oder siehst Du die zwei ukrainischen Präsidentschaftswahlen 2004 und 2010 als Beginn des Konflikts, vielleicht auch als ein härter werdendes Tauziehen zwischen Ost und West?

Verschärft wurde die Krise durch das wirtschaftspolitische Desaster: Infolge der für die Ukraine brutalen Finanzwirtschaftskrise 2008 erhielt der prorussische Janukowitsch die relativ meisten Stimmen. Wie viele ukrainische Hrywnja (oder Dollar?) von russlandhörigen Oligarchen sowie Rubel von Moskau für seine PR-Kampagne flossen, weiß man nicht. Dann begann er mit der Demontage der wenigen bürgerlichen Grundrechte zur Stärkung des Autoritarismus – ähnlich übrigens wie es der belarussische Dauer-Autokrat Alexander Lukaschenko machte. Doch im Unterschied zu den Belarussen waren bekanntlich große Teile der ukrainischen Bevölkerung im Westen des Landes mit Janukowitschs Wahlmanipulationen, mit dem Abbau politischer Rechte und der wirtschaftspolitischen Hinwendung zu Putins Russland gar nicht einverstanden. Ende 2013 kam es zum Euromeidan, nachdem Janukowitsch auch noch den geplanten Assoziierungsvertrag mit der EU wegwischte und Russlands Schwarzmeerflotte das Stationierungsrecht auf der Krim verbriefte. Oder sag Du mir: Wer waren aus deiner Sicht die Akteure, wer die Treiber in diesem Konflikt?

Und dann die Maidan-Revolte, die mit Dollars aus Washington mitfinanziert, für Sahra Wagenknecht komplett von der CIA gesteuert wurde: Haben die westlichen Staaten und ihre Medien die nationalistische »Vereinigung Swoboda« und die anderen rechtsradikalen Gruppen auf dem Maidan »übersehen«? Drohte mit der Beteiligung der Swoboda an der Übergangsregierung Jazenjuk ein »faschistischer Umsturz«, wie der Kreml später behauptete und zum Widerstand aufrief? Rückblickend wissen wir, dass diese Gefahr nicht bestanden hat. Bei den Parlamentswahlen 2014 blieb die Partei unter 5 Prozent, bei den Parlamentswahlen 2019 kam sie auf weniger als 2,5 Prozent, sie scheiterte also an der 5-Prozent-Klausel, die es auch in der Ukraine gibt. Drohender Faschismus in der Ukraine?

Angesichts der Wahlerfolge der AfD und ihrer derzeitigen Popularität nicht nur in den neuen Bundesländern klingt diese im Umfeld von Sahra Wagenknecht viel gehörte Behauptung sehr merkwürdig, nicht wahr? Oder findest Du meine Erzählung vielleicht zu hermetisch? Falls ja, bitte ich dich um deine (mit gesicherten Fakten belegte) Gegenerzählung, die mir erklärt, warum sich Putin von der Regierung der Ukraine so sehr bedroht fühlte, dass ihm keine andere Wahl blieb als einzumarschieren, die Städte zu bombardieren und Zivilisten zu erschießen.

Zugegeben, das habe ich jetzt polemisch formuliert. Falls aus deiner Sicht die Maidan-Vorgänge der Jahre 2013/14 entgegen meiner Beschreibung nun doch als Beginn des vom Westen angeheizten militärpolitischen Konflikts zu deuten sind: Wen würdest Du dafür in die *Verantwortung* nehmen? Den Kreml? Das Pentagon und die NSA in Washington? Den mit korrupten Geschäften in der Ukraine belasteten Sohn des US-Präsidenten Biden? Ich für meinen Teil: niemanden. Denn damals war es ein unübersichtlicher Kampf widerstreitender politischer und wirtschaftlicher Interessen – hier das Begehren neureicher Investoren, zum westlichen Europa zu gehören, dort die angebliche Verbundenheit mit Russland, de facto die Abhängigkeit vom russischen Erdgas. Insgesamt ein macht- und zugleich kulturpolitischer Interessenskonflikt, der von ukrainischen Oligarchen, vom Kreml wie auch von westlichen Pressure-Groups befeuert wurde. Alle Seiten kämpften gegeneinander zudem um den geopolitisch und wirtschaftlich begehrlichen Großraum Ostukraine. Über die Hintergründe dieser Krise ist viel geschrieben worden, jeder kann sich holen, was zu seinem Vorurteil passt.[12]

Oder siehst Du den Konfliktbeginn früher, etwa mit dem Nato-Beitrittswunsch der damaligen prowestlichen

---

12 Beide Lager haben ihre publizistischen Wortführer, die ich hier nicht aufreihen möchte. Eine – wie ich finde – ausgewogene Rekonstruktion der Krisenverlaufs bietet die noch bis März 2025 verfügbare ZDF-Dokumentation: https://www.zdf.de/dokumentation/zdfinfo-doku/im-schatten-russlands-ukraine-zerrissen-zwischen-ost-und-west-100.html

Regierung in Kiew in den Jahren 2007/2008, den die Westeuropäer heikel fanden und den der Kreml für bedrohlich erklärte? Bekanntlich wurde dieses Begehren von der US-Regierung – da hatte noch Bush jr. das Sagen – massiv unterstützt, obwohl die politisch zerrissene, von korrupten Oligarchen beherrschte Ukraine die Standards für die Nato-Mitgliedschaft gar nicht erfüllte. Wie man seither weiß und so auch wir beide wissen, wurde der Antrag an der Bukarester Nato-Ratstagung im April 2008 nach sehr heftigen Debatten abgelehnt. Vor allem die deutsche und die französische Regierung sahen in dem Beitrittsgesuch auch das Risiko, Putin würde noch mehr in die Defensive gedrängt und mit wirtschaftlichen Sanktionen reagieren, Stichwort: Öl- und Gaslieferungen an Deutschland. Ich konnte mich nur über unsere prowestlichen Medienberichte informieren, ich kenne keine Dokumente des Auswärtigen Amtes oder des Wirtschaftsministeriums.

Sofern die Berichterstattung zutrifft, haben sich hier die westeuropäischen Nato-Staaten keineswegs aufwiegelnd, vielmehr deeskalierend verhalten.

Hier mein Gedankenspiel: Angenommen, die Amerikaner hätten sich an der entscheidenden Konferenz 2008 durchgesetzt und die Ukraine in die Nato aufgenommen und dort militärische Stützpunkte errichtet: Was wäre heute los? Ein vom Kreml munitionierter Bürgerkrieg in der ganzen Ukraine? Gar kein russischer Angriff? Ein russischer Angriff mit taktischen Nuklearwaffen? Ein neuer Weltkrieg? Keiner kann es wissen.

Oder möchtest Du – ähnlich wie ich – die in den Krieg mündende Krise mit der Annexion der Krim 2014 beginnen lassen? Seither beobachten wir schwere Kämpfe im Oblast Donezk.

Unstrittig ist, dass Moskau die Separatisten mit Waffen und vermutlich auch Soldaten massiv unterstützte, was wiederum harsche Militäreinsätze der Kiewer Regierung zur Folge hatte. Viele aus eurem Friedenslager reden hier von Bürgerkrieg. Stimmt das wirklich? Wer waren denn die Krisen- und Kriegstreiber? Wir wissen es nicht. Ich erinnere mich indessen, dass viele linke Köpfe in unserem Land – ich denke etwa an den Rechtstheoretiker Reinhard Merkel – die Krim-Annexion »irgendwie« in Ordnung fanden, im Glauben, die Mehrheit der Krim-Bewohner seien Russen und hätten für den Anschluss an Russland gestimmt. Ich gestehe ein, dass ich bis wenige Monate vor dem russischen Überfall auf die Ukraine diese Meinung teilte. Ich habe damals auf Podien und in Diskussionsrunden die pro-westliche Sicht deutscher Leitmedien kritisiert und die Verteufelung Putins als *irreführend* bezeichnet – ich meinte vor allem die Titel des *Spiegel*, etwa die Schlagzeile »Der Brandstifter – wer stoppt Putin?« (Heft 11/2014) und die Schlagzeile »Stoppt Putin jetzt!«.[13] Damals passierten in der Tat merkwürdige Dinge, zum Beispiel der Absturz der Passagiermaschine »Flug MH17«. Westdeutsche Leitmedien gaben sich »ziemlich« sicher, dass die Maschine mit einer russischen Rakete und also mit Wissen der russischen Militärführung abgeschossen worden war. »Selbst nach dem Mord an 298 Menschen kam von Putin kein Wort der Distanzierung, der Entschuldigung« empörte sich der *Spiegel* (Nr. 31/2014). Und so ging es weiter: »Russlands Weltmachtspiele - Putin greift an« (Titelbild: Putin im Cockpit einer Mig-Kampfmaschine), gemeint waren die grausamen Bombardements in Syrien. Ich sah die Lage damals wie FAZ-Autor Frank Lübberding. Er schrieb: »Maßgebliche Teile der westlichen Politik haben es schlicht verlernt, die Welt mit anderen Augen zu sehen« (FAZ vom am 06.03.2014).

13 *Der Spiegel* hatte am 27. Juli 2014 (Heft 31/14) auf dem Titel die Schlagzeile »Stoppt Putin jetzt!« mit Porträts von Absturzopfern aus dem Flug MH17 kombiniert. Diese Veröffentlichung wurde vom Deutschen Presserat missbilligt.

Diese Einäugigkeit betraf auch die meinungsführenden Medien.

»Berichterstattung durch die West-Brille?« diskutierten damals Journalisten im NDR-Medienmagazin *Zapp*. Die britische Tageszeitung *The Guardian* erkannte im selben Jahr: »Niemand kann die Brutalität Putins bezweifeln. Aber die Art und Weise, wie westliche Medien über den Konflikt berichten, wirft doch einige Fragen auf« (14.03.2014). Ja, Du hast Recht, wir sollten viel gründlicher über den Hang deutscher Medien zum prowestlichen Meinungs- und Belehrungsjournalismus sprechen. Vielleicht kommen wir noch dazu.

Jedenfalls stimmt die Außensicht, dass die Berichterstattung einseitig und im prowestlichen Sinne zudem selbstgefällig war. Ich vermute, auch Du siehst das so. Immerhin, dieser Eindruck wurde damals in der Medienöffentlichkeit registriert und zaghaft problematisiert. Aber es wäre aus meiner Sicht naiv, wenn man glaubte, dass die einseitige Berichterstattung die politischen Akteure zu einer kriegstreibenden Politik ermuntert hätte. Es war eher umgekehrt.

Ich weiß nicht, ob Du mir zustimmen kannst, aber rückblickend gewinne ich den Eindruck, dass schon damals einige Korrespondenten und Politikjournalisten, die Putins Autoritarismus aus der Nähe beobachteten, den gegen unsere Werte gerichteten Trend erkannt haben. Und es stimmt leider: Wir waren vom sozialdemokratischen Annäherungs-Credo der Willy-Brandt-Ära noch immer wie in Trance, wir wollten den imperialistischen Machthunger Putins, seine Verachtung für die westeuropäische Kultur und seinen Hang zum faschistoiden Führerkult schlicht nicht wahrhaben. Wir wollten nicht sehen, was Du mit »Hypothese 2« umrissen hast. Einverstanden, dies sind vorerst nur begründete Mutmaßungen, denn wir stehen ja noch mitten im Geschehen und kennen nur die Bilder, die von den Medien erzeugt werden. Die Auswertung der Dokumente und Akteursaussagen wird der Job künftiger Zeithistoriker sein – bei dieser Konfliktlage braucht man viel Distanz. Wenn ich an Christopher Clark erinnere: Der lieferte erst hundert Jahre nach dem Ersten Weltkrieg die wohl treffendste Deutung der Motive und Absichten der damals kriegstreibenden Kräfte.

Damit bin ich wieder bei dem zweiten (aus meiner Sicht) schwierigen Begriff, den Du eingeführt hast: *Verantwortung.* Der Begriff entstammt ja der Individualethik. Kann man ihn auch für die Folgen komplexer Konfliktlagen der Weltpolitik sinnmachend verwenden? Wir beide kennen die Diskussion, die vor mehr als hundert Jahren Max Weber mit der scharfen Trennung zwischen Gesinnungsethik und Verantwortungsethik vom Zaune brach. Sein zentraler Leitgedanke war ja, dass der Akteur, wenn er verantwortungsethisch handelt, die Folgen seines persönlichen Handelns erkennen und, wenn die Folgen da sind, dafür einstehen müsse. In *Politik als Beruf* schrieb Max Weber kurz und knapp, »daß man für die (voraussehbaren) *Folgen* seines Handelns aufzukommen hat«.[14] Also klar eine individualethische Maxime, die Weber an »den« Politiker adressierte. Und die Politiker reagierten entsprechend: Die persönliche Verantwortung wurde an die Bürokratie delegiert und per Gesetz (Haftungs- und Strafrecht) dem System aufgebürdet. In den Behörden hat man die folgenschwere »Verantwortung« durch die operativ begrenzte »Zuständigkeit« ersetzt; verantwortlich sind nur mehr exekutive Entscheidungsträger, die bei Fehlern und Katastrophen verbal »Verantwortung übernehmen«, meist in Gestalt einer rhetorischen Figur, die man hinstellen und betrachten – und

---

14 WEBER, MAX: *Politik als Beruf.* München, Leipzig 1919, Seite 57 (digitale Ausgabe: https://de.wikisource.org/wiki/Seite:Max_Weber_-_Politik_als_Beruf_Seite_57.jpg)

wieder vergessen kann. Die Belegliste hierzu ist lang, denken wir nur an den Komplex ›Deutsche Bahn‹ oder an die Ahrtal-Überschwemmung, in diesen Tagen an die Suche nach Verantwortlichen (Zuständigen?) für das Desaster um die Energiebeschaffung (NLG-Terminal vor Rügen; Zukunft der PCK-Raffinerie in Schwedt). Oder nehmen wir den desolaten Zustand der Bundeswehr, deren Nicht-Einsatzfähigkeit wohl jeden Pazifisten begeistert. Motto hier wie dort: Viele sind zuständig, keiner übernimmt Verantwortung (im Sinne ihres Begriffsinhalts).

Die lange Liste politischer Verantwortungsverweigerung möchte ich auf diese Formel bringen: Lieber eine notwendige Handlung unterlassen als aktiv handeln und für die Folgen den Kopf hinhalten. Wie erklärt sich diese defensive Politik? Aus der Sozialpsychologie sind mir Szenario-Spiele in Erinnerung, die so angelegt wurden, dass eine bestimmte Handlung zu demselben negativen Effekt führt wie die Unterlassung der Handlung. Die Tests führten zu dem Ergebnis, dass die Teilnehmer lieber die Handlung unterließen als die Folgen ihres aktiven Tuns zu ertragen. Das passt auch zum Strafrecht, das Taten beurteilt; Unterlassungen sind nur in Ausnahmefällen (wie: unterlassene Hilfeleistung, Garantenpflicht) strafrechtlich ein Thema. Die moralische Beurteilung eines Schadens infolge Unterlassung fällt in unserer Kultur denn auch viel gnädiger aus als das moralische Urteil über eine aktive Handlung, die zum selben Schaden geführt hat. Mir kommt dieses vom Konsequentialismus »kognitive Paradoxie« genannte Verhaltensmuster in den Sinn, weil es auf die deutsche Ukrainepolitik des Kanzlers Olaf Scholz und der Außenministerin Annalena Baerbock prima passt. Scholz' auf Verzögerung angelegtes Herumagieren würde, wenn Putin siegt und die Ukraine als Nation untergeht, eher entschuldigt als die umfangreiche Aufrüstung der Ukraine mit Hilfe deutscher Rüstungskonzerne. Ich frage mich, ob diese Paradoxie vielleicht auch mit der Erinnerung an die Vollzugsge-walt der Deutschen Wehrmacht in der Zeit der Nazis zu tun hat und diese Erinnerung wie eine Blockierung nachwirkt.

Der langen Rede kurzer Sinn: Wenn das von euch ge-wollte Nichthandeln zur Katastrophe für die Ukraine führt: Wollt Ihr, die Friedenbewegten und Atomkriegsgeg-ner, dafür Verantwortung übernehmen?

Wahrscheinlich wirst Du hier auf Hans Jonas verwei-sen, der ja den Versuch unternommen hat, die ethische Handlungsmaxime »Verantwortung« auf das Kollektiv, ja eigentlich auf die Gattung »Menschheit« zu transferie-ren – und dies aus Gründen, die jede Umweltschutz-Akti-vistin sofort versteht: Wenn die Menschheit das »Prinzip Verantwortung« ignoriere, werde der »endgültig ent-fesselte Prometheus« die Menschheit ins Unheil führen, rief er vor 40 Jahren an einer Öko-Tagung in Zürich, die ich moderieren durfte. In seinem unter den Öko-Denkern als Bestseller gehandelten Buch *Das Prinzip Verantwortung* (Frankfurt/M. 1984) schrieb er, dass diese ökologische Auf-gabe »im Privatbereich nicht mehr zu bewältigen ist, son-dern nur noch im politisch-gesellschaftlichen« (Vorwort). Sein Thema galt der Dynamik der Dreiecksbeziehung: Die äußere Natur, die menschliche Lebenswelt, die Kontingenz technischer Gestaltungsräume. Diese Dynamik, erkannte Jonas, erfordere ein neues Denken und Handeln über ver-antwortbare Entwicklungen. Jonas grenzte sich dezidiert von den linken Utopisten (»Weltrevolution!«) ab, so sehr er sie schätzte, allen voran Ernst Bloch, dessen »Prinzip Hoff-nung« Jonas wie blanker Mystizismus erschien. Trotzdem fragt man sich im Rückblick: Ist das nicht viel zu abstrakt, zu global und zu moralisch gedacht?

Ich weiß, es geht hier um die globale Perspektive – und gerade deshalb wird hier das »Problem Verantwortung« offensichtlich: Wir finden kein handelndes Subjekt, das wir für die Folgenhaftigkeit seines Handelns vor den Moral-Weltgerichtshof stellen könnten. Du kennst gewiss die Debatte in den Politik-, den Sozial- und Ökonomiewissenschaften über deren Theorieproblem: Wenn die linear-kausalen Denkmuster versagen, wie können wir dann die hohe Komplexität der interagierenden Systeme verstehen und abbilden? Konkretes Beispiel: Können wir – um in Deutschland zu bleiben – Ex-Bundeskanzlerin Angela Merkel für die Energieversorgungskrise im Jahr 2022 zur Verantwortung ziehen, weil sie auf das Fukushima-Unglück zehn Jahre zuvor reagierte und eine – rückblickend vermutlich falsche – energiepolitische Kehrtwende vollführte? Trägt Bundeskanzler Olaf Scholz die (Mit)Verantwortung für den Tod vieler tausend Menschen in der Ukraine, weil er a) mit Waffenlieferungen Herrn Putin verärgert und neue Raketenangriffe evoziert hat? Oder weil er b) die Lieferung schwerer Waffen immer wieder verzögert und damit den Vormarsch der ukrainischen Truppen zur Befreiung der besetzten Gebiete erschwert oder gar verhindert?

Ich könnte viele weitere Szenarien skizzieren, die zeigen, dass die klassische Vorstellung in der Tradition von Max Weber – Handlungsfolgen als monokausaler Effekt einer Entscheidung – dem heutigen Geschehen meist nicht gerecht wird: Komplex strukturierte Realitäten verändern sich, einmal angestoßen, in oftmals eigendynamischer und für die politischen Akteure kaum planbarer Weise. Ich meine, auch Du kennst das bereits in den 1970er-Jahren aufgekommene Denkmodell vom Schmetterlingseffekt gemäß der Frage: »Kann der Flügelschlag eines Schmetterlings in Brasilien einen Tornado in Texas auslösen?«. Der Satz stammt nicht von ungefähr von einem Meteorologen.

Lieber Hans-Peter, wir Idealisten haben offenbar größte Mühe, diese Denkansätze nicht nur als ökologisches Aha-Erlebnis zu verstehen, sondern auch als Problem für das Entscheidungshandeln der Politik im globalen Maßstab. Und dass es im Gegeneinander der Interessen, Tradierungen und Perspektiven von Putin, Biden, Xi Jinping & Co. um globale Interessenskonflikte geht, ist wohl unstrittig. Übrigens finde ich hier den Vorschlag des Soziologen Andreas Reckwitz hilfreich, anstelle der klassischen linearen Denkmodelle neue »Theorien der Nichtlinearität« zu entwickeln.[15] Denn er sagt zu Recht, das überkommene Denken folge dem mechanischen Modell »kleine Ursache, kleine Wirkung – große Ursache, große Wirkung«. Zu diesen überkommenen Denkmustern gehört auch »der Glaube an das Gleichgewicht«: Marktausgleich, Interessensausgleich, Energieausgleich und so weiter, ein Denken, das vielleicht der physikalischen Beobachtung der Entropie entlehnt und politisiert worden ist. Doch die politischen, sozialen, ökologischen Prozesse lassen sich mit diesen alten Kausalvorstellungen weder begreifen noch steuern. Nochmals Reckwitz im erwähnten Aufsatz: »Soziale Ordnungen so umzubauen, dass sie weniger anfällig für die großen Wirkungen der kleinen Ursachen sind, ist eine enorme Herausforderung. Und so schmerzhaft es klingen mag: Eine vollständige Kontrolle der Katastrophen wird nie möglich sein.«[16]

Was meinst Du: Welche Folgerungen sollten wir ziehen, wenn es hier um die Vorgeschichte des russischen Angriffskriegs und von daher um deine Frage nach der Verantwortung im globalpolitischen Kontext geht?

Ich wollte auch noch auf deine spannende These eingehen, »dass der Westen sich an humanistische Werte bindet, was bei Putin, gemäß der Hypothese zwei eher nicht der Fall ist.« Was bedeutet das? Anschließend möchte ich deine Folgerung erörtern, dass der Westen »grundsätzlich über einen größeren Spielraum von Handlungsoptionen«

---

15 Vgl. RECKWITZ, ANDREAS: *Das Ende der Illusionen. Politik, Ökonomie und Kultur in der Spätmoderne.* Berlin [Suhrkamp] 2019

16 ANDREAS RECKWITZ: Das Ende ist ziemlich nah. In: *Die Zeit* 13/2023, S. 51

verfüge als Russland. Aber ich spare mir diesen Diskurs für meinen nächsten Brief auf, ich will dich nicht mit einem noch längeren Referat zudröhnen.

Mit nachdenklichen Grüßen verbleibe ich
Michael

Brief 6, Freiburg, 18. April 2023

Lieber Michael,

Du fährst schweres erkenntnistheoretisches Geschütz auf. Die kriegerische Metapher soll nicht bedeuten, dass Du mich mit solchem »Geschütz« bekämpfen möchtest. Lese ich deine Ausführungen, habe ich eher das Gefühl, im Donner deiner Argumente und Überlegungen werde überhaupt die Möglichkeit zureichenden Verstehens vernichtet. Aufgrund einer ähnlichen Intuition habe ich in meiner vorhergehenden Einlassung Hypothesen aufgeführt und keine unverrückbaren Behauptungen. Wenn mich eines im Lauf meiner jahrzehntelangen Bemühungen um sozialwissenschaftliches Begreifen immer wieder beunruhigt hat, dann ist es die Einsicht, wie wenig wir wissen können. Schauen wir umher und bleiben wir wirklich ehrlich, dann sehen wir uns umgeben von undurchsichtigen Wäldern. Und gleichwohl müssen wir eine Richtung wählen. Es ist geradezu das Wesen der Politik und des politischen Urteilens, dass Entscheidungen getroffen werden müssen, ohne diese im strengen Sinn zureichend begründen zu können. Der lautstarke Streit um das politisch Angemessene wird nicht zuletzt dadurch mit Heftigkeit und Emphase aufgeladen, weil sich sämtliche Akteure in einem Raum der Vieldeutigkeit, des Meinens und des

Vermutens befinden. Oft ist das schwer auszuhalten, und damit sind wir wieder mitten im Thema.

Denn es geht dennoch um Verantwortung. Aus ganz pragmatischen Gründen können wir sie nicht eliminieren, auch dann nicht, wenn sie oft schwer »dingfest« zu machen ist. Wäre andernfalls nicht der Beliebigkeit Tür und Tor geöffnet? »Tue, was Du willst, die Folgen deiner Entscheidungen, sind sowieso kaum zurechenbar!« Könnte das wirklich die Maxime für Politiker sein? Im Nebel der Undurchschaubarkeit müssten wir praktisch alles akzeptieren, was sie tun, weil ja niemand wissen kann, was ursächlich dabei herauskommt.

Wer würde das nicht als unverantwortlich ansehen? Und so müssen wir notwendig fragen: Wer trägt Verantwortung für diesen Krieg, wer war an der Entstehung des Konflikts beteiligt? Besteht denn irgend eine Möglichkeit, politisches Handeln und Verhalten anders als in dieser Weise zu bewerten? Nicht unbedingt richtet sich der Blick dabei auf Einzelpersonen. Der Blick in die Vergangenheit kann uns aber so etwas wie »Cluster« der Verantwortung aufzeigen, Regelmäßigkeiten, Häufungen, Linien des kollektiven Handelns. Ein Beispiel wäre der außenpolitische Dominanzanspruch der USA. Man kann ihn auch im fraglichen Konflikt nicht einfach herausrechnen, und er zeigt eine Linie der Mitverantwortung.

Was die Frage der Verteilung von Verantwortung für die Entstehung des Ukrainekonflikts angeht, so bleibe ich hier im Umfeld meiner Hypothese, die unterstellt, dass nicht Putin allein der Schuldige ist. Dieser Ansatz scheint mir also etwas komplexer angelegt als die gegenwärtig gepflegten Feindbilder, die wahrscheinlich nicht gänzlich an der Realität vorbeigehen, aber doch auf einer sehr reduzierten Wahrnehmung beruhen, indem sie aus der Dämonisierung einer einzigen Person so gut wie alles, was es zu erklären gibt, herleiten.

Zunächst sollten wir die politische Großwetterlage ins Auge fassen. In welchem weltpolitischen und zeithistorischen Kontext ist das Ereignis einzuordnen, das am 24. Februar 2022 begann? Handelt es sich vielleicht um einen Kontext, in dem ein solcher Krieg, zumindest rückblickend besehen, durchaus wahrscheinlich war? Der sogar einer bestimmten ›Logik‹ folgte, die man sich vor Augen führen könnte? Die zu prüfende These würde lauten, dass der Angriff Russlands innerhalb jenes Handlungsspektrums lag, das sich im Bereich der internationalen Beziehungen bereits lange vorher eingebürgert hatte.

Der Schreckensruf, dass nun zum ersten Mal seit 1945 in Europa wieder ein Krieg ausgebrochen sei – was nicht stimmt – übersieht diesen dunklen zeitgeschichtlichen Hintergrund. Der Krieg wurde nicht etwa innerhalb einer schönen regelbasierten Ordnung vom Zaun gebrochen, sondern in einer Phase des Zerfalls normgerechten Verhaltens und unter klimatischen Bedingungen, die der reinen Machtpolitik wieder freien Auslauf erlauben.

Es so zu sehen, heißt keinesfalls – und diese Differenzierung ist wichtig – Putins Angriff sei zu rechtfertigen oder in irgendeiner Hinsicht klug oder nachvollziehbar. Im Gegenteil: Der Angriff scheint neben seiner Moral- und Rechtswidrigkeit selbst aus russischer Sicht eher kontraproduktiv, ja geradezu borniert zu sein. Viele Kriege erscheinen uns, wenigstens im Nachhinein betrachtet, als reichlich sinnlos –, der Ukrainekrieg wird sich letztlich als geradezu absurd erweisen. Das hat auch damit zu tun, dass Kriege zu jener Abteilung instrumentellen Handelns gehören, die besonders schwer zu steuern ist. Wer einen Krieg beginnt, bleibt selten Meister des Geschehens. Häufiger macht er sich selbst zum Opfer. Und zwar eines Chaosgeschehens, das allzu oft sogar das Gegenteil dessen hervorbringt, was der Initiator beabsichtigt hatte. Wollte etwa Putin die Identität der Ukraine als Nation zerschlagen, dann ist schon jetzt offensichtlich, dass er genau dieses Ziel nicht erreichen wird. Er hätte wissen können, dass aus Kriegen schon manche geeinte Nation hervorgegangen ist. Vielleicht wird der Ukrainekrieg ja zum Gründungsmythos einer einheitlichen ukrainischen Identität. Dass Kriege paradoxe und chaotische Prozesse in Gang setzen können, enthält aus meiner Sicht im Übrigen einen bedeutenden Impuls, grundsätzlich Frieden zu halten. Darauf können wir später zurückkommen.

Jetzt möchte ich den Finger auf das Folgende legen: Seit dem Ende des Kalten Kriegs und einer kurzen Phase des Aufatmens sind die Mächte auf der internationalen Ebene in sehr alte und hoch problematische Verhaltensweisen zurückgefallen. Beobachter sprechen von einer neuen Anarchie, ja – wie Jochen Hipler – von der »Verüpelung der internationalen Politik.« Man verweigere sich der Unterordnung unter internationale Normen und definiere rücksichtslos seine eigenen Interessen. Dieses »Machtgerangel« rabiater Einzelakteure wiederhole »die Politikmuster des 19. und frühen 20. Jahrhunderts«.[17] Ob es sich dabei wirklich um eine »Neuauflage« der sogenannten ›Geopolitik‹ handelt, wie behauptet wird,[18] scheint mir zweifelhaft, denn das Ringen um geographische Einflusszonen bedarf keiner Neuauflage. Es stand schon immer im Zentrum der Machtpolitik. Auch während der Phase des Kalten Kriegs spielte Geopolitik eine bedeutende Rolle. Allerdings fand sie bipolar zwischen relative stabilen Lagern der Systemkonkurrenten statt, die die Welt in Einflusszonen eingeteilt hatten, dem sich die sogenannten Blockfreien zu entziehen suchten und der »Dritten Welt« als Zone der Stellvertreterkriege.

17 HIPLER, JOCHEN: *Krieg im 21. Jahrhundert, Militärische Gewalt, Aufstandsbekämpfung und humanitäre Intervention.* Wien 2019, S. 281ff.
18 WERKNER, INES-JACQELINE: *Friedens- und Konfliktforschung.* München 2020, S. 144ff.

Heute beginnt sich eine multipolare Welt zu etablieren, während zugleich die Kraft der internationalen Normen und Institutionen schwindet. Ich gebe Carlo Masala recht, der zeigt, wie es nach 1990 die USA waren, die diesen Rückfall einleiteten. »Damit erwies sich die Idee, starke internationale Institutionen als Eckpfeiler einer neuen Weltordnung einzusetzen, alsbald als Chimäre. Paradoxerweise schwächte ausgerechnet diejenige Macht, die sie nach dem Ende des Zweiten Weltkriegs entworfen hatte und die noch 1990 großen Wert darauf legte, sie zu stärken, diese Institutionen nachhaltig und instrumentalisierte sie für ihre eigenen Zwecke.«[19]

Damit bekamen die Neorealisten in der Wissenschaft der internationalen Beziehungen recht, zu denen Masala gehört. Sie hielten immer daran fest, dass die grundlegenden Triebfedern des außenpolitischen Handelns Machterwerb und Machterhaltung, die Institutionen internationaler Ordnung dagegen, das Völkerrecht oder die UNO etwa, eher nachrangig und im Zweifelsfall sogar bedeutungslos seien. Aus dieser Sicht war es keine wirkliche Überraschung, dass sich mit dem Ende des Kalten Kriegs und dem Zusammenbruch der Sowjetunion nicht etwa das Ende der Geschichte (Francis Fukuyama) ankündigte und damit der ewige Friede, sondern eine neue Periode harter Machtpolitik unter situativer Missachtung normativer Beschränkungen.

Am deutlichsten wurde der Beginn dieser Neuauflage durch die Absichten der amerikanischen Neocons, der Neokonservativen im Umfeld von US-Präsident George W. Bush markiert. Den internationalen Einfluss der einzigen verbliebenen Weltmacht verstanden sie im Sinn einer *full global control*, für die die Welt in »Areas of Responsibility« eingeteilt wurde. Eine *Pax Americana* sollte entstehen und zwar

19 MASLA, CARLO: *Weltunordnung, Die globalen Krisen und die Illusionen des Westens.* 8. Aufl. München [C.H.Beck]2023, S. 52

zu Bedingungen, die manchmal eher den aus dem Wilden Westen hergeleiteten Gepflogenheiten entsprachen als den Vorstellungen der Völkerrechtler. Man agierte grundsätzlich im eigenen Interesse, mal, wenn es passte, rechtskonform und manchmal eben auch nicht.

Das bekannteste Beispiel solchen Vorgehens ist der Irakkrieg 2003. Die Vereinten Nationen waren hier nur noch das Auditorium, vor dem jene Fakes vorgetragen wurden, die man zur Rechtfertigung des Angriffs zusammengekratzt hatte. Ein weiteres Beispiel für das Verhältnis zwischen Machtpolitik und internationalen Normen ist etwa das grenzwertige Verhalten der USA gegenüber dem Internationalen Strafgerichtshof (IStGH). Nach wie vor drohen die USA allen Staaten, die nicht Mitglieder der Nato sind, mit dem Entzug von Militärhilfe, wenn sie dem Statut des Strafgerichtshofs beitreten oder, wenn nötig, mit der gewaltsamen »Befreiung« von US-Bürgern, gegen die der Gerichtshof verhandeln möchte. Für solche Fälle können Richter und Staatsanwälte des Gerichtshofs mit US-Sanktionen belegt werden.[20] Bedenkt man, dass der Gerichtshof vor allem Vergehen gegen das humanitäre Völkerrecht, also Kriegsverbrechen ahnden soll, ist das schon ein starkes Stück.

Es geht mir hier nicht um Antiamerikanismus. Eher um eine Bestätigung der neorealistischen Sicht in diesem Punkt. Auch Russland ist nicht Mitglied des IStGH, auch nicht China. Für einen »Idealisten« wie mich ist es nicht immer einfach, solche realistischen Sichtweisen hinzunehmen. Mir scheint es aber auch aus einer an Idealen ausgerichteten Weltsicht zielführend zu sein, das, was nun einmal so ist, zunächst zur Kenntnis zu nehmen, um anschließend zu fragen, ob man es vielleicht doch zu ändern

---

20 CZEMPIEL, ERNST-OTTO: *Weltpolitik im Umbruch*. 3. Aufl. München [C.H.Beck] 2003, S. 128 – USA drohen dem Internationalen Strafgerichtshof Sanktionen an | Aktuell Amerika | DW | 10.09.2018

vermag. Sollte das möglich sein, wäre die Grundthese des Neorealismus in den Politikwissenschaften freilich falsifiziert, jedenfalls wenn man sie prognostisch versteht. Und es wird wohl auch nötig sein, sie zu falsifizieren. Denn sollte die Weltgeschichte auf alle Zeit zutreffend durch das Pokern um Macht charakterisiert sein, so fragt es sich, wie lange der Globus das Gerangel der bis an die Zähne bewaffneten Akteure noch tolerieren wird. Sowohl die Ressourcen dieser Erde wie auch die Ökosphäre als Lebensraum sind für weltweite Prügeleien unter fröhlicher Vernutzung von Mensch und Umwelt nur noch sehr begrenzt geeignet. Irgendwann ist Ende Gelände.

Die naheliegenden Überlebensregeln sind in praktischer Hinsicht noch nicht durchgedrungen. Und da passt der Ukrainekrieg durchaus in die internationale Großwetterlage. Du siehst, dass ich im Hinblick auf die Frage nach Ursachen und Linien der Verantwortung viel weiter aushole als Du. Es geht nicht nur um Einzelereignisse, sondern gewissermaßen um Gepflogenheiten. Nur dann wird deutlich, dass wir alle neben der Schuld Putins ein gemeinsames Problem haben: ein Problem des globalen Umgangs miteinander. Ist es völlig abwegig zu behaupten, Putin tue hier etwas, das ein amerikanischer Präsident mutatis mutandis ebenfalls getan hätte?

Zu meiner Überraschung fand ich diesen für viele vielleicht empörenden Gedanken bei Julian Nida-Rümelin. Ich kenne ihn weder als »Putinversteher« noch als ausgewiesenen Amerikafeind. Er schlägt ein Gedankenexperiment vor, das ich verkürzt um Differenzierungen hier zusammenfasse. Man »stelle sich vor,« schreibt er, »es gäbe nicht nur ein von den USA geführtes Militärbündnis, die Nato, sondern auch ein russisch geführtes, sodass sich zwei Militärbündnisse gegenüberstünden (...) Angenommen nun, erstarkende innenpolitische Kräfte in Kanada eskalierten und führten in Otawa zu gewaltsamen Konflikten (...)«

Nun böte Russland Kanada den Beitritt zum russisch geführten Militärbündnis an. »Glaubt irgendjemand, dass die Vereinigten Staaten einem solchen Szenario tatenlos zusehen würden? Würden die USA den Beitritt Kanadas zu einem russisch geführten Militärbündnis akzeptieren? Bei realistischer Betrachtung und ohne ideologische Scheuklappen ist völlig klar: Dies würde nicht geschehen (...)«[21]

In dieser Deutung geht es also um Geopolitik. Es geht um Einflusszonen und so etwas wie Sicherheitsgürtel, mit denen sich Groß- und Mittelmächte umgeben. Es geht um »Selbstverständlichkeiten« in einer Welt, die sich nun einmal so versteht. Und damit geht es um die Basis für eine Interpretation, die auf einseitige Schuldzuweisungen verzichtet. Und eben deshalb geht es um Ansatzpunkte für realistisches Verhandeln mit dem Ziel, Menschenleben zu schonen. Könnte ein solcher Ansatz, gerade wegen seines realistischen Bezugs, nicht unter das »Prinzip Verantwortung« fallen? Das Motto könnte etwa lauten: Wir geben etwas, damit ihr uns etwas gebt. Wir respektieren, was ihr zu benötigen meint, weil wir auch von euch diesen Respekt bekommen. Was meinst Du?

Gespannt auf deine Antwort grüße ich dich
Hans-Peter

21 JULIAN NIDA-RÜMELIN, Eine ethisch fundierte Realpolitik der Friedenssicherung. Eine philosophische Perspektive, in: JULIAN NIDA-RÜMELIN, MATTHIAS KRUMM, ERICH VAD et al., *Perspektiven nach dem Ukrainekrieg, Europa auf dem Weg zu einer neuen Friedensordnung?*, hrsg. v. d. Parmenides Stiftung, Freiburg [Herder] 2022, S. 111-129, hier: S. 114f.

Brief 7, Hamburg, am Tag der Arbeit (1. Mai 2023)

Lieber Hans-Peter,

mir scheint, wir reden in einem wichtigen Punkt aneinander vorbei. Ich greife dein abschließend referiertes Gedankenspiel auf, dass die USA vor ihrer »Haustüre« ein Militärbündnis der Gegnerseite nicht akzeptieren würden. Du berufst dich auf das Szenario, das Julian Nida-Rümelin entworfen hat. Ich kenne solche Szenarien, auch von US-amerikanischen Denkern. Sie haben den heuristischen Sinn, dass der Akteur die Traditionen, Erfahrungen und Interessen »der anderen Seite« reflektieren sollte, um deren Denkmuster besser zu verstehen, für welche Zwecke auch immer. Strategiespiele wie *Conflict of Nations* oder *Call of War* (www.callofwar.com: »Was, wenn die USA 1941 nicht eingegriffen hätten? Das Strategiespiel simuliert historische Szenarien«) gehören eigentlich zum Kleinen Einmaleins der Diplomatenausbildung – und werden doch sträflich vernachlässigt, weil einem das eigene Hemd – das nationale Interesse mit seinen Zielsetzungen – aus innenpolitischen Gründen viel näher ist. Und ja: Die Politik der Nato-Staaten hatte stets das eigene Hemd vor Augen.

Wenn aber solche Szenario-Strategiespiele mit geopolitischer Deutungskraft aufgeladen und »neorealistisch« interpretiert werden, gehe ich auf Distanz. Denn sie vernebeln die realpolitische Analyse der regionalen Gegebenheiten mit der Schimäre des Konjunktivs: Was wäre, wenn.... Also runter vom Gaul der Theorie auf den staubigen Boden der Sachverhalte.

Auf diesem Boden stehend, sind wir uns soweit einig darin, dass die Vorgeschichte des Ukrainekriegs seit dem Verfall der Sowjetunion nicht nur mit Russland, sondern auch mit der Osteuropapolitik der Nato-Staaten verstrickt ist – ich habe diese Verstrickung in meinem vorigen Brief aus westlicher Sicht rekapituliert, Du sprichst sie in abstrakter Form an und bringst mit dem Kanada-Szenario die globale Ebene ins Spiel – gut so! Ich denke, Du stimmst mir darin zu, dass der von den USA mit großem rhetorischen Aufwand proklamierte Einsatz für (Wirtschafts-) Freiheit, Menschenrechte und staatliche Souveränität vor allem unter den Staaten des globalen Südens keine Glaubwürdigkeit mehr besitzt. Die fraglichen Großstaaten – Nigeria zum Beispiel, aber auch China, Indien und Indonesien – haben die USA, Großbritannien und lange Zeit auch Frankreich als ausbeuterisches Machtkartell in Erinnerung. Jene bitteren Erfahrungen fanden nach dem Ende des Kolonialismus neue Nahrung, Stichworte aus jüngster Zeit: Golfkrieg 1, Golfkrieg 2, Irak, Libyen. Es verwundert nicht, dass dieses Misstrauen auch den Ukraine-Support der westlichen Bündnisstaaten trifft, ganz egal, wie diese Skeptiker zu Putins Russland stehen. Andersherum gesagt: Es ist das Pech der Ukraine, dass sie von denen am kräftigsten unterstützt wird, die in Asien und im globalen Süden als arrogante und expansive Kapitalismus-Missionare erinnert werden. Ich las vor ein paar Monaten eine Zusammenstellung des Straf- und Völkerrechtlers Kai Ambos. Er hat die Staaten aufgelistet, die nicht nur verbal, sondern de facto die Sanktionspolitik der Nato- Staaten mittragen.[22] Du ahnst es: Von den 141 Staaten, die der UN-Resolution zustimmten, vollziehen nur 38 die beschlossenen Sanktionen. Ambos hat auch den »widersprüchlichen Umgang mit dem Völker(straf)recht« der westlichen Staaten im Gefolge der USA rekonstruiert. Er erwähnt zum Beispiel, dass die USA – in Analogie zu den russischen Auftragsmorden von Emigranten – etwa den Al-Quaida-Führer al-Zawahiri in Kabul töteten, statt seine Auslieferung einzufordern. Oder die Gefangenen in Guantanamo, die auch nach 20 Jahren ohne Gerichtsprozess eingekerkert leben. Oder nehmen wir die deutschen Waffenlieferungen für den von Saudi-Arabien orchestrierten Invasionskrieg im Jemen: Das wird im Iran als Aggression gegen die schiitische Glaubenswelt verstanden, die mit Drohnenlieferungen an den Nato-Feind-Russland gekontert wird. Ambos schreibt, dass die Staaten des globalen Südens das vom Westen beherrschte Völker(straf)recht als ein »imperiales Projekt« erleben. Aus Sicht vieler Regierungen des Südens habe der Westen notorisch »genau die Regeln des Völkerrechts gebrochen (...), die er nun zu verteidigen vorgibt, oder vielmehr: die Ukraine in seinem Namen verteidigen lässt. So wird dem Westen vorgeworfen, mit zweierlei Maß zu messen und eine Doppelmoral zu predigen« (S. 35). Wer trägt hier für wen oder was Verantwortung? Eine aus meiner Sicht akademische Frage.

Es wäre in der Tat wunderbar einfach, wenn wir für diese Dynamik, die man leicht bis ins 16. Jahrhundert mit der Eroberung, dann Kolonisierung Mittel- und Südamerikas, Afrikas und großer Teile Asiens zurückverfolgen kann, ein paar Verantwortliche identifizieren könnten: Ab auf den Scheiterhaufen! Ich denke, Du stimmst mir zu, dass der Begriff ›Verantwortung‹ – ich habe dies in meinem letzten

22 AMBOS, KAI: *Doppelmoral. Der Westen und die Ukraine.* Frankfurt/M. [Westend Verlag] 2022

Brief bereits diskutiert – sich ins Nebulöse auflöst, wenn wir die treibenden Kräfte in der Geschichte der Kulturen, Völker, Staaten und Religionen in den Blick nehmen. Selbst der vergleichsweise kurzsichtige Rückblick, mit dem wir das weltpolitische Geschehen seit dem Ende der Blockpolitik 1989 rekonstruieren (Du nennst es »politische Großwetterlage«), kann politische Verantwortung nur dort erkennen, wo es um dezidierte Entscheidungen von Regierungen ging: zum Beispiel George W. Bushs »Kriegserklärung« nach 9/11, der ins Afghanistan-Desaster und weiter im Verein der »Willigen« zum Irak-Krieg mit seinen Kriegsverbrechen führte. Und jetzt im Hinblick auf die Ukraine: Putins Entschluss, den Nachbarn zu überfallen.

Gewiss, auch dieser Entschluss entsprang keiner kurzlebigen Laune, sondern kann als Manifestation wechselseitiger Pressionen, Verleugnungen und Unterstellungen erklärt werden. Ich bin ganz auf deiner Seite, falls Du hier auf die Nato-Osterweiterungspolitik der US-Amerikaner während der späten 1990er-Jahre hinweisen solltest. Auch ich kann mir vorstellen, dass die expansive Machtpolitik der USA dem Kreml als bedrohlich erschien. 1997 warnte der greise US-Diplomat und Historiker George F. Kennan vor den Auswirkungen dieser Politik: »Eine Erweiterung der Nato wäre der verhängnisvollste Fehler der amerikanischen Politik in der gesamten Ära nach dem kalten Krieg.«[23] Es war die Meinung eines Intellektuellen. Die Regierung Clinton nahm sie nicht weiter ernst; sie trieb die Osterweiterung voran, die zugleich eine Ausweitung der Absatzmärkte für US-amerikanische Erzeuger verhieß. Dass die Ukraine neutral blieb, war – wir sprachen darüber – vor allem der deutschen Regierung zu verdanken: eine verantwortungsvolle Handlung in Form des »Nein«.

---

23 KENNAN, GEORGE F.: *A Fateful Error*. Unter: https://www.nytimes.com/1997/02/05/opinion/a-fateful-error.html

Dies ändert aber nichts daran – und hier muss ich dir widersprechen –, dass es einzig und allein Kreml-Boss Putin war, der am 24. Februar 2022 mit der Invasion, vulgo: dem Überfall auf die Ukraine mit Artillerie, Raketen und Panzern jene Prinzipien zermalmt hat, die den Kern des Völkerrechts ausmachen und die die die UN-Charta in Artikel 1, Ziffer 2 zum Leitbild erhoben hat: das Selbstbestimmungsrecht der Völker und der Schutz der nationalen Souveränität. Gestatte mir die Anmerkung, dass die »Volksabstimmungen« 2014 auf der Krim und im Donbass aus meiner Sicht kein Einwand sind. Sie würden erst dann als Ausweis des Selbstbestimmungs- und ggf. Sezessionswillens der dortigen Bevölkerung gelten, wenn diese Abstimmung nach demokratischen Regeln organisiert und von neutralen Beobachtern supervisioniert würde. Dies war damals nicht der Fall.

Die von uns mehrmals besprochene Tatsache, dass auch die USA im Verbund mit Großbritannien wiederholt das Völkerrecht verletzt haben, erklärt zwar das erwähnte Misstrauen vieler Staaten außerhalb der westlichen Hemisphäre, sie ändert indessen nichts am Völkerrechtsbruch durch Putin. Lieber Hans-Peter, ich wünsche mir, dass Du in diesem Punkt deine Meinung revidieren kannst: Auf Werte gegründete Rechtsnormen, die in der Völkergemeinschaft anerkannt sind, lassen sich nicht per »Großwetterlage« vernebeln oder relativieren. Die Tat eines Mörders wird nach Maßgabe seiner Tatmotive beurteilt und nicht damit klein geredet, dass es schon viele andere Mörder gab. Selbst wenn der Mörder ein Psychopath ist, mindert dies nicht das Unrecht seiner Tat, sondern nur seine Zurechnungsfähigkeit: Er kommt in die Psychiatrie statt in den Knast.

Dasselbe Argument mit anderen Worten: Selbst klug formulierte Einwände der Geopolitiker, etwa, dass das Völkerrecht schon immer den realpolitischen Machtinteressen ausgesetzt war und seine Auslegung von der vorherrschenden Hegemonialmacht (überwiegend die USA) geprägt wurde, stellen wohl die Geltung, nicht aber die Gültigkeit dieses Grundsatzes infrage. Auch deine Erwägungen über die Rolle der staatspolitischen Akteure seit 1989 ändern nichts an den Kriegsverbrechen, für die der Kremlchef die Verantwortung trägt, seitdem seine Truppen in der Ukraine unterwegs sind und er mit seiner Invasion die Hauptstadt Kiew erobern und die gewählte Regierung Selenskij vertreiben wollte. Sie ändern auch nichts am Befund, dass es dem unglaublichen Mut und dem Willen zur Selbstverteidigung der Ukrainer zu verdanken ist, dass der Überfall eingedämmt und mit westlicher Waffenhilfe begrenzt werden konnte. Die vier namhaften, staatsunabhängigen deutschen Friedensforschungsinstitute schrieben drei Monate nach Kriegsbeginn in ihrem jährlichen »Friedensgutachten« unter anderem dies: »Der Westen hat mit außerordentlich harten Sanktionen und der Lieferung zunehmend schwerer Waffen dazu beigetragen, dass Russland bislang (Stand 4. Mai 2022) militärisch nur begrenzt erfolgreich war. Mit dem Stocken des russischen Vormarschs haben sich aber nicht nur Russlands Kriegsziele, sondern auch die Kriegsziele des Westens gewandelt.« Soll heißen: Russland musste sein Kriegsziel, die Eroberung der Ukraine, aufgeben. Eine ihrer Empfehlungen lautete so: »Sanktionen und militärische Unterstützung für die Ukraine müssen dem Zweck dienen, Russland zu einem verlässlichen Waffenstillstand und langfristig zu einer Friedenslösung zu bewegen, die Völkerrechtsbruch nicht belohnt.«[24] Diese Posi-

---

24 BICC Bonn International Centre for Conflict Studies; HSFK Leibniz-Institut Hessische Stiftung Friedens- und Konfliktforschung; IFSH Institut für Friedensforschung und Sicherheitspolitik an der Universität Hamburg; INEF Institut für Entwicklung und Frieden, Universität Duisburg-Essen: Friedensfähig in Kriegszeiten / friedensgutachten 2022. Bonn im Mai 2022

tion ist heute, ein Jahr später, genauso gültig wie damals. Und ich teile sie uneingeschränkt.

Du hast deinen Brief mit dem Bekenntnis begonnen, dass »der lautstarke Streit um das politisch Angemessene« sich damit erklären lasse, dass »sich die Akteure in einem Raum der Vieldeutigkeit, des Meinens und Vermutens befinden.« Ich weiß nicht, wen Du hier zu den »Akteuren« zählst. Falls Du die Kontrahenten – Kreml und Kiew – meinst, so scheint mir, dass die »Vieldeutigkeit des Vermutens« eher auf uns, die Zuschauer, zutrifft: Weil wir nicht wissen können, was und wie hinter den Kulissen der öffentlichen Zurschaustellung taktiert und interagiert wird. Darum sollten wir uns davor hüten, unser Nichtwissen auf die kriegsführenden Parteien und die involvierten Großmächte (USA, Russland, China, Türkei) zu projizieren, auch wenn dies unsere Newsmedien tagtäglich tun. Wenn ich die in den vergangenen Monaten gelesenen Analysen von Militärexperten, Politik- und Osteuropa- Wissenschaftler zusammenfasse,[25] geht es nicht um das »politisch Angemessene«, sondern darum, wann und wie sich die ukrainische Regierung mit dem Aggressor Russland auf Verhandlungen einlassen kann und wird. Bislang vertritt sie in der Öffentlichkeit ihre Maximalposition: Rückzug Russlands, andernfalls Rückeroberung des zur Ukraine gehörenden Territoriums. Wir wissen nicht, ob und wie in den Hinterzimmern der Politik Kompromisslinien abgesteckt wurden. Aber ich kann mir denken, dass aus den zuvor genannten Gründen die Moderation von einer Regierung übernommen wird, die im globalen Süden Reputation besitzt und die nicht involviert ist: China oder Indien.

---

25 Vgl. die von der Bpb zusammengestellte Beitragssammlung *Militär und außenpolitische und strategische Ausrichtung* des Dossiers »Russland-Analysen« unter: https://www.laender-analysen.de/russland-analysen/416/militaer-und-aussenpolitische-und-strategische-ausrichtung/ [30.04.202].

Ich stimme dir voll zu, wenn Du schreibst: »Der Angriff scheint neben seiner Moral- und Rechtswidrigkeit selbst aus russischer Sicht eher kontraproduktiv, ja geradezu borniert zu sein« (59). Auch deine Folgerung kann ich nachvollziehen: »Wollte etwa Putin die Identität der Ukraine als Nation zerschlagen, dann ist schon jetzt offensichtlich, dass er genau dieses Ziel nicht erreichen wird.« Ich verstehe allerdings nicht, warum Du die von Friedensinstituten und Militärexperten ermittelten Gründe dennoch ignorierst: Es war die militärische und logistische Unterstützung des ukrainischen Militärs durch die Nato-Staaten, die Putins Ziel (hoffentlich!) unerreichbar macht. Warum hast Du dies nicht schon auf dem Podium in Berlin gesagt?

Meiner Erinnerung zufolge habt Ihr bei eurem großen Auftritt vom 25. Februar das genaue Gegenteil vertreten, nach dem Motto: »mehr Waffen, mehr Krieg – keine Waffen, kein Krieg!«. Ihr habt den begeistert zujubelnden Friedensfreunden keine »Hypothesen« und keine »Vermutungen«, sondern Gewissheiten per Parole verkündet. Dabei hat Sahra Wagenknecht mit ihrer populistischen Rhetorik wie eine Taschenspielerin Ursache und Wirkung, Täter und Opfer vertauscht: »Der ukrainische Oligarchenkapitalismus kämpft angeblich für unsere Freiheit und unsere Demokratie!« – nein, die Ukrainer wehren sich gegen den russischen Überfall auf ihr Land! Wagenknecht weiter: »Wir wollen nicht, dass mit deutschen Panzern auf die Urenkel jener russischen Frauen und Männer geschossen wird, die von der deutschen Wehrmacht millionenfach auf bestialische Weise ermordet wurden.« Genau so funktioniert der sogenannte Whatsaboutism: Hauptrednerin Sahra Wagenknecht verdreht das Thema; sie redet über etwas, das gar nicht in Frage steht. Deine Rede kam zeitlich vor Wagenknecht; Du nanntest unsere Politiker kopflose »Traumtänzer«, die angesichts der Atomkriegsgefahr »tanzen wie auf einem Vulkan.« Du sagtest, die westeuropäischen Politiker würden »das sinnlose Sterben verlängern, in dem man Tötungswerkzeuge schickt.« Dieses Argument bedeutet in seiner Negation, dass ohne Waffenhilfe das »sinnlose Sterben« durch russische Soldaten nicht stattfinden würde. Ich finde dies, mit Verlaub, entweder realitätsblind oder zynisch. Spätestens seit dem Massaker von Butscha hat der auf eurer Berliner Demo vieltausendfach skandierte Spruch: »Frieden schaffen ohne Waffen!« seine Unschuld verloren.

Der aus meiner Sicht politisch integre Schriftsteller Peter Schneider, ein Mann unserer Generation, fragte sich und seine Leser: »Die Gegner der Waffenhilfe für die Ukraine geben auf eine einfache Frage keine Antwort: Was hätte Wladimir Putin einer Ukraine, die ihren Verteidigungskrieg mangels Waffen aufgäbe, eigentlich zu bieten? (...) Welche Art von Leben würde er auf den Trümmern des zerbombten ›abtrünnigen‹ Landes zulassen?« Hast Du eine Idee, wie Du diese Frage realistisch beantworten könntest – oder ist sie dir egal? Schneiders Antwort geht so: »Seit den Gräueltaten in Butscha und anderen ukrainischen Orten haben sich viele Beobachter gefragt, in was für einer Kultur jene jungen russischen Männer aufgewachsen sind, die als Soldaten ohne Skrupel ukrainische Zivilisten erschossen und Frauen die Gelenke brachen, bevor sie sie vergewaltigten«. Schneider fügt dem an: »Das russische Justizministerium bewertete die Forderung des Straßburger Menschenrechtsgerichtshofs, russische Frauen besser gegen die Gewalt ihrer Partner zu schützen, als *Diskriminierung von Männern*«.

Wie zahlreiche Russlandkenner, so bezeichnet auch Schneider Putins Eroberungspolitik als Rückfall in die imperiale Zarenzeit, nun erweitert um die Drohung mit Nuklearwaffen, mit der er »wesentlich auf die deutsche Friedensbewegung« ziele.[26] Ein letztes Mal Peter Schneider, der am Ende seines Aufsatzes schreibt: »Selbstverständlich haben diese Pazifisten das Recht, sich für diplomatische Verhandlungen und einen Waffenstillstand zu engagieren, und es ist falsch, sie deswegen pauschal als Putins fünfte Kolonne zu diskreditieren. Aber ihr idealistisch daherkommendes Anliegen (...) wird unglaubwürdig, wenn sie den Preis verschweigen, den ein Sieg-Frieden Putins diese kosten würde: ein Leben in Unterdrückung mit Exzessen wie ›friedlichen‹ Umsiedlungen und massenhaften Deportationen, Folterkellern und Straflagern, Säuberungen und Willkürurteilen. Russische Kriegsverbrechen würden nie gesühnt werden, die Demütigung von Männern und die Gewalt gegen Frauen wären an der Tagesordnung. Es wäre ein Leben in Lüge und Knechtschaft.«[27]

Man muss es nicht so apodiktisch-pessimistisch sehen wie Peter Schneider. Doch die Beschreibungen der politischen Unterdrückung und des sozialen Elends in Russland, die kenntnisreiche Beobachter liefern, sind eindrücklich genug, um zu verstehen, warum der Widerstand der Ukrainer gegen den Aggressor auch als zivilisatorischer Überlebenskampf empfunden wird.[28] Mir scheint, unsere aus der Zeit des Kalten Kriegs überkommene Friedensbewegung

26 Hier stellvertretend für viele andere: SASSE, GWENDOLYN: *Der Krieg gegen die Ukraine. Hintergründe, Ereignisse, Folgen.* München [C. H. Beck] 2022

27 SCHNEIDER, PETER: »Was hätte Putin der Ukraine und Russland nach einem Sieg zu bieten? Das einzige Versprechen des Kremlchefs ist imperiale Macht«. In: *Neue Zürcher Zeitung*, 30.04.2023

28 Vgl. BPB: *Russland-Analysen: Dokumentation: Kennzahlen zur Armut in Russland* (Stand: 2018), unter: https://www.bpb.de/themen/europa/russland-analysen/nr-382/305905/dokumentation-kennzahlen-zur-armut-in-russland/ [30.04.23]. KATHARINA WAGNER: Russlands Armut hinter dem schönen Schein. In: *Frankfurter Allgemeine Zeitung*, 18.09.2021. STEFAN SCHOLL: Russland kollabiert in Zeitlupe. In: *Frankfurter Rundschau*, 10.03.23, unter: https://www.fr.de/wirtschaft/zeitlupe-russland-kollabiert-in-92132042.html

ist nicht willens, die radikal veränderte, multipolare Weltlage zu verstehen: Damals warnten die Friedensbewegten zu Recht vor der Gefahr eines neuen Weltkrieges. Heute brauchen wir keine Weltkriegswarnung, heute geht es um die Beendigung eines real existierenden, mit unfassbarer Brutalität geführten konventionellen Kriegs, der mit der Missachtung des Selbstbestimmungsrechts begann.

Die Friedensbewegten an Eurer Berliner Kundgebung weigern sich, das Selbstbestimmungsrecht als Basis des Zusammenlebens der Menschen, der Völker und Nationen anzuerkennen. Viele von euch halten an ihren überkommenen Denkmustern fest. Sie möchten keinen Stress; doch in ihrer ins Apokalyptische gesteigerten Angst sind sie willens, die Maximen des Menschenrechts schlicht zu vergessen.

Lass mich mit einem Klischee schließen, auch wenn es pathetisch oder polemisch klingen mag: Für viele Bürgerinnen und Bürger unserer Wohlstandsgesellschaft ist der Verlust ihres Wohlgefühls etwa durch Energiesparmaßnahmen, Reisebeschränkungen, explodierende Spritpreise und die Furcht vor einem radioaktiven Fallout das denkbar schlimmste Szenario. Doch für die Ausgebeuteten und Unterdrückten in dieser Welt geht es um die Aussicht auf ein menschenwürdiges Leben. Ohne diese Perspektive empfinden sie ihr Dasein als nicht lebenswert.

Du merkst es, ich fühle mich in dieser Frage auch emotional »angefasst«. Kannst Du das nachvollziehen?
Fragt herzhaft grüßend
Michael

Teil 2:
Wo sind die Pazifisten geblieben?

Briefe 8-12

Brief 8, Freiburg, Anfang Mai 2023

Lieber Michael,

mir ist es wichtig, festzuhalten, was unsere bisherigen Übereinstimmungen sind. Sie liegen, so meine Wahrnehmung, vor allem auf der normativen Ebene. Auch wenn sich hier noch manches differenzieren ließe, befinden wir uns hier, wenn ich es recht sehe, auf einem gemeinsamen Fundament. Schaue ich um mich her, so scheint mir dieses Fundament eine recht weit verbreitete Basis der aktuellen Debatte zu sein. Was etwa Peter Schneider an Gräueln in diesem Krieg schildert oder im Fall eines Siegs Putins befürchtet, lehnt wahrscheinlich so gut wie jeder in unserem als ›postheroisch‹ bezeichneten Zeitalter ab.

Niemand mehr, soweit ich sehe, versteht Kriege als zu bejahendes Naturereignis, an dem jeder wirkliche Mann wenigstens einmal in seinem Leben aktiv teilgenommen haben sollte. Niemand auch versteht Kriege als ästhetisch ergreifende »Stahlgewitter« in der Art Ernst Jüngers. Auch der Stolz auf die militärische Schlagkraft der Nation hält sich wenigstens in Deutschland sehr in Grenzen. Heroismus unter Inkaufnahme sämtlicher Verbrechen, die so gut wie immer zur Szenerie von Waffengängen gehören, ist glücklicherweise Vergangenheit.

Dagegen geht es meines Erachtens im öffentlichen Diskurs wie auch zwischen uns beiden um zwei sich unmittelbar anschließende Grundfragen. Nämlich immer noch darum, welcher Art dieser Krieg um die Ukraine ist, worum es dort also geht, und schließlich und vor allem um die Frage, was getan oder unterlassen werden sollte, um den Krieg abzukürzen und um die darauffolgende Zukunft möglichst positiv zu beeinflussen. Auf diesen beiden Ebenen, einerseits der Realitätsanalyse und andererseits der Entscheidungsauswahl, liegen wir beide noch weit auseinander und das ebenfalls ganz so wie die deutsche Öffentlichkeit überhaupt.

»Also runter vom Gaul der Theorie auf den staubigen Boden der Sachverhalte«, schreibst Du (66). Das ist auf jeden Fall richtig. Allerdings ist das »Gedankenexperiment« Nida-Rümelins, das ich einführte und für aussagekräftig halte und dessen Theorielastigkeit Du implizit kritisierst, nur sehr bedingt mit einem militärischen Strategiesspiel oder gar der Konzeption eines Manövers zu vergleichen. Es beruht dagegen auf der Voraussetzung, dass sich große Mächte generell in vergleichbaren Situationen stets ähnlich verhalten. Werden die von ihnen als Einflusszonen definierten Areale von konkurrierenden Mächten beansprucht, führt das in aller Regel – so die These – zur Auseinandersetzung und vielleicht zum Krieg. Dahinter steht also der Versuch, durchaus im Sinn der Naturwissenschaft, Regelverhalten zu entdecken, auch wenn die beobachteten Regelmäßigkeiten nicht mit der gleichen Verlässlichkeit wie bei Naturgesetzen vorausgesetzt werden können. Was aber wäre eine Physik, die sich auf dem staubigen Boden ihrer Sachverhalte nicht mehr um die Naturgesetze kümmert?

Der »staubige Boden der Sachverhalte« stellt sich für dich allerdings anders dar. Was uns gewissermaßen methodisch unterscheidet, liegt offenbar an der Ausdehnung unseres jeweiligen Blickfelds. Um in der Filmsprache zu reden, bevorzugst Du die Einstellungsgrößen der Großaufnahme bzw. des Details, die die Dinge mehr aus der Nähe betrachten und ich die Totale, die in der Manier des Weitwinkels das globale Geschehen und damit den weltweiten Kontext thematisiert. Daher meine Einbeziehung von »Großwetterlagen«. Im Weitwinkel betrachtet ist der Ukrainekrieg ein globales Thema, was allerdings nicht heißt, dass damit alle Ursachen in den Blick kommen. Während Russland die Ukraine unter Berücksichtigung seiner angestrebten Rolle in der Welt als wichtige eigene Einflusszone definiert, will der Westen unter Führung der USA dort ebenfalls maßgeblich seine eigenen Vorstellungen durchsetzen. Dementsprechend verkündete der Generalsekretär der Nato, Jens Stoltenberg, im April: »Die Zukunft der Ukraine ist in der NATO«.[29] Deutlicher kann der Anspruch auf westliche Dominanz nicht ausgedrückt werden. Putin und seine Entourage wird diese Provokation befeuern, ihre militärischen Anstrengungen zu verdoppeln. Und was für die USA selbstverständlich wäre, nämlich, dass sie zu jeder Form der Abwehr bereit wäre, wenn Russland wie auch immer in Kanada Fuß fassen würde, das billigt der Westen seinerseits keinesfalls der anderen Seite zu. Das war der Sinn des Gedankenexperiments Nida-Rümelins.

Der Krieg ist aus meiner Sicht also vor allem ein Hegemonialkrieg. Stellvertreterkrieg ist nicht die genau passende Bezeichnung, denn Russland vertritt sich ja selbst, während die USA sich vertreten lassen. Andererseits stimmt es durchaus, wenn Du anmahnst, dass solche »Großwetterlagen« moralisch oder völkerrechtlich gesehen, irrelevant sind. Faktizität des Verhaltens kann nicht zur Rechtferti-

---

29 Nato-Generalsekretär in Kiew: »Die Zukunft der Ukraine ist in der Nato« unter: ZDF vom 20.04.2023 (https://www.zdf.de/nachrichten/politik/stoltenberg-nato-ukraine-krieg-russland-108.html)

gung von Rechtsverletzungen oder Amoralität herangezogen werden. Hegemonialinteressen rechtfertigen nicht, das Gewaltverbot zu ignorieren. Das Gerangel von Groß- und Mittelmächten an ethische und an rechtliche Begrenzungen zu binden, ist dagegen nach wie vor die große Aufgabe der Völkergemeinschaft. Auch wenn während der letzten Jahrzehnte eine gewisse Verwilderung der international anerkannten Normen und der Institutionen zu beobachteten ist, berührt das Sinn und Zweck dieser Normen in keiner Weise. Die normative Bindung der Mächte, etwa im Sinn des »demokratischen Friedens«, ist schlicht die Überlebensbedingung auf diesem Globus. Bis dahin ist es aber noch ein weiter Weg. Auch in dieser Hinsicht dürften wir uns treffen, denke ich.

Zur Debatte stehen also, um es zu wiederholen, lediglich die folgenden Fragen: Um was geht es, was sind die dominierenden Faktoren dieses Konflikts und zweitens, was sollte getan werden, wenn wir an die Zukunft denken. Im Hinblick auf die zweite Frage sehe ich ebenfalls eine drastische Verengung des Blickfelds. Auch hier käme es darauf an, sämtliche wichtigen Aspekte mit einzubeziehen. Leider wird im öffentlichen Diskurs vor allem im Hinblick auf diese für uns alle so bedeutsame Zukunftsperspektive die Debatte auf eine gefährliche Verkürzung heruntergeschraubt und, was von der Gesamtthematik noch übrig bleibt, geradezu dogmatisiert. Es hat den Anschein, als gehe es um einen reinen Dualismus von Gut und Böse. Wäre Putin nicht so böse, wäre alles in Ordnung.

Peter Schneider liegt für meine Begriff ganz ausdrücklich in diesem Trend. Den Friedensfreunden, die Waffenlieferungen für kontraproduktiv halten, wirft er vor, moralisch unsensibel zu sein. Das ist seit mehr als einem Jahr der Standardvorwurf gegenüber allen, die sich nicht bereitfinden, das Problem kriegerisch lösen zu wollen. Davon mag man halten, was man will, es darf aber meines Erachtens

nicht dazu führen, dass man bei der berechtigten morali-
schen Empörung stehen bleibt. Du selbst schwingst m. E. in
diesen Tenor ein, wenn Du Friedensfreunden unterstellst,
sie scheuten die Opfer, die mit einem Widerstand gegen
Russland verbunden sind und wollten sich das »Wohlge-
fühl« ihres komfortablen Alltags erhalten. Das verkennt
die Tatsache, dass Friedensfreunde verschiedener Couleur
durchaus auf einer ausgesprochen rationalen Argumenta-
tionslinie liegen.

Was etwa würdest Du jenen Warnern sagen, die keineswegs Waffen zu Pflugscharen umwidmen wollen, sondern
eher nüchtern Folgerungen aus einer machtpolitischen
Analyse ziehen? Ich denke hier an die irritierende Neu-
gruppierung der Diskursfronten in dieser Hinsicht. Zu den
Warnern gehören neben pazifistisch Gesonnenen zurzeit
vor allem Militärexperten und eher konservative Politikwissenschaftler. Zu meiner Überraschung stellt die aktuelle Studie der US-Rand Corporation, ein ThinkTank, der die
US-Streitkräfte berät, ganz ähnliche Forderungen auf, wie
die Friedensfreunde am 25. Februar vor dem Brandenburger Tor, wenn auch vielleicht in einem etwas anderen Kontext: rascher Friedensschluss, Vermeidung einer Eskalation
bis zum Welt- oder Atomkrieg![30] Sehr ähnlich sieht es etwa
der bekannte wissenschaftliche Beobachter internationaler Beziehungen, der US-Politologe John Maersheimer, der
ebenfalls eher militärisch denkt als idealistisch. Nach seiner Auffassung wird eine atomare Auseinandersetzung immer wahrscheinlicher. Auf keinen Fall dürfe Putin einem
Handlungszwang unterworfen werden, der ihm nur noch
diesen Ausweg lässt.

---

30 Avoiding a Long War: U.S. Policy and the Trajectory of the Russia-
Ukraine Conflict. RAND (https://www.rand.org/pubs/perspectives/
PEA2510-1.html)

Maersheimer fragt: Wo ist in dieser Angelegenheit ein neuer Kennedy? Hatte dieser doch im Kuba-Konflikt 1962 die Notbremse gezogen und den Weg der Geheimdiplomatie beschritten, um – und um nichts weniger ging es Kennedy – den Weltuntergang zu verhindern. Während er in seinem Beraterkreis dem Druck der oft blinden Staatsräson ausgesetzt war, wurde in geheimer Kontaktaufnahme zu seinem sowjetischen Kontrahenten Nikita Chruschtschow klar, dass weder er noch Chruschtschow das Risiko einer Vernichtung der Menschheit eingehen wollten. Unter dem Druck dieser ausdrücklich ins Auge gefassten Möglichkeit fanden beide zu einem Kompromiss.[31]

Völlig anders gegenwärtig. Da wird uns vorgeschlagen, wir sollten die reale Gefahr des Weltendes gar nicht erst zur Kenntnis nehmen, denn damit spiele man dem Aggressor in die Hände. Das scheint auch deine Sicht zu sein, wenn Du sagst, Putins Drohungen richteten sich an die Friedensbewegung (73). Ich kenne diesen Verdacht aus den Zeiten meines friedenspolitischen Engagements in den 1980er-Jahren. Nicht nur wurde uns vorgeworfen, kommunistisch unterwandert zu sein, für viele waren wir die nützlichen Idioten Moskaus. Uns wäre nur noch geblieben, überhaupt auf den Widerstand gegen die atomare Nachrüstung zu verzichten. Eine sinnvolle Handlung aber deshalb zu unterlassen, weil sie im Propagandaarsenal eines anderen eine Rolle spielen könnte, wäre aber mehr als borniert gewesen. Die Frage, wie heute angemessen auf russische Propaganda zu reagieren sei, sollte strikt von der Frage getrennt werden, wie wir die nicht intendierten negativen Folgen weiterer militärischer Eskalation minimieren können. Nicht Pau-

---

31 John Mearsheimer on Ukraine Conflict: There Are No Realistic Options, The West Is Screwed | Video | RealClearPolitics (https://www. realclearpolitics.com/video/2023/01/10/john_mearsheimer_on_ukraine_conflict_there_are_no_realistic_options_the_west_is_screwed. html)

schalisierungen und verkehrte Zuordnungen helfen uns weiter, sondern nur sorgfältige Differenzierung aufgrund solcher Gesichtspunkte.

Damals wie heute geht es der Friedensbewegung darum, zu zeigen, dass große Kriege, Weltkriege, Nuklear-Kriege aktuelle Menschheitsgefährdungen sind. Man mag ja der Meinung sein, auch wenn ich es nicht nachvollziehen könnte, nukleare Auseinandersetzungen könnten heute recht erfolgreich begrenzt werden und seien daher nicht mehr so bedrohlich wie 1962 zur Zeit des Kuba-Konflikts. Muss nicht dennoch das von Peter Schneider angeführte Risiko menschlichen Elends nach einem eventuellen Sieg Putins notwendig gegen jenes andere abgewogen werden, das in seiner Furchtbarkeit kaum überboten werden kann, nämlich gegen die Folgen eines Welt- oder gar Atomkriegs? Was dabei unter welchen Umständen und mit welcher Wahrscheinlichkeit eintreten könnte, wissen wir nicht. Sind wir aber nicht verpflichtet, jede der denkbaren Folgen weiterer Eskalation in der Ukraine ehrlich zu veranschlagen?

Was also entspricht situativ und kontextuell eher dem staubigen Boden der Sachverhalte und einer verantwortlichen Haltung gegenüber der Zukunft? Die aktuell wieder erhobene Devise »Frieden schaffen ohne Waffen« und ihre sinnvolle Anwendung in der gegenwärtigen Situation oder die Einstellung, sich um die Folgen einer weiteren militärischen Eskalation einfach nicht zu kümmern? Meines Erachtens passte es gut, dass Alice Schwarzer für die Demonstration am Brandenburger Tor einen ehemaligen Brigadegeneral, Erich Vad, mit ins Boot holte. Im Gespräch hat sich Erich Vad mir gegenüber als konsterniert gezeigt, weil er so oft mit politischen Idealisten diskutieren müsse, die von Krieg keine Ahnung hätten und sich rein gesinnungsethisch um die möglichen Folgen ihrer Optionen nicht kümmern würden. Er hielt das für gefährliche politische Romantik. Dagegen sei es unumgänglich, sich zu vergegenwärtigen, worauf man eigentlich hinauswolle. Es fragt sich also sehr ausdrücklich: Wer ist hier eigentlich unverantwortlich, wer weicht Fragen aus, wer ist Populist, wer verkündet fragwürdige Gewissheiten? Ist es der Mainstream oder sind es jene 785.000, die mit Stand vom 4. Mai 2023 Alice Schwarzers und Sahra Wagenknechts *Manifest für Frieden* unterschrieben haben? Diese Frage sollten wir klären.

Ich freue mich auf deine Antwort! In Freundschaft
Hans-Peter

Brief 9, Hamburg, 15. Mai 2023

Lieber Hans-Peter,

ich bin etwas ratlos: Was soll ich mit der von dir vorgeschlagene Unterscheidung machen, mit der Du zwischen der Realitätsanalyse und der auf Kriegsbeendigung gerichteten Debatte trennst? Ich frage mich: Ist für dich nicht das Eine der Begründungsboden für das Andere?

Ich für meinen Teil argumentierte schon in unserer vorausgegangenen Korrespondenz dahin, dass die Rekonstruktion der Vorgeschichte uns der Anstrengung nicht enthebt, die in der UNO-Charta festgeschriebenen menschenrechtsethischen Kriterien an die Vorgänge in der Ukraine anzulegen. Zugespitzt formuliert: Sollen oder müssen wir den Überfallenen nicht beistehen, wenn der raubmordende Einbrecher – warum auch immer! – sich anschickt, die Bewohner des Hauses umzubringen?

Mir drängt sich diese Frage auch deshalb wieder auf, weil ich den Eindruck habe, dass deine Überlegungen einer harten Analyse der Kriegsrealität aus dem Wege gehen. Wir haben uns ja beide in den vorigen Briefen darüber ausgetauscht, dass dem Ukrainekrieg ein seit mehr als zwei Jahrzehnten andauernder Konflikt um die Erweiterung der Macht-Hemisphären zwischen den USA und dem Putin'schen Russland vorausging (der sich um den Mitspieler China erweitert hat). Man kann jene Ära mit den Reden Putins colorieren (»wir fühlten uns von den Nato-Staaten zunehmend bedrängt!«); man kann sie aus der Sicht der westlichen Staaten ausmalen (»Der Imperialist Putin will für sein Großrussland ein paar Nachbarstaaten vereinnahmen, was wir verhindern werden!«). Man kann zudem – das war auch ein Thema im vorigen Brief – eine dritte Geschichte aus der Sicht der mächtig gewordenen Staaten des globalen Südens erzählen. Welche Perspektive, welche Erfahrungswerte findest Du passend? Oder beansprucht deine Rekonstruktion, alle drei Sichtweisen überblicken, sie gar zu einer komplexen Metaanalyse integrieren zu können? Da habe ich Zweifel.

Deinen Zeugen John Mearsheimer jedenfalls halte ich trotz seiner Reputation nicht für »weitsichtig«. Keine Frage, er hat vor 15 Jahren zusammen mit einem Kollegen ein gut recherchiertes Buch über Israels Lobby-Einfluss auf die US-amerikanische Außenpolitik geschrieben. Doch dies macht ihn nicht zum Osteuropaexperten, auch wenn er in deiner Community viele Gleichgesinnte hat. Und sorry: Wenn er jetzt die Vereinigten Staaten zur treibenden Kraft dieses Kriegs erklärt und sagt: »Der Westen ist an diesem Krieg schuld«,[32] dann ist er auf demselben Auge blind wie sein US-amerikanischer Kollege Jeffrey Sachs, der auf eurer Kundgebung in Berlin per Video seinen Heimatstaat USA auf die Anklagebank setzte. Tatsächlich kann keine der genannten Perspektiven – für sich allein – das aktuelle politische Geschehen mit Schuldzuweisungen plausibel erklären und schon gar nicht den russischen Angriffskrieg legitimieren. Und wenn jetzt Nato-Generalsekretär Jens Stoltenberg ein Jahr nach Beginn des russischen Überfalls und der Zerstörung weiter Teile der Ostukraine die mit seinen

---

32 In: *Cicero* vom 29.06.2022, unter: https://www.cicero.de/aussenpolitik/ john-mearsheimer-ukraine-krieg-eu-russland-ende-nato-schuld

Partnern abgestimmte Parole ausgibt, die Ukraine gehöre in die Nato, dann ist dies kein Beleg für us-amerikanische Kriegstreiberei, sondern ein Paradebeispiel für das, was man »negative Dialektik« nennen kann: Erst Putins Überfall machte vielen Nato-Skeptikern deutlich, wie gefährdet die westlichen Nachbarstaaten Russlands tatsächlich sind. Stichworte: Nato-Beitritt Finnlands und Nato-Aufnahmeantrag Schwedens. Putin hat ungewollt die Stärkung der Nato herbeigeführt. Wir sollten also Ursache und Wirkung nicht auf den Kopf stellen, vielmehr das proaktive und reaktive Agieren in die zutreffende Chronologie stellen.

Ich meine damit auch, dass für die Analyse der aktuellen Realität wohl die Nahsicht mehr Aufschluss gibt als die Vogelperspektive. So manche Politologen, die auf ihre Weitsicht stolz waren und in der Ferne Rauchwolken oder Sonnenschein sahen, thematisierten eher ihre eigenen Phantasmen. Beispielhaft für diese Wunschdenker ist für mich Francis Fukuyama mit seiner vermeintlichen Weitsicht auf *Das Ende der Geschichte*. Das war vor genau dreißig Jahren. Heute kämpfen wir gegen heftige Stürme, die diese Geschichte erzeugt. Von daher bin ich mehr an der zeitnahen, mit Tiefenschärfe eingestellten Beobachtung der Vorgänge, der Akteure und ihrer Gefolgschaft interessiert – und bin gespannt auf die Historiker, die eines Tages im Rückblick auf die ersten zwei Jahrzehnte dieses Jahrhunderts mit ihrem geweiteten Blick das Geschehene einordnen und erklären. Du kennst vermutlich den in unserer Jugendzeit hoch renommierten, für seinen hermeneutischen Verstand berühmten Historiker Reinhard Koselleck. Er vertrat die für die Prozesse in Osteuropa aus meiner Sicht hochaktuelle These, dass »die zwei Kategorien Erfahrung und Erwartung« geeignet seien, »geschichtliche Zeit zu thematisieren.« Erfahrung greife tiefer als Erinnerung, Erwartung bedeute mehr als Hoffnung. Beide erzeugen Erkenntnisse, die wir dann rückblickend als »Geschichte«, nämlich als den »inneren Zusammenhang von Vergangenheit und Zukunft« ausbuchstabieren.[33] Bis dies in Bezug auf den russischen Angriffskrieg soweit ist, gebe ich mich mit Beobachtern zufrieden, die präzise und unvoreingenommen die Vorgänge kompetent analysieren.

Von daher möchte ich gegen Mearsheimer einen Zeithistoriker in Stellung bringen, der sich seit fünfzig Jahren praktisch nur mit Europa, vor allem mit Osteuropa befasst: Timothy Garton Ash.[34] Auch wenn er zum Lager der eher konservativen Liberalen gehört (nicht zu verwechseln mit den Neoliberalen: Ash vertritt den klassischen Liberalismus, der die politischen Freiheitsrechte zur Maxime hebt), also: Auch wenn er – anders als wir beide – sich für konservative Werte einsetzt, so hat er als Brite doch eine bemerkenswert klare, erfahrungsgesättigte Sicht auf Russland und die Ukraine. In einem *Spiegel*-Gespräch zieht er eine Parallele zur Situation der Briten im Jahr 1940.[35] Er erzählt, wie Großbritannien damals, im Jahr 1940, nach der Katastrophe von Dünkirchen allein und militärisch schwach Hitlerdeutschland gegenüberstand: gegenüber der kampfstarken, an der Kanalküste die Invasion Englands vorbereitenden deutschen Wehrmacht. Er erinnert an die berühmte Rede Churchills im Juni 1940 im Unterhaus: »Wir werden an den Stränden kämpfen, wir werden an den Landungsplätzen kämpfen, wir werden auf den Feldern und auf den Straßen kämpfen, wir werden in den Hügeln kämpfen. Wir werden uns niemals ergeben.« Er erinnert an die Mühen, die Churchill mit Lord Halifax und mit Ex-Premier Neville Chamberlain hatte, die ihrer Überzeugung treu blieben,

33 KOSELLECK, REINHARD: *Vergangene Zukunft. Zur Semantik geschichtlicher Zeiten*. Frankfurt/M. [Suhrkamp] 1979, S. 353

34 vgl. ASH, TIMOTHY GARTON: *Europa. Eine persönliche Geschichte*. München [Hanser] 2023

35 ASH, TIMOTHY GARTON: »Ich bin sozusagen der europäischste Brite, den es gibt«. In: *Spiegel*, Heft 16/2023

man könne doch mit den Nationalsozialisten in Berlin »irgendwie« einen Frieden aushandeln. Churchill erkannte das irreale Wunschdenken der beiden wie auch den Vernichtungswillen der Nazis. Und er sprach in seiner Rede, dann auch im Rundfunk, die seither geflügelten Worte: »Ich kann nichts versprechen außer Blut, Mühsal, Tränen und Schweiß«. Garton Ash erinnert weiter daran, dass 1940 für die Briten das härteste, entbehrungsreichste Jahr bedeutete – und dass es zugleich die Phase war, in der die Engländer, die Waliser und Schotten zur Solidarität, »zu unserer eigenen Identität« gefunden hätten – und im Verbund mit den USA die Gegenoffensive begannen.

Ich referiere dies hier, weil im Vergleich zu uns Deutschen die deutlich größere Solidarität der Briten mit der Ukraine über diesen Umweg erklärbar wird. Als die Invasion der Putin-Russen begann, sagt Garton Ash, hätten sich viele Briten im Alter unserer Generation spontan mit den Ukrainern solidarisiert: »Die kämpfen um ihre nationale Identität und um ihre Freiheit – denen müssen wir beistehen!«. Diese Briten sahen Parallelen zwischen Selenskyj heute und Churchill damals. Auch Selenskyj spricht zur Bevölkerung ungeschminkt im Klartext. Die Ukraine, so zieht Garton Ash die Parallele weiter, war als Mehrvölkerstaat bröselig und zwischen Russland und Westeuropa zerrissen; durch diesen Angriffskrieg werde sie eine nationale Identität ausbilden, darin ähnlich wie seinerzeit Großbritannien, auch wenn beide Staaten im Übrigen nicht vergleichbar sind.

Ich finde diese Motivlage auch deshalb bemerkenswert, weil wir Deutsche so etwas nicht kennen; uns fehlt diese kollektive Erfahrung – Erfahrung im Sinne Kosellecks. Deutsche haben andere Völker überfallen, sie haben sich aber nie von einer fremden Okkupation (im Wortsinne) befreit. Unsere, die erste Nachkriegsgeneration war und ist beseelt vom Wunsch der Wiedergutmachung, sie ist noch immer erfüllt vom Hoffnungsglaube: »Nie wieder

Krieg!« – ein Versprechen, hinter dem sich tiefsitzende Schuldgefühle unseres Kollektivs verbergen. Darum zeigen sich in Deutschland so viele Menschen, so auch die Teilnehmer Eurer Friedens-Demo in Berlin, schockiert oder moralisch empört, wenn auf deutschem Boden hergestellte Waffen an eine kriegsführende Partei geliefert werden. Obwohl diese Demonstranten eigentlich wissen müssten, dass Deutschland schon seit langem selbst despotische, kriegstreibende Staaten mit Hightech-Waffen aufrüstet. Im Jahr 2022 hat Deutschland Waffenexporte im Wert von rund 8,5 Milliarden bewilligt. Davon entfiel nur rund ein Viertel auf die Ukraine. Laut SIPRI verkauften einzig die USA, Russland und Frankreich noch mehr Waffen. Wenn schon, dann gäbe es gute moralische Gründe, mehrmals im Jahr eine Massendemo für den Frieden in Berlin abzuhalten, ganz ohne Bezug zur Ukraine (auch dieser Aspekt gehört für mich zum Thema ›Glaubwürdigkeit‹). Die damals von den Nazis angegriffenen Briten und Franzosen zeigen heute in der Frage des Waffenexports im Vergleich zu uns eine eher opportunistische Einstellung.

Wir Westdeutsche sind mit unserer schizoiden Haltung (Kampf für Frieden – Verkauf von Waffen) seit den 1970er-Jahren politisch und wirtschaftlich sehr gut gefahren. Willy Brandts neue Ostpolitik der Verständigung und die Idee der friedlichen Koexistenz ermöglichten weitreichende Handelsverträge; der mit ihnen verknüpfte diplomatische Druck Westeuropas auf osteuropäische Staatsregierungen, sie sollten in ihren Ländern mehr Freiheitsrechte zuzulassen, blieb nicht ohne Wirkung (erinnerst Du dich noch an Helsinki 1975, als dort die KSZE-Schlussakte verabschiedet wurde? Wir feierten dies in unserer Redaktion ein ganzes Wochenende lang). Dann kam der Mauerfall, dann der Zusammenbruch des staatssozialistischen Systems. Seine radikale wirtschaftspolitische Transformation in Richtung Marktwirtschaft hat unsere Generation mit Genugtuung quittiert, aber nicht wirklich verstanden. Osteuropa auf dem Weg zu Marktwirtschaft und Demokratie? Die grünen Friedenspolitiker zeigten sich beim neuen Konfliktthema Kosovo plötzlich militant; ihnen gefiel, dass Russland ohne seine Satelliten-Republiken militärisch schwach dastand und den Handel mit dem Westen offenbar brauchte.

Diese Art der Friedensfreundschaft passte gut, denn die Außenpolitik der CDU-geführten Regierungen (von Hans-Dietrich Genscher 1982 bis zu Frank-Walter Steinmeier 2017) agierte im Dienst der Exportwirtschaft, deren Eigentümer sich über das billige Erdöl und spottbillige Gas aus Russland mit Blick auf ihre Renditen riesig freuten. Alle waren happy – und blind für den von Putin betriebenen Umkehrprozess. Der begann – wenn ich es richtig deute – mit dem blutigen Georgienkonflikt 2008 und hätte vielleicht auch erkannt werden können, wenn wir nicht vom Freundschaftsfriedenswirtschaftsgewinndusel so benommen gewesen wären. Garton Ash nennt es wie auch Antje Vollmer die Hybris der Westmächte, die Hybris der Euro-Staaten und die Hybris des globalisierten Finanzkapitalismus. Und die Hybris der deutschen Leitartikler, füge ich an (über die Dysfunktionen der Medien sollten wir uns wirklich noch austauschen). Manche hier in Deutschland taumeln noch immer in diesem Dusel, manche schmücken sich mit selbstgerechtem Moralismus, manche inszenieren sich noch immer als schuldhafte Friedensbeter, wenn sie das Wort »Russland« hören.

Dies mag vielleicht polemisch klingen, soll aber nur deutlich machen, dass wir uns mit unserem schlechten Gewissen schön bequem eingerichtet haben. Ich folge darin dem französischen Publizisten Pascal Bruckner, der schon 2008 in einem heftig debattierten Essay die »Haltung« geißelte, »sich lieber jeder nur erdenklichen historischen Schuld zu bezichtigen, als hier und jetzt Verantwortung zu übernehmen.« Dies gilt, nebenbei, auch für die linksidentitären Stimmungsmacher, denen die Ächtung des N-Wortes viel wichtiger ist als der Befreiungskampf unterdrückter Völker.[36]

Ich sehe noch die beiden Streithähne – den damaligen ukrainischen Botschafter Andreij Melnyk und den Sozialpsychologen Harald Welzer – in der Anne-Will-Sendung im Mai 2022 vor mir. Eigentlich mag ich Welzer und finde, dass er mit seiner Elitenkritik oft richtig liegt. In jener Sendung verteidigte er vehement den (damals ersten) Offenen Brief von Alice Schwarzer (Thema: Die Regierung müsse jede Art von Waffenlieferung unterlassen), den er mit unterzeichnet hatte, und belehrte den ukrainischen Botschafter im Gestus des moralisch Geläuterten, dass wir Deutsche, vor allem die erste Nachkriegsgeneration quasi Weltkriegssünder seien und Waffen sowieso als kriegstreibend verachten. »Und genau deswegen können wir nicht auf die Option ›immer mehr Waffen‹ setzen«. Mir war das dreist-fordernde Lamento von Melnyk stets unsympathisch. Aber hier konnte ich gut nachvollziehen, dass er wütend reagierte: »Es ist einfach, in ihren Professorenzimmern zu sitzen und zu philosophieren«; zur selben Zeit würden in der Ukraine tausende Menschen, darunter Frauen und Kinder, ihr Leben lassen, weil sie in Freiheit leben wollten und nicht unter dem Knüppel russischer Folterknechte. In grundrechtsethischer Hinsicht ist dies richtig, egal, ob und wie westliche Politiker in den Jahren zuvor Druck ausgeübt haben.

Übrigens argumentierte vor rund fünfzig Jahren Václav Havel – damals der im Westen gefeierte, in der Tschechoslowakei von der Staatspolizei verfolgte Dissident – aus derselben Perspektive. Er sprach über das »ideologische Alibi« autoritärer Machtsysteme, das die Demütigung der Menschen als deren Befreiung ausgebe, die Staatswillkür als Rechtsordnung lobe und die Unterdrückung der Kultur

---

36 BRUCKNER, PASCAL: *Der Schuldkomplex. Vom Nutzen und Nachteil der Geschichte für Europa*. München [Pantheon Verlag] 2008

als deren Aufblühen preise. Für mich klingen jene Sätze so, als spräche er über das aktuelle Putin-Russland und seine Propaganda-Maschine.

Damals sagte Havel zu uns Reportern, die ihn in Prag aufsuchten, sinngemäß dies: Ihr im Westen lebt im Frieden. Wir im Osten haben keinen Frieden. Denn Frieden kann es nur dort geben, wo die Menschenrechte, wo die Menschenwürde und wo demokratische Regeln existieren.[37] Welche Erfahrungen haben wir, die nach 1945 Geborenen, konkret mit dem Leben in Unfreiheit? mit der Zerstörung unserer Menschenwürde? Und welche Erwartungen an die freie Welt würden daraus erwachsen?

Ich kehre zurück zum Mai 2022, denn aus meiner Sicht wurden in jenen Wochen die friedenspolitischen Weichen gestellt, freilich in ganz anderer Weise als es die Friedensbewegten gerne hätten: entweder für einen raschen Siegfrieden der Ukraine oder für einen langwährenden brutalen Abnützungskrieg mit offenem Ausgang. Leider hat sich Washington und im Gefolge Olaf Scholz' für die zweite Option entschieden. Seither liefern die Nato-Staaten den Ukrainern immer genau die Waffen und so viele davon, dass sie sich »erfolgreich« verteidigen und Russland nachhaltig schwächen können. Jedenfalls halte ich die Ukraine-Politik der Nato-Staaten aus komplett anderen Gründen als Du für zynisch und menschenverachtend.

Diese Gründe möchte ich dir gerne detailliert und hoffentlich nachvollziehbar darlegen, doch zuerst sollst Du Raum für eine Erwiderung haben.

Ich bin gespannt. Herzlich
Michael

---

37 Havels wieder aktuelle Beschreibung der postideologischen Machtverhältnisse findet sich in dem Bändchen: HAVEL, VÁCLAV: *Versuch, in der Wahrheit zu leben*. Reinbek b. Hamburg [Rowohlt] 1980.

Brief 10, Freiburg, dritte Maiwoche 2023

Lieber Michael,

Ratlosigkeit wollte ich nicht erzeugen, denn guter Rat ist teuer. Könnte es sein, dass für dich die militärische Lösung des Problems eine fast schon selbstverständliche Option in dieser Sache ist? Das wäre für mich ein zu »billiger« Rat. Zwar wird er allenthalben befolgt, wenn auch vielleicht nicht mit der Wucht, die Du dir – sofern ich dich recht verstanden habe – gleich zu Beginn des russischen Überfalls gewünscht hättest. Der Westen wäre durchaus in der Lage gewesen, die Aggression Putins schon im Februar oder März 2022 in kürzester Zeit militärisch zu stoppen. Doch zu welchem Preis?

Andererseits fällt die von mir vorgeschlagene Realitätsanalyse aus meiner Sicht keinesfalls mit dem Blick auf die unmittelbare Vorgeschichte zusammen. Eine realistische Weitwinkel- oder Vogelperspektive blendet auch das aktuelle Geschehen nicht aus, sondern versucht zusätzlich und vor allem im Zeitverlauf diejenigen Faktoren zu markieren, die das internationale Getriebe heute weltweit in Bewegung halten und daher als Brutstätten des Konflikts betrachtet werden können. Dabei kommen jene Mächte in Sicht, die einerseits den Krieg herbeigeführt, wenigstens nicht vorausschauend verhindert haben und die andererseits den Frieden bewirken und eine stabile Nachkriegsordnung auf den Weg bringen könnten und letztendlich müssen. Du selbst sprichst vom »mindestens zwei Jahrzehnte andauernder Konflikt um die Erweiterung der Macht-Hemisphären zwischen den USA und dem Putin'schen Russland«. Wie anders könnte eine Lösung gefunden werden, ohne genau diesen Konflikt ins Auge zu fassen? Mit dem Ziel, eine zumindest mittelfristig haltbare Beruhigung herzustellen.

Neben dem Offensichtlichen, nämlich dem Töten an den Fronten und der Frage, wer hier mit welchen Waffen welche Ergebnisse erzielt, befinden sich jene Kräfte bereits in den Startlöchern. Sie werden über das konkrete Erscheinungsbild einer neuen Sicherheitsarchitektur bestimmen, auch wenn sie mit den Kämpfenden an den Fronten nicht identisch sind. Zu welchem Zeitpunkt sie das tun werden und was sie dafür riskieren werden, können wir noch nicht sagen. Wahrscheinlich ist aber, dass sie dabei irgendwann in einem großen Bargaining, das den Konflikt abschließt, vor allem auf ihre eigenen Interessen blicken werden. Die Ukraine wird dabei lediglich eine Statistenrolle spielen.

Aus Sicht der USA etwa, einer absteigenden Weltmacht, dürfte in erster Linie von Bedeutung sein, wie der Konkurrent Russland niedergehalten werden kann und wie sich das Ergebnis des Kriegs, sei es durch Sieg oder durch Verhandlung auf das Verhältnis zu China, Indien bzw. dem globalen Süden auswirkt. Du hast selbst darauf hingewiesen, wie sich der globale Süden keineswegs bruchlos einer am Völkerrecht orientierten Perspektive anschließt, sondern – wie Kai Ambos in seiner Studie zeigt – diese Sicht eher als »imperiales Projekt« verdächtigt.

Der Süden verfolgt seine Interessen weitgehend, ohne sich – wie wir – betont auf Moral und Recht zu berufen. Wie also werden die Mächte und Mächtegruppen ihren jeweiligen Vorteil gewahrt sehen, je länger der Krieg dauert?

Wird es für sie günstiger sein, wenn er fortgeführt wird oder vorteilhafter, wenn man ihn rasch beendet? Für beide Optionen stehen Wege offen. Welche Richtung konsequent eingeschlagen, zumindest angestrebt wird, dürfte vor allem in Washington entschieden werden. Europa befindet sich in der Vasallenrolle und in Wartestellung, vom gelegentlichen Grummeln Emmanuel Macrons einmal abgesehen.

Wir blicken also durch eine gänzlich andere Brille, wenn wir die Angelegenheit vorwiegend in der von dir bevorzugten Weise aus der Nähe betrachten. Gleichwohl ist auch das gerechtfertigt: »Sollen oder müssen wir den Überfallenen nicht beistehen, wenn der raubmordende Einbrecher sich anschickt, die Bewohner des Hauses umzubringen?« Zunächst zur Kriegsrealität, die ich, wie Du monierst, nicht wirklich berücksichtige. Sie ist schrecklich. Aber welche Logik folgt daraus? Bin ich ein Zyniker, wenn ich den Unterschied zwischen dem russischen Vorgehen im Ukraine-Krieg und der grausamen Inhumanität so vieler anderer Kriege nicht erkennen kann? Generell sind Kriege bis auf wenige Ausnahmen so etwas wie die faktische Legitimierung brutaler Rechtsverletzungen – früher wie heute; und auch das humanitäre Völkerrecht konnte das kaum eindämmen. Ist es nicht bezeichnend, dass ausgerechnet der von Garton Ash zitierte Winston Churchill – wohlgemerkt in einem unzweifelhaften Verteidigungskrieg – den ausdrücklichen Massenmord an Zivilisten initiierte, ein Morden, das auch dann noch weiterging, als Deutschland bereits als besiegt galt? Ich denke etwa an die Bombardierung Dresdens zwischen dem 13. und 15. Februar 1945 mit mindestens 25.000 Opfern. Ein anderes Exempel ist der Korea-Krieg 1950-1953 – auch ein Verteidigungskrieg und zudem grundsätzlich von der UNO legitimiert. Er artete fast in einen Völkermord aus. Bis der Angreifer Nord-Korea zurückgeschlagen werden konnte, waren – wie der Historiker Bernd Stöver berichtet – fast sämtliche großen »Städte Nordkoreas durch Spreng- und Brandbomben faktisch dem Erdboden gleichgemacht – Kraterlandschaften mit bis zu 90-prozentiger Zerstörung.« Von sonstigen Massakern der Verteidiger abgesehen, wurde Dutzende Dörfer und kleine Städte durch Napalmbomben praktisch ausgelöscht.

Schreiend suchten sich die Menschen zu retten und es hing ihnen – wie Augenzeugen berichten – die Haut »wie frittierte Kartoffelchips« herunter. Brennt Napalm erst einmal, kann es nicht mehr gelöscht werden. Es verzehrt sich auf dem Körper der Getroffenen, die unter entsetzlichen Schmerzen sterben. 3,3 Millionen Liter warfen US-Bomber allein zwischen Juni und Oktober 1950 über Korea ab.[38]

Es ist hier kein Raum, die generelle Horrorgeschichte der Konfliktlösung durch Waffengewalt weiter zu erzählen. Aus meiner Sicht gehören Kriege generell zu den denkbar größten Übeln, auch Verteidigungskriege. Und so stellt sich für mich die Frage des Pazifismus. Du weißt ja, dass ich mit diesem Thema ringe. Es bedarf einer gründlichen Auseinandersetzung, will man für sich klären, was es damit auf sich hat. Können Pazifisten Pazifisten bleiben, wenn sie dadurch Kriegen und Kriegsverbrechen selbst dann nichts entgegensetzen, wenn das möglich wäre? Ist das vielleicht – so Sascha Lobos Diktum – ein »Lumpen-Pazifismus«?[39] Auch die Empörung darüber, dass sich in miserabler deutscher Tradition das P-Wort wieder zur Beschimpfung eignet, lässt mich darauf bestehen, dass hier gründlicher reflektiert und deutlicher unterschieden wird. Echte Pazifisten sind Friedensfreunde, die entschiedener und leidenschaftlicher als

---

38 STÖVER, BERND: *Geschichte des Koreakriegs. Schlachtfeld der Supermächte und ungelöster Konflikt*. München [C.H.Beck] 2013, S. 99ff.
39 SASCHA LOBO: Ukraine-Krieg: Der deutsche Lumpen-Pazifismus. In: *Spiegel.de* vom 20.04.2022, unter: https://www.spiegel.de/netzwelt/ netzpolitik/ukraine-krieg-der-deutsche-lumpen-pazifismus-kolumne-a-77ea2788-e80f-4a51-838f-591843da8356

andere jede nicht-kriegerische Lösung eines Konflikts dem Waffengang vorziehen. Sie sehen, mit welcher Selbstverständlichkeit der Krieg immer noch ein Instrument der Politik ist, und sie fragen beharrlich: Habt ihr wirklich gründlich und gewissenhaft abgewogen, in welche Gefahrenzonen ihr euch begebt? habt ihr ernsthaft und reflektiert darüber nachgedacht, welche alternativen Möglichkeiten nicht-kriegerischer Art vielleicht doch zur Verfügung stehen könnten?

Ein solcher Pazifismus ist nicht bequem, weil er sich der widerwärtigen Realität verweigert und ins Traumland ausweicht. Auch er unterliegt unter Umständen der Qual, sich zu Handlungen zu entschließen, die wirklich wehtun. Blutenden Herzens kann er sich zur Anwendung von Gewalt entschließen. Überaus konkret kommt es dabei auf die vorliegenden Umstände an. Was würde geschehen, sofern in der vorliegenden Situation die Anwendung von Gewalt *aus Prinzip* verneint würde? Wäre der voraussichtlich zu erwartende Schaden nicht wesentlich größer?

Albert Einstein war ein Pazifist dieser Art. Aus Deutschland in die USA geflohen, empfahl Einstein dem amerikanischen Präsidenten Franklin D. Roosevelt, den Bau der Atombombe in Erwägung zu ziehen. Seine Horrorvorstellung war es, Hitler könne bald darüber verfügen.[40] Rasch aber begriff er, dass mit Atomwaffen keinerlei Politik zu machen ist, die Sicherheit oder Frieden garantieren kann. In einer Vielzahl von Vorträgen, Artikeln, Aufrufen und Manifesten warnte er die Welt und forderte sie auf, diese Waffe schleunigst zu ächten. Im Hinblick auf Atomwaffen gibt es, wie Einstein zu spät begriff, nur die radikale, die eindeutige Entscheidung – Atompazifismus, das bedingungslose Nein.[41]

---

40 ARMBRUSTER, IRENE: Einstein, Prophet des Friedens. In: *Aus Politik und Zeitgeschichte*, 13.06.2005, B 25-26/2005

41 EINSTEIN, ALBERT, *Über den Frieden, Weltordnung oder Weltuntergang?* Hrsg. v. Otto Nathan und Heinz Norden. Bern [Lang]1975.

Man könnte Einstein einen »pragmatischen Pazifisten« nennen, ein Begriff, den Olaf Müller vorschlägt.[42] Pazifismus als die Kunst des pragmatisch Möglichen wäre insofern geradezu gleichbedeutend mit einer reflektierten Variante von Politik, die sich nicht an Gewalthandeln bindet, bloß weil es nahe liegt. Der Pazifist hat immer die Waage im Kopf: Welche möglichen Übel sind schlimmer, die des Waffengangs oder diejenige einer Unterlassung von Gewaltanwendung? Er denkt in Relationen. Auf welche Weise werden am ehesten Menschenleben geschont: Durch den Einsatz von Gewalt oder durch den Verzicht auf solches Vorgehen? Derartige Überlegungen sind beispielsweise die rechtlichen Grundlagen für den Schusswaffengebrauch der Polizei, der dem Prinzip der Verhältnismäßigkeit unterliegt. Das drückt sich etwa in der Anweisung aus, gegenüber Flüchtenden vor allem auf die Beine zu zielen und nicht etwa den sogenannten finalen Rettungsschuss abzufeuern, der tödlich wäre.

Mit Einstein und seiner Warnung vor der Atombombe könnte der Blick von der Nahperspektive wieder in die Totale ausgeweitet werden. Ich komme auf Churchills Reaktion auf die Bedrohung durch Hitler zurück, wie sie von Garton Ash im Kontext gewiss zutreffend herangezogen wird. Der Vergleich mit dem Ukrainekrieg weist nur einen einzigen, dafür aber umso bedeutsameren Haken auf: Hätte nämlich Hitler damals wie heute Putin über Atombomben verfügt, wäre Churchill möglicherweise zum Totengräber der Briten und vielleicht der gesamten Zivilisation auf diesem Globus geworden. Ein versuchter »finaler Rettungsschuss« – um die Analogie mit polizeilichem Handeln heranzuziehen – hätte möglicherweise zu einem Massensterben geführt. Hier liegt das Problem, hier ist Wegducken nicht erlaubt. Wer an diesem Punkt ausweicht,

---

42 MÜLLER, OLAF L.: *Pazifismus. Eine Verteidigung.* Stuttgart [Reclam] 2022

macht sich – ich zögere zwar, aber entscheide mich, mit Nachdruck zu behaupten: Wer hier ausweicht, der macht sich schuldig. Hitler hatte keine Atombomben, Putin hat sie. Wer den Unterschied nicht veranschlagt, befindet sich außerhalb der sinnvollen Debatte.

Ein anderer berühmter Pazifist, Bertrand Russell, verstand, ähnlich wie Einstein, sehr schnell, dass sich zwischen 1940 und seit der sogenannten Luftschlacht um England und dem Sommer 1945 die Welt gravierend geändert hatte. Noch vor Churchills Schweiß-und-Tränen-Rede gab Russell seinen zuvor eher radikalen Pazifismus im Hinblick auf Hitler-Deutschland auf. »...der Gedanke an Hitler als Sieger ist schwer zu ertragen.«[43] Nach 1949, aber, nachdem auch die Sowjetunion über die Bombe verfügte, begriff Russell so wie Einstein, dass sich die Weltlage fundamental geändert hatte. Der geradezu kardinale Unterschied zwischen der Epoche vor 1945/49 und derjenigen danach liege darin, dass sich die Menschheit jetzt selbst ausrotten kann. Und dies prinzipiell innerhalb von wenigen Tagen, gewissermaßen auf Knopfdruck. Diese Situation gab es noch nie in der Geschichte. Sie ist absolut neu. Meines Erachtens sah es Karl Jaspers, ein anderer großer Warner, richtig, wenn er dieses Novum als historische Grenzsituation beschrieb. Doch so, wie wir auch sonst dem Erleben von Grenzsituationen auszuweichen versuchen, verschleiern wir uns den realen Ernst dieser geschichtlichen Situation.[44] Bislang ist es nicht gelungen, eine politische Strategie zu entwickeln, wie diese Katastrophe sicher zu verhindern ist, ja es fehlt das Bewusstsein, sich überhaupt in einer katastrophalen

---

43 Zit. Nach: MÜLLER, OLAF L.: Vernunft, Mut, Wahrheit und Liebe: Der Jahrhundertpazifist Bertrand Russell. In: RUSSELL, BERTRAND: *Die Zukunft des Pazifismus*. Hrsg. v. Olaf L. Müller. Stuttgart [Reclam]2023, S. 29-77, hier: S. 59.

44 JASPERS, KARL: *Die Atombombe und die Zukunft des Menschen. Politisches Bewusstsein in unserer Zeit*. München [dtv] 1961.

Lage zu befinden. Wir glauben allen Ernstes, wir hätten dieses Problem unter Kontrolle – vor allem dadurch, dass wir es mit ein oder zwei formelhaften Selbstberuhigungen gar nicht erst an uns heranlassen.

Eine Ausnahme stellt gegenwärtig der Philosoph und Pazifist Olaf Müller dar. Öffentlich setzt er sich mit seiner großen Angst auseinander, dass es durch unseren Umgang mit Russlands Überfall zu einem verheerenden Atomkrieg kommen könnte. Der »gesinnungsethische Verteidigungsbellizismus« des Westens, also einer Verteidigung aus Prinzip und koste es, was es wolle, entspreche, so Müller, eher dem Handeln von Spielernaturen, die leichtfertig alles riskieren oder die umgekehrt von der Hybris angetrieben würden, sie hätten die Folgen ihres Handelns voll im Griff. Dagegen stehe allerdings unsere »Wissensschwäche«, die dem ganz unberechenbaren Chaos kriegerischer Abläufe in keiner Weise gewachsen ist. Wir wissen einfach nicht, was unser Handeln bewirken wird. Im Rahmen der oben herangezogenen Analogie würde das einem Polizisten entsprechen, der dem Flüchtigen nicht auf die Beine zielt, sondern blind sein ganzes Magazin abfeuert. Angesichts der Größe der drohenden Gefahren – so Müller in seinem Buch *Pazifismus* – werde die notwendige Sorgfaltspflicht gröblich verletzt. Ein pragmatischer Pazifismus lehne zwar eine militärische Verteidigung nicht prinzipiell ab, er fordere jedoch, dass eine Art Waage eingerichtet werde: Auf die eine Waagschale sollten alle Übel gelegt werden, die entstehen könnten, wenn der Verteidigungskrieg geführt wird, auf die andere Waagschale die möglichen Nachteile des Verzichts.

Mit Müller sehe ich uns direkt an der Scheidelinie stehen, an der die finale menschheitliche Vernichtung eintreten könnte. Es handelt sich zur Zeit ›nur‹ um eine Möglichkeit. Die Frage, der keinesfalls ausgewichen werden darf, lautet dennoch so: Wie sollten wir mit der Tatsache umgehen, dass das Ende der Welt, so wie wir sie kennen, in die möglichen Folgen unseres Handelns gewissermaßen eingepreist ist? Müssten wir nicht auch dann nachdenklich werden und der Zurückhaltung den Vorrang einräumen, wenn dieses Ende lediglich mit einer minimalen Wahrscheinlichkeit eintritt? Was bedeuten Wahrscheinlichkeit und Unwahrscheinlichkeit im Übrigen, wenn niemand über Daten verfügt, aus denen sich diesbezüglich etwas berechnen ließe? Und wie müssten wir uns verhalten, wenn – was wir nicht wissen – die Wahrscheinlichkeit bei nahezu Null läge? Wäre das größte aller nur denkbaren Übel, eines, über das hinaus nichts Furchtbareres gedacht werden kann, nicht ein ausreichendes Menetekel, um auch daraus rationale Konsequenzen zu ziehen? Es wäre schön, Michael, wenn Du dich auf solche Fragen einlassen würdest.

Neugierig auf deine Antwort grüßt dich
Hans-Peter

Brief 11, Hamburg, 27. Mai 2023

Also sprechen wir, lieber Hans-Peter,

über die Gefahr einer atomaren Katastrophe, die, so verstehe ich dich, umso größer werde, je länger der Ukraine-Krieg andauere. Und wirklich, die meisten Leute, die ich kenne, sind wie wir beide in den Bann dieser Atomkriegsangst geschlagen: Was alles wird passieren, falls Putin »den roten Knopf« drückt, wie Du schreibst (100)? Könnten wir, die Bürgerinnen und Bürger der Nato-Staaten, verhindern, dass er ihn drückt und vielleicht den atomaren Gegenschlag provoziert? Diese aus Protest und Widerstand geborene Frage führt zu deinem zweiten Herzensthema, das für dich eng mit dem ersten verknüpft ist: dem Pazifismus. Lass mich zuerst über Pazifismus nachdenken, um eine Brücke für die zweite Frage nach unserer Haltung zur Atomkriegsgefahr zu gewinnen.

Was wäre anders, wenn die überwiegende Mehrheit der Europäer pazifistisch denken würde? Vielleicht tun sie es, ›obwohl‹ sie für eine möglichst wirksame Unterstützung der ukrainischen Armee votieren. Es könnte zum Beispiel sein, dass auch der grüne Politiker Anton ›Toni‹ Hofreiter im Herzen ein Pazifist ist, *obwohl* er schon zwei Monate nach Kriegsbeginn Kiew besuchte und nach seiner Rückkehr die

sofortige Lieferung von Schützen- und Flugabwehrpan-
zern lautstark forderte. Was also macht einen Politiker zum
›Friedensmacher‹, wenn wir den Begriff wörtlich nehmen?
Ich suche nach einer Antwort im Rückblick auf unsere, auf
meine persönliche Geschichte.

Aus damals politisch naheliegenden Gründen sind wir,
noch Schüler und Studenten, zu Beginn der 1960er-Jahre
gegen die in Gang gesetzte ›Wiederbewaffnung‹ der Bundesrepublik auf die Straße gegangen. Wir wuchsen in der
zur Ruine zerbombten Stadt auf und hatten diese schrecklichen Bilder aus Hiroshima und Nagasaki vor Augen – und
jetzt sollten auf deutschem Boden Atomraketen stationiert
und im Kriegsfall von Bundeswehr-Jagdbombern Richtung
Sowjetunion geflogen werden? »Ohne uns!«, war die Parole der kriegsdienstverweigernden Rüstungsgegner und so
auch unsere Losung, die im Rückblick irgendwie trotzig
klingt. Auf keinen Fall wollten wir eine Wiederbewaffnung
und rapportierten Kurt Tucholskys radikalpazifistischen
Spruch aus dem Jahr 1931: »Soldaten sind Mörder!«[45]

Meine friedensbewegten Freunde und ich, wir bewun-
derten Persönlichkeiten wie Martin Niemöller, Gustav
Heinemann, Heinrich Böll und Albert Schweitzer, diese
wortgewaltigen Gegner der Wiederbewaffnung. Übrigens verfassten deutsche Rüstungsgegner bereits 1955 ein
»Deutsches Manifest« (wir Deutsche lieben Manifeste),
das von mehr als 250.000 Menschen unterschrieben wurde, ganz ohne Online-Plattformen, ohne die Teilen-Funk-
tion, ohne Rundmails und Klicklisten – und dies in einer
Bevölkerung, die nur zwei Drittel ihres heutigen Umfangs
ausmachte. Und vermutlich erinnerst Du dich auch an das
»Göttinger Manifest« der 18 deutschen Physiker, darunter
die Nobelpreisträger Werner Heisenberg und Otto Hahn

---

45 WROBEL, IGNAZ: Der bewachte Kriegsschauplatz. In: *Die Weltbühne*, 4.
August 1931, S. 191

sowie der Physiker und Philosoph Carl Friedrich von Weizsäcker, die sich als Nuklearpazifisten verstanden und für
ein friedenspolitisch geeintes Europa ohne Atomwaffen
plädierten. Ich war damals erst zwölf Jahre alt. Ich verstand
diese Fundamentaldebatte nicht, verfolgte aber mit großen
Ohren die Gespräche meiner Eltern und großen Geschwis-
ter, die ein militärneutrales Westdeutschland für die einzig richtige Konsequenz hielten, die man aus der Nazi-Zeit
und dem Zweiten Weltkrieg ziehen müsse. Dass es Adenauer um Deutschlands »Westbindung« ging, die nur mit der
Wiederbewaffnung und dem Beitritt zur Nato zu haben sei,
das wurde mir erst Jahre später klar.

Ich bin damit wieder bei unseren Straßendemos, unserem Europamarsch nach Straßburg Anfang der 1960er-Jah-
re. Wir träumten den Traum von einem blockfreien Westeuropa und phantasierten über den entmilitarisierten
›dritten Weg‹ zwischen den zwei Machtblöcken. Übrigens
fühlte ich mich als Südbadener moralisch zum Pazifismus
doppelt legitimiert, hatte doch die Mehrheit der Bevölkerung Badens im Mai 1947 in einer Volksabstimmung den
damaligen Artikel 3 der Verfassung Badens zugestimmt:
»Kein badischer Staatsbürger darf zur Leistung militärischer Dienste gezwungen werden.« Viele von uns, ich
meine auch wir beide, waren überzeugt, dass wir als Nachkriegsgeneration dafür eintreten müssten, dass zumindest in Westeuropa der Frieden gesichert werde und jede
Kriegseintrittsgefahr abzuwehren sei. Wir waren keine
Gesinnungspazifisten, sondern auf Westeuropa fokussierte Idealisten, die daran glaubten, dass unsere Appelle als
Weckruf wirken, dass die Schlafmützen aufwachen und
verstehen, dass die Friedenssicherung mit Völkerverstän-
digung beginne und diese Verständigung Anliegen jeder
politischen Vernunft zu sein habe.

Mitte der 1960er-Jahre wurde aus den Kritikern der Wiederbewaffnung eine starke, ideologisch bunt gemischte

Friedensbewegung. Wir gehörten dazu. Wir lauschten den Berichten über die Verhandlungen des 1966 gegründeten Russell-Tribunals zu amerikanischen Kriegsverbrechen, wir lasen Karl Jaspers' Kritik der erstarkenden »Parteienoligarchie« (*Wohin treibt die Bundesrepublik?*, 1966) verabscheuten den Kanzler Kurt-Georg Kiesinger und empörten uns über die von Ex-Nazi-Politikern geplante Notstandsgesetzgebung. Wie konnte das geschehen? Wir suchten nach Deutungen, lasen die Mitscherlichs (*Die Unfähigkeit zu trauern*, 1967) und studierten Sigmund Freuds Briefe an Albert Einstein aus dem Jahr 1932. Beide sahen sich ja als Pazifisten. Sie hofften seinerzeit, dass in der westlichen Hochkultur das vernünftige Individuum den auf Vernichtung gerichteten Aggressionstrieb noch rechtzeitig domestizieren werde. »Daß ein zukünftiger Krieg infolge der Vervollkommnung der Zerstörungsmittel die Ausrottung eines oder vielleicht beider Gegner bedeuten würde: Das ist alles wahr und scheint so unbestreitbar, daß man sich nur verwundert, wenn das Kriegführen noch nicht durch allgemeine menschliche Übereinkunft verworfen worden ist«, schloss Freud seinen Brief. Sieben Jahre später überrollten die Nazis den Nachbarn Polen und begannen ihren Vernichtungsfeldzug. Das Hoffen hatte nicht geholfen.

Wir wollten mit der Lektüre der Briefe Freuds den Widerspruch zwischen Nazi-Herrschaft und Zweitem Weltkrieg einerseits und unserem Bildungsstolz auf die europäische Geistesgeschichte und Kultur andererseits auflösen. So fanden wir zur radikalpazifistischen Einstellung. »Dem Kulturprozess«, hatte Freud geschrieben, »widerspricht nun der Krieg in der grellsten Weise, darum müssen wir uns gegen ihn empören, wir vertragen ihn einfach nicht mehr, es ist nicht bloß eine intellektuelle und affektive Ablehnung, es ist bei uns Pazifisten eine *konstitutionelle Intoleranz*, eine Idiosynkrasie gleichsam in äußerster Vergrößerung.«[46] Vielleicht ist dies eine Erklärung für den Hochmut vieler deutscher Pazifisten seit den 1960er- und 1970er-Jahren: Wir, die wir in der Nachkriegszeit aufgewachsen sind, fühlten uns mit der Peace-Fahne in der Hand der Elterngeneration gegenüber moralisch überlegen. In dieser Idiosynkrasie agierten wir ähnlich wie die Fridays-for-Future-Aktivisten, die uns, den Oldies, vorhalten, ökologisch die Welt zugrunde zu richten. Ich glaube im Rückblick, dass wir uns damals dem radikalen Pazifismus verschrieben, nicht, weil wir für den Weltfrieden kämpften (keiner von uns war so naiv), sondern weil er uns, um mit Sigmund Freud zu sprechen, von dem grausamen Kampf zwischen Eros und Thanatos, also zwischen zugewandter Friedfertigkeit und tödlicher Machtgier zu erlösen schien: Alle Menschen werden nicht Brüder, vielmehr Pazifisten!

War nicht Jesus von Nazareth, jener jüdische Sektenführer, den man im Rückblick Gottes Sohn nannte, der erste idiosynkratische Radikalpazifist? »Liebt eure Feinde und tut denen Gutes, die euch hassen!« »Wenn jemand dir eine Ohrfeige gibt, dann halte die andere Wange auch noch hin!« (LUKAS 6:27-29). Die katholische Kirche, die zur Verbreitung der demutvollen Friedensbotschaft Jesus' gegründet wurde, hat aus diesem Credo eine Herrschaftsideologie gemacht, hat der Vernichtung von vielen Millionen Menschen akklamierend zugesehen, beginnend mit Kreuzzügen, weiter zu Ketzerabschlachtungen und Konfessionskriegen, weiter zur Vernichtung der indigenen Völker Nordamerikas, weiter zur Sklaverei, weiter zur Zerstörung der Biografien unzähliger missbrauchter Kinder und Jugendlicher, weiter zum Antisemitismus bis hin zum Holocaust. Wie gesagt: Am Anfang stand der Satz: Liebet eure Feinde wie euch selbst!

---

46 FREUD, SIGMUND: *Zeitgemäßes über Krieg und Tod. Warum Krieg? Der Briefwechsel mit Albert Einstein.* Stuttgart [Reclam] 2022

Natürlich erkannte auch Sigmund Freud, dass sein binäres Konfliktmodell Eros/Thanatos vielleicht in der Psychotherapie für Individuen hilfreich sein mag. Doch wenn es um kollektive Verhaltensmuster, wenn es um Gruppen, Gemeinschaften und Nationalstaaten geht, reichen individualpsychologische Konzepte nicht weit (wiewohl ich viele Artikel von Psychologen lese, die den Ukrainekrieg mit Putins Persönlichkeitsstörungen erklären wollen[47]). Freud dachte darüber nach, ob die pazifistische Grundhaltung etwa durch Integration in eine gleichgesinnte Gemeinschaft gelänge – und verwarf diesen Gedanken gleich wieder unter Verweis auf den Bolschewismus, der ein Leben ohne Armut und in Gleichheit versprochen, indessen neue Kriege und neues Elend angerichtet habe.

Kollektivismus? »Ich halte das für eine Illusion«. Das war 1932, als Stalin seine Terrorherrschaft festigte und mit Zwangskollektivierungen eine riesige Hungersnot bewirkte, die – wie Du ja auch weißt – rund vier Millionen Menschen in der Ukraine vernichtete: Holodomor, die Tötung durch Verhungern. Neunzig Jahre hat es gedauert, bis wir auch in Deutschland dieses Verbrechen als Völkermord begriffen haben. Relativ zum Holodomor waren (und sind) viele kombattante Kriege geradezu harmlos. Was empfinden, was sagen die Pazifisten hierzu? Wie denkst Du darüber?

In seinem Brief an Einstein dachte Freud weiter darüber nach, wie der archaische Naturzustand zwischen Völkern und Staaten kultiviert und zur friedlichen Koexistenz transformiert werden könne. Er sah das Kernproblem weitsichtig: In der Völkergemeinschaft könnten die Nationalstaaten

47 Zum Beispiel Ex-Nato-Strategin Stefanie Babst: »Ein durchgeknallter Kleptokrat, der mit der Atombombe wedelt«. Unter: https://www. thepioneer.de/originals/thepioneer-briefing-business-class-edition/ podcasts/ein-durchgeknallter-kleptokrat-der-mit-der-atombombe-wedelt?category=politik&cid=2306001&mid=46746&utm_campaign=20230429&

ihre Dominanzwünsche aufgeben und ihre Souveränität ein Stück weit an eine übergreifende zentrale Organisation delegieren. »Eine sichere Verhütung der Kriege ist nur möglich, wenn sich die Menschen zur Einsetzung einer Zentralgewalt einigen, welcher der Richtspruch in allen Interessenkonflikten übertragen wird.« Entsprechend deutlich fiel seine Kritik am machtlosen Völkerbund aus: ein Debattierverein. Vielleicht hätte er die Gründung der Vereinten Nationen 1945 als Fortschritt begrüßt, wenn er diese erlebt hätte, weil der Sicherheitsrat nun mit exekutiven Befugnissen ausgerüstet wurde, um Mitgliedstaaten vor der Aggression anderer Staaten zu beschützen. Und vermutlich hätte er angesichts des Indochina- und des Koreakriegs konstatiert, dass auch dieses Modell nicht zum »ewigen Frieden« führen wird: Im globalen Rahmen kann dieser Modus der Machtdelegation nicht funktionieren, weil die ideologischen Kontroversen, weil die ethnokulturellen Distanzen und weil die hegemonialen Interessen der Großmächte leider den Basiskonsens (»Wir alle werden Pazifisten und machen Frieden!«) verhindern. Hinzu kommen die Traumata der Völker, die von anderen Völkern und Staaten in ihrer Geschichte so schwer misshandelt wurden, dass sie mit der Bewältigung des Erlittenen komplett in Anspruch genommen sind: die schwarze Bevölkerung verschiedener Staaten des globalen Südens, etwa in Südafrika, Namibia, Kongo; die Vietnamesen, die Ukrainer, die Palästinenser und Juden in Israel. Kaum vorstellbar, dass die UNO eine kombattante Friedenstruppe im Westjordanland stationieren und mit Waffengewalt die illegalen jüdischen Siedler vertreiben würde.

Nun gut. Reden wir wieder über uns, die Nachkriegsgeneration. Wir haben in den 1960er-Jahren den Pazifismus als Lösung für die kollektive Verstrickung der Elterngeneration für uns entdeckt. Du weißt ja, wie es damals weiterging: Nach der Berlin-Krise, nach der Kuba-Krise (»Die Welt am Rande des Atomkriegs« titelte der *Stern*), nach der Aufrüstung, nach der Stationierung von Kernwaffen (Fliegerhorst Büchel) und nach der heiß bekämpften Notstandsgesetzgebung (1968) gingen die Pazifisten Anfang der 1980er-Jahre – ich war inzwischen Journalist und wechselte in die Rolle des Beobachters – erneut auf die Straße, diesmal, um gegen die Nachrüstung mit Pershing-II-Raketen (Nato-Doppelbeschluss) zu demonstrieren. Ich erinnere mich noch an die Kampagne der »Deutschen Friedens-Union«, an die engagierten Auftritte von Gert Bastian und Petra Kelly und deren »Krefelder Appell« gegen den Nato-Doppelbeschluss, der von rund fünf Millionen Bürgern unterschrieben wurde. Fünf Millionen! Wie viele mehr wären es gewesen, wenn es das E-Mail-System und die Plattformen der Social Media gegeben hätte! Und ich erinnere mich auch an die üble Polemik, mit der Familienminister Heiner Geißler die Rüstungsgegner beschimpfte. Dabei ging es konkret um die Angst, die Nachrüstung könne die Sowjetunion zum Erstschlag provozieren. Mir ist für unsere Debatte wichtig, dass damals die Friedenbewegung nicht Frieden, sondern das atomare Wettrüsten der Blöcke im Blick hatte. Anders als in den 1950er-Jahren vertrat sie jetzt den politischen Nuklearpazifismus, der wegen der Atomkriegsgefahr präventiv argumentierte (»atomarer Holocaust!«) und Bundeskanzler Schmidt von seinem Beschluss abhalten sollte. Um mit Martin Gaedel zu sprechen: »Aus dem Bekenntnis zur Gewaltfreiheit (Pazifismus) wurde jetzt der staatspolitische Pazifizismus«.[48] Aus meiner Beobachterperspektive wandelte sich diese Debatte in einen ideologischen Gesinnungskampf. Ich erinnere an die Kampagne der SED-freundlichen und USA-kritisch eingestellten Antimilitaristen. Sie agitierten gegen die militärpolitischen Ziele der Nato-Staaten, die unsere Regierung vollziehen wollte – darin ähnlich zur aktuellen

---

48 CEADEL, MARTIN: *Thinking about Peace and War.* Oxford Paperbacks 1989

Kontroverse um die militärische Unterstützung der Ukraine zwischen euch, den Atomkriegsgegnern und Pazifisten, und dem Nato-konformen Regierungslager: der Disput ist ideologisch vergiftet.

Allerdings gibt es einen gravierenden Unterschied. Die »Manifestierer« der 1950er-Jahre, die Aufrufe und Tribunale in den 1960er-Jahren, die Anti-Pershing-Kampagne der »Krefelder« in den 1980er-Jahren: Diese großen öffentlichen Debatten fanden in Friedenszeiten statt, Aufrüstung hin oder her. Sie kämpften gegen das Wettrüsten der Blöcke im Glauben, doch zumindest in Europa einen nächsten Krieg vermeiden zu können.

Rückblickend erscheint selbst dieser regional eingegrenzte, auf die Ächtung der Atomwaffen fokussierte Hoffnungsglaube mehr egoistisch als realistisch. Mit dem Ende der Blöcke löste sich die »Deutsche Friedens-Union« 1990 mangels Geldmittel auf, während in den osteuropäischen Ex-Sowjetstaaten – Georgien, Aserbaidschan, Armenien – die von den USA und Russland munitionierten Bürgerkriege um staatliche Souveränität überhaupt erst losbrachen. Von deutschen Pazifisten habe ich damals gar nichts mehr gehört. Georgien ist ja auch weit weg, und die Georgier hatten mit ihrem Kampf um Souveränität vielleicht auch Recht. Dazu passen diese Worte Sigmund Freuds aus seinem Brief an Einstein: »Man kann nicht alle Arten von Krieg in gleichem Maß verdammen; solange es Reiche und Nationen gibt, die zur rücksichtslosen Vernichtung anderer bereit sind, müssen diese anderen zum Krieg gerüstet sein.« Ich verstehe das so: Inmitten des Krieges können die Forderungen der Radikalpazifisten nicht auf Befriedung zielen, sondern auf die Kapitulation eines der beiden Kombattanten: Soll er doch selber schauen, wie er mit dieser Katastrophe weiterleben kann!

So gesehen erlebe ich eure Kampagne gegen die Militärhilfe für die Ukraine keineswegs als pazifistisch, eher als ignorant-egoistisch. »Aus Zurückhaltung kann Selbstprivilegierung entstehen«, schreibt Joachim Gauck dieser Tage.[49] Übrigens fand der erwähnte Kurt Tucholsky die nachgiebige Haltung britischer Pazifisten gegenüber Nazi-Deutschland verheerend. »Nichts als Pacifist zu sein – das ist ungefähr so, wie wenn ein Hautarzt sagt: ›Ich bin gegen Pickel.‹ Damit heilt man nicht.«[50] Er war nicht allein. Du hast es ja selbst geschrieben: 1939 plädierte der Fundamentalpazifist Einstein für den Bau einer US-amerikanischen Atombombe. Während des Zweiten Weltkriegs ärgerte sich George Orwell über die Wortführer des britischen Pazifismus, die den Kriegseintritt Großbritanniens mit denselben Argumenten verurteilten wie die Faschisten auf dem Kontinent. Im Kriegsjahr 1941 beobachtete Orwell ein Phänomen, das auch auf die heutigen Friedenskämpfer passt, deren Parolen Russland dienen: »Da Pazifisten mehr Handlungsfreiheit in Ländern haben, in denen Ansätze der Demokratie bestehen, können Pazifisten effektiver gegen die Demokratie wirken als für sie. Objektiv betrachtet ist der Pazifist pro-nazistisch.«[51]

Er fand, die Alliierten müssten früher, schneller und härter gegen den Aggressor vorgehen und so massiv wie möglich zurückschlagen. Orwells Meinung klingt ausgesprochen aktuell. Slavoj Žižek, der Unbequeme unter den Philosophen, sagt, dass euer Fundamentalpazifismus impliziere, dass man Russland einfach erlauben solle, die Ukraine zu vereinnahmen. Tatsächlich könne dies kein Pazifismus sein.[52] Ich

49 GAUCK, JOACHIM; HELGA HIRSCH: *Erschütterungen. Was unsere Demokratie von außen und innen bedroht.* München [Siedler] 2023

50 TUCHOLSKY, KURT: Beilage zum Brief an Hedwig Müller vom 16. März 1935

51 ORWELL, GEORGE: *The Collected Essays, Journalism, and Letters of George Orwell: My country right or left, 1940-1943.* Harcourt [Brace & World] 1968, S. 167

52 ZIZEK, SLAVOJ: *Degeneracy, Depravity, and the New Right.* 17.08.2022, in: https://www.project-syndicate.org/commentary/putin-alt-right-reviving-male-chauvinist-aggression-by-slavoj-zizek-2022-08

denke ähnlich: Unter dem Regiment »ius in bello«, um den Ausdruck der Völkerrechtler zu gebrauchen, läuft die von dir angeführte Meinung von Olaf Müller ins Leere. Pazifistische Lösungsideen seien im Krieg illusionär, urteilt auch Osteuropahistoriker Jörg Baberowski, Pazifismus mache Sinn nur in Friedenszeiten.[53] Es geht also nicht um »Wissensschwäche«, wie Du schreibst (101). Es geht um die Einsicht in die Notwendigkeit, den Wesenskern des menschlichen Daseins, das Humanum, zu verteidigen.

Dies ist meine Brücke zum Europa-Politiker Hofreiter im Mai 2022. Ich möchte sie indessen etwas später überschreiten, denn zuerst sollte ich auf deinen mit Olaf Müller fundamentierten Kerneinwand eingehen, der ungefähr so lautet: Alles schön und recht, aber damals, in der Zeit von Freud und Churchill, gab es keine Atombewaffnung! So hast Du mir geschrieben, Churchills Militanz sei nur deshalb effektiv gewesen, weil Hitler über keine Atomwaffen verfügte. Andernfalls wäre Churchill »möglicherweise zum Totengräber der Briten und vielleicht der gesamten Zivilisation auf dem Globus geworden.« Abgesehen davon, dass ich diese Dystopie nicht nachvollziehen kann: Hätte Hitler über Atomwaffen verfügt, hätte er diese als seine »Wunderwaffe« nach Laune eingesetzt, egal, was Churchill und Roosevelt und Stalin gesagt oder gewollt hätten. Und wenn wir gerade dabei sind: Dass Churchill »den ausdrücklichen Massenmord an Zivilisten initiierte« – Du meinst die Zerstörung Dresdens im Februar 1945 –, halte ich für eine geschichtsverfälschende Unterstellung. Die Ziele der Flächenbombardements legten die alliierten Luftwaffenstäbe einvernehmlich fest. An der Jalta-Konferenz, zehn Tage vor der Zerstörung Dresdens, drängte der sowjetische Generaloberst zur Bombardierung ostdeutscher Knoten-

53 BABEROWSKI, JÖRG: Lässt sich der Pazifismus verteidigen? (mit Olaf L. Müller). In: *Philosophie Magazin* Nr. 2/2023, S. 24-29

punkte, darunter Dresden.[54] Den fatalen Angriffsbefehl gab dann Air Marshal Arthur Harris. Wegen der in früheren Briefen von dir angeschnittenen Frage nach einer »Kausalschuld« finde ich diesen Sachverhalt erwähnenswert: Die Vernichtung ahnungsloser Zivilisten in einer kriegsfernen Stadt, diesen Typ Kriegsverbrechen hat nicht Churchill, sondern Hitler mit der Bombardierung von Coventry im Jahr 1940 erfunden, eine Tat, die den »heiligen Zorn« der Briten entfachte, der in diesem Satz seinen Ausdruck fand: »Wer Wind sät, wird Sturm ernten«. Das mildert die rachsüchtige Zerstörung Dresdens mit 25.000 Toten natürlich nicht, aber sie stellt den Wirkungszusammenhang her. Um der tiefen Erschütterung nachzuspüren, die Hitlers Bombengeschwader 1940, 1941 und 1942 in Coventry (ein Drittel aller Häuser zerstört) zurückgelassen haben, lohnt es sich, Benjamin Brittens *War Requiem* zu hören, das er zur Erinnerung an jene Luftangriffe komponierte und das 1962 in der St. Michael's Cathedral (im Ersatzbau für die zerstörte Kathedrale, die aus dem 15. Jahrhundert stammte) von Coventry uraufgeführt wurde. Soviel dazu.

Ich stimme deiner Darlegung zu, dass mit der Atombombenexplosion in Hiroshima und Nagasaki ein bislang unvorstellbares Ausmaß an Zerstörung Realität wurde. Und im Rückblick erscheint es mir fast wie ein Wunder, dass es im Kalten Krieg trotz der zahllosen Konflikte, Missverständnisse und Pannen nicht dazu gekommen ist, dass der US-Präsident im White House oder der Staatschef der UdSSR im Kreml »den roten Knopf« drückten (wobei es vermutlich interne Kontrollsysteme zur Vermeidung von Kurzschlusshandlungen gab). Klar, die mehr als zehntausend Atomsprengköpfe, die beide Weltmächte einsatzbereit hielten, hätten einen Weltenbrand auslösen können. Und so trug jeder militärisch

---

54 Vgl. die meinem Wissen nach sachrichtige Zusammenstellung der Angriffe unter: https://de.wikipedia.org/wiki/Luftangriffe_auf_Dresden

ausgetragene Konflikt nicht nur in den Augen der Nuklearpazifisten das Risiko eines Atomkrieges in sich.

Wegen dieses ungeheuren Risikos zählte auch ich mich damals zu den Nuklearpazifisten und empfand ähnlich pathetisch, wie Du es für dich für heute beschreibst: »Wer hier ausweicht, der macht sich schuldig!« (100)

Doch seit damals hat sich in meiner Wahrnehmung vieles verändert. Unter dem sarkastischen Kalkül der Militärstrategen besitzen die Nuklearwaffen nicht mehr die Bedeutung, die man ihnen unter dem Hiroshima-Schock zugeschrieben hat. Ich verstehe nichts von Waffen und schon gar nichts von Atomwaffen, ich bin auf die Beurteilung der Militärexperten angewiesen. Die nennen als Maßstab, mit dem die Wirkung von Kriegswaffen gemessen werden kann, das Ausmaß der Vernichtung des Gegners.

Situationsanalysen, die ich von neutralen Militärexperten (aus der Schweiz, Österreich, Großbritannien) zum Thema ›Nuklearwaffeneinsatz im Ukrainekrieg‹ gelesen habe, kommen zu dieser Einschätzung:[55] Entlang einer rund tausend Kilometer langen Front, an der sich die Gegner unmittelbar gegenüberstehen, würde der Einsatz taktischer Nuklearwaffen die eigenen Truppen ähnlich gefährden wie die gegnerischen. Also zwecklos. Und entfernte Großstädte, wie zum Beispiel Kiew oder Odessa atomar bombardieren? Dies bedeutete die Rückkehr zur Erst- und Gegenschlagstrategie des Kalten Krieges; es wäre der Tabubruch und hätte einen verheerenden Gegenschlag zur Folge. Das Risiko dieses Tabubruchs war im Laufe der vergangenen 70 Jahre wiederholt sehr viel realer als heute – übrigens zum ersten Mal während des Korea-Krieges, der zum Testfall für die noch jungen Vereinten Nationen wurde. Die UN-Truppen standen unter

---

55 Aufschlussreich erscheint mir zum Beispiel die Lagebeschreibung von Claude Meier, Divisionär der Schweizer Armee und Strategieexperte beim Genfer Zentrum für Friedens- und Sicherheitspolitik: »Was der Einsatz von Atomwaffen bedeutet«, in: NZZ vom 18.05.2023, S. 18.

dem Oberkommando von US-General Douglas MacArthur, einem starrsinnigen, eitlen Kommunistenfresser. Als die chinesischen Truppen auf der Seite der Nordkoreaner den US-geführten UN-Truppen schwer zusetzten, bat MacArthur Präsident Truman um Erlaubnis, mit 34 Atombomben chinesische Städte in Schutt und Asche zu legen. Bekanntlich wurde der Krieg konventionell weitergeführt. Du hast es in deinem vorigen Brief angesprochen, wenn auch in einem anderen Kontext: Im Laufe der knapp drei Jahre Koreakrieg sind mehr als vier Millionen Menschen auf grausamste Art zu Tode gekommen, ungeheure Flächen Agrarland vernichtet und acht Großstädte komplett zerstört worden.[56]

Im Vergleich dazu nimmt sich die Wirkung der beiden Atombombenabwürfe 1945 in Japan mit rund 170.000 Toten (inklusive der Spätfolgen durch Verstrahlung) geradezu gnädig aus. Ich meine dies keineswegs zynisch, vielmehr als Beleg, dass ein konventioneller Krieg, wie er derzeit in der Ukraine tobt, für die Betroffenen fürchterlicher sein kann als der Einsatz taktischer Nuklearwaffen. Von daher: Könnte es vielleicht so sein, dass bei euch Nuklearpazifisten hinter dem Wortgedröhn (Müller: »gesinnungsethischer Verteidigungsbellizismus«) sich die Angst versteckt, man könnte selbst ›irgendwie‹ und indirekt Opfer werden? Müller würde am liebsten jede Waffenhilfe einstellen und plustert sich in einem Radiointerview auf: »Dass ich mich gegenüber den Ukrainern auch schuldig mache – das muss ich aushalten.«[57] Nein, nicht er, sondern vierzig Millionen Ukrainer und in der Folge alle Menschen, die ihrer Menschenwürde beraubt würden, müssten dies aushalten – und könnten es nicht.

56 Vgl. STÖVER, BERND: *Geschichte des Koreakriegs: Schlachtfeld der Supermächte und ungelöster Konflikt*. München [Beck] 2013

57 »Die Ukraine im Stich lassen – den Atomkrieg verhindern?« SWR vom 22.02.2023. https://www.swr.de/swr2/leben-und-gesellschaft/ist-pazifismus-in-kriegszeiten-moeglich-die-ukraine-opfern-den-atomkrieg-verhindern-100.html

Für mich bleibt deine kriegspsychologisch wie militärstrategisch schwierige Frage offen, die ich zu Beginn dieses Briefes aufgegriffen habe: Steigt mit dem Fortgang des Kriegs das Risiko, dass Putin mit dem Einsatz von Nuklearwaffen nicht nur angstmachend droht, sondern – wenn er seine Kriegsziele nicht erreicht – zur Bestrafung der widerspenstigen Ukrainer diese einsetzt?[58]

Ich komme mit dieser Frage zurück zu Toni Hofreiter und seiner Reise nach Kiew im Mai 2022. Wenige Wochen zuvor sahen wir die Bilder aus dem befreiten Butscha, dem Vorort von Kiew: gefolterte Zivilisten, furchtbar misshandelte Frauen, erschossene Kinder, verstümmelte Leichen auf den Straßen. Mit diesen Kriegsverbrechen verhöhnt Russland den Leitgedanken der UN-Charta, nämlich im Namen der Menschenwürde die Souveränität der Staaten zu schützen. Einzig die Menschenwürde, die allen Menschen das gleiche Existenzrecht zuerkennt, hat interkulturell und insofern universelle Geltung. Nicht die nationale Identität macht den Kern dieses Schutzes aus, sondern die Menschenwürde. *»Sie* ist der Zweck, dessen Mittel eine Staatsverfassung darstellt«, schreibt der Rechtsphilosoph Omri Boehm und erinnert daran, dass sich schon die US-amerikanische Verfassung nicht auf Volk und Staat beruft, sondern darauf, »dass alle Menschen gleich beschaffen sind.« Diese Grundnorm, die auch Artikel 1 unseres Grundgesetzes trägt, fundamentiert die UN-Charta als Mittel zum Zweck, dem Schutz der Menschenwürde: Die Verteidigung der nationalen Souveränität ist nicht der Zweck, sondern nur ein Mittel. So jedenfalls verstehe ich Boehms Herleitung.

Unter dieser Maxime offenbaren die Kriegsverbrechen – neben Butscha inzwischen viele weitere – den russischen Willen, mit den ukrainischen Opfern auch die Idee

---

58 Vgl. GOEMANS, HEIN: »Putin hat leider noch viele Optionen«. In: *Der Spiegel*, Nr. 44/2022

der Menschenwürde zu zerstören. Wir kannten bisher diese radikale Form der Menschenverachtung nur von militanten Missionaren, Rassisten und Faschisten inklusive der Nazis sowie den US-Truppen in Vietnam. Von daher waren die westlichen Staaten im Mai 2022 aufgerufen, angesichts des Menetekels Butscha in der Ukraine vor allem das Prinzip der Menschenwürde bedingungslos zu verteidigen, also die ukrainische Armee in die Lage zu versetzen, so schnell und wirksam wie möglich die russischen Besatzer zu vertreiben. Jeder Raketeneinschlag auf eine Schule, auf einen Kindergarten, ein Krankenhaus hätte die sogenannte freie Welt legitimiert, im Namen des Menschenrechts die ukrainische Armee mit schweren Waffen, mit Logistik und weitreichenden Kampfmitteln aufzurüsten. Denkbar, dass mit der Gegenoffensive im September 2022 über den lokalen Erfolg hinaus die Rückeroberung der besetzten Gebiete erreicht und der Krieg mit einem Abkommen beendet worden wäre – dank massiver westlicher Waffenhilfe zum Schutz der Menschenrechte und nicht im Namen *unseres* Verständnisses von Freiheit, das im ferneren Osten und globalen Süden ohnehin an Geltung verloren hat.

Doch mir scheint, die Strategie der Nato-Staaten folgt einer ganz anderen Regie. Wenn es stimmt, dass US-Verteidigungsminister Lloyd J. Austin ein strategisch denkender Typ ist und Kanzler Olaf Scholz das Bild des Zauderers eher spielt, tatsächlich aber als Taktiker im Schatten des Weißen Hauses agiert, dann folgt die Militärhilfe für die Ukraine einem zynischen Kalkül, das nun seinerseits die Menschenwürde missachtet, indem es zu unnötig vielen Menschenopfern führt (wobei dieses Kalkül auch als Antwort auf Putins Atomwaffendrohung gedeutet werden kann).

Militärstrategen nennen das Kalkül »boiling the frog«. Diesem Sinnbild zufolge bemerkt ein im Wasser schwimmender Frosch, wenn das Wasser gaaanz langsam erhitzt wird, die Lebensgefahr erst, wenn es für ihn zu spät ist: Er stirbt den Hitzetod. Der Militärexperte Oberst Markus Reisner, Leiter der Forschungs- und Entwicklungsabteilung an der Theresianischen Militärakademie in Wien, scheint ein sachlich-nüchterner Beobachter des Geschehens zu sein. Er sagte dazu im März 2023 in einem Interview: »Erkennen kann man, dass die Ukraine offensichtlich das militärische Gerät bekommt, aber immer nur so viel, dass man den Russen etwas entgegenhalten kann und auch Erfolg erzielen kann, aber eben keinen durchschlagenden.« Er erwähnt die zu geringen Stückzahlen an schweren Waffen, die zudem mit immer neuen Verzögerungen geliefert würden. Reisner: »Was der Westen der Ukraine liefert, ist zu viel, um zu sterben, und zu wenig, um zu leben.« Zufällig heute lese ich auf *spiegel.de* diese *dpa*-Meldung: »In Grafenwöhr werden 200 ukrainische Einsatzkräfte an Übungspanzern geschult. Kampftaugliche Abrams *sollen* in den kommenden Monaten im Kriegsgebiet eintreffen.« (*spiegel.de* vom 28.05.2023) Leider fragten (sich) die Spiegel-Redakteure nicht, warum dieses Training nicht schon ein Jahr früher mit fünfmal so vielen »Einsatzkräften« für die fünffache Zahl an Panzern stattgefunden hat. Dasselbe betrifft die Leopard-Panzer, die Luftabwehrsysteme, die Kampfflugzeuge...

Die Journalisten kolportieren, was ihnen von den Ministerien erzählt wird und unterlassen, was kompetenten Journalismus auszeichnet: das kritische Nachfragen. Du würdest mich jetzt vermutlich fragen, woran das liegt. Ich könnte dies nicht mit zwei Sätzen beantworten, dafür bräuchte ich mehr Raum. Vielleicht kommen wir ja noch dazu.

Reisner jedenfalls folgert: »Das Fatale (an dieser Strategie) ist, dass sich der Krieg in die Länge zieht.«[59] Er kann sich dies nur mit der diffusen Angst der Nato-Staaten vor

---

59 Heeres-Oberst enthüllt: NATO kocht Putin »wie einen Frosch« vom 02.03.2023 auf: https://www.heute.at/s/heeres-oberst-nato-will-putin-kochen-wie-einen-frosch-100258193

dem unberechenbar agitierenden Putin erklären: »Die große Furcht ist, dass, wenn die Russen in die Enge getrieben
werden, es zu einer irrationalen Handlung kommt«. Reisner glaubt indessen, dass Putins Lakai Dimitri Medwedew
mit seinen Atomkriegsdrohungen vor allem den besorgten
Menschen, vor allem den Nuklearpazifisten in den westlichen Staaten Angst einjagen und damit den Widerstand
gegen Waffenlieferungen anheizen wolle.[60]

Ist die Atomkriegsdrohung unter den genannten Umständen dennoch ernst zu nehmen? Militärexperten wie
Reisner unterstellen den USA, sie wollten im Sinne der
Frosch-Strategie mit dem »Abnützungskrieg« Russland
militärisch und wirtschaftlich soweit und so nachhaltig
wie möglich schwächen. Putin habe ihnen mit seinem Angriff auf die Ukraine hierfür quasi die Steilvorlage geliefert. Aufgrund dieser Strategie, sagt Reisner, sei die Ukraine gezwungen, »immer mehr Menschen als Soldaten in die
Schützengräben an die Front zu schicken. Das Sterben geht
dadurch immer weiter«.

Doch inzwischen mehren sich die Einschätzungen, dass
die Nato mit ihrer »Den Frosch kochen«-Strategie auch
deshalb scheitern könnte, weil die mit dem Sinnbild verbundene Logik nicht stimmt: Russland entspricht eher einem Mammutfrosch, der das Wasser gut verdrängen kann.
Will sagen: Putin hat mit seiner Rüstungsindustrie und
den Soldatenheeren einen längeren Atem, als der Westen
Nachschub liefern kann. Hinzu kommen die in drei Linien
gestaffelten, hermetisch dichten Minenfelder (3 Minen
pro Quadratmeter), die das russische Militär während des

---

60 Medwedew: »Ich kann nicht sagen, was der letzte Halm, was der Aus-
löser sein könnte (...) »Aber es könnte an einem bestimmten Punkt
passieren.« Die Welt müsse zusammenarbeiten, damit sich die Gefahr einer »globalen Konfrontation, eines heißen, vollumfänglichen
Dritten Weltkriegs« nicht verwirkliche. In: *Frankfurter Rundschau* vom
25.04.3023

vergangenen Winters viele hundert Kilometer entlang der Front hat herstellen können: Den Bau dieser nur mit riesigen Menschenopfern zu überwindende Barriere haben die Russen dem Waffenlieferstau der Nato-Bündnisstaaten zu verdanken. Nur schon deshalb kann Putin getrost auf den Einsatz taktischer Nuklearwaffen verzichten.

Du siehst daran, lieber Hans-Peter, dass ich über die Ukraine-Waffenlieferpolitik der Nato- Staaten vermutlich genauso empört bin wie Du, freilich aus entgegengesetzten Gründen: Statt den Krieg zu einem vielleicht brutalen, aber raschen Ende geführt zu haben, lässt man Hunderttausende im Osten der Ukraine verbluten – übrigens viel mehr Menschen, als damals nach dem Atombombenangriff in Hiroshima und Nagasaki ums Leben gekommen sind. Leider passt dieser Zynismus zur Denke des Militärstrategen Lloyd J. Austin wie auch zur Tradition US-amerikanischer Militäroperationen zuerst in Korea (1950), dann in Kuwait (1991), im Irak (1992), in Somalia (1992), in Haiti (1994), im Sudan (1998), im Kosovo (1999), in Afghanistan (2001), im Irak (2003), in Libyen (2011), im Nahen Osten (2014), in Syrien (2017/18) – und so weiter.

Das alles hat so manchen Zeitgenossen verbittern lassen. Aber die Wut der Verzweiflung über die US-amerikanische Machtpolitik ist kein Grund, dem Aggressor Putin bei seinem Vernichtungsfeldzug kopfnickend zuzuschauen.

Oder kannst Du das, wenn auch ohne Kopfnicken? Fragt in alter Freundschaft
Michael

Teil 3:
Droht uns in Europa der Atomkrieg?

Briefe 12-18

Brief 12, Freiburg, den 4. Juni 2023

Lieber Michael,

wir sind so, wie wir sind, weil wir eine Vergangenheit haben. Sie hat uns geprägt und beeinflusst, daher unsere gegenwärtigen Einstellungen. Ich habe die gleiche historische Strecke durchlaufen wie Du, und ich will kurz nachzeichnen, inwiefern ich bis heute zu etwas anderen Ergebnissen kam, trotz dieser Ähnlichkeit des historischen Hintergrunds.

Die »Ohne-mich-Bewegung« und die Initiative »Kampf dem Atomtod« habe ich nicht bewusst miterlebt. In dieser Phase, so zwischen meinem 14. und dem 17. Lebensjahr, schrieb ich Gedichte. Dass allerdings die gerade gegründete Bundeswehr irgendwie lächerlich war, kam auch in meiner Welt verträumter Introvertiertheit an. 1955 wurde die Bundeswehr aus der Taufe gehoben, aber der ganzer Streit über die »Wiederbewaffnung« war bei mir nicht angekommen. Nur das Urteil darüber: »Wer noch einmal ein Gewehr in die Hand nehmen will, dem soll die Hand abfallen«, hatte Franz Josef Strauß 1949 getönt.[61] 1955 wurde er der erste Bundesverteidigungsminister und forderte die atomare

Bewaffnung der Bundeswehr. Soviel zur Ambivalenz dieser Debatte.

Was bei mir ankam, das war jener Stimmungspazifismus, den Du schilderst und der bei jungen Leuten gewiss nicht vorgeschoben und unehrlich war. Ich war der uneheliche Sohn eines Luftwaffenoffiziers, der in der Bundeswehr und innerhalb der Nato Karriere machte. Vielleicht auch deshalb, irgendwie psychologisch begründet, lehnte ich alles Militärische ab. Aber natürlich auch wegen der von dir geschilderten Antihaltung, die bei jungen Leuten in der Bundesrepublik damals weit verbreitet war. Durch die Schule erfuhr ich wenig über die unmittelbare deutsche Vergangenheit, aber im Hintergrund meiner Alltagserfahrung lag etwas Dunkles und Gefährliches in der Luft, das irgendetwas mit den Trümmern zu tun hatte, die in meiner Heimatstadt Freiburg lange noch zu besichtigen waren. Die Erwachsenen munkelten undeutlich über jene Zeit der Katastrophen, und ich erinnere mich noch genau, dass der Anblick ziemlich junger Männer, die einbeinig an Krücken daherkamen, fast schon gewöhnlich war.

Ich hatte andere Sorgen. Mit der Schule kam ich nicht klar, und statt das vorgeschriebene Pensum zu lernen, zog ich mit den Pfadfindern auf große Fahrt. Bis auf eine einzige Ausnahme war ich vollkommen unpolitisch, denn Furcht machte mir die Bedrohung durch Atombomben. Atompilze waren auf den Titeln der Illustrierten abgebildet, und ich erfuhr, dass erneut ein weltweites Inferno möglich sei, eines, das noch viel schlimmer sein würde als alles, was in der unmittelbaren Vergangenheit lag. Tatsächlich waren die Jahre vor 1962 wahrscheinlich die gefährlichsten seit 1945 überhaupt. Erst nach der Kuba-Krise, bei der es fast zum großen Knall kam, wurde das »rote Telefon« eingerichtet, das den direkten Kontakt der Staatslenker in Ost und West ermöglichte.

Zuvor wurde in den USA über atomare Präventivkriege gegen die Sowjetunion nachgedacht,[62] schließlich eine Strategie der massiven Vergeltung auf den Weg gebracht und damit das berühmt-berüchtigte Gleichgewicht des Schreckens etabliert, bei permanent verschärfter nuklearer Hochrüstung.

Aber auch nach 1962 wurde die Strategie der *Brinkmanship* fortgesetzt. »Glaubwürdig« könne nukleare Abschreckung nur dann sein, wenn sie sich immer wieder bis an den Rand (the brink) des Abgrunds trauen würde. »Das Nuklearwaffenarsenal der USA ist nur dann etwas wert«, so US-Präsident Richard Nixon im Hinblick auf den Vietnamkrieg, »wenn wir bereit sind, es zu benutzen.«[63] Sein Sicherheitsberater Henry Kissinger hatte diese Strategie entwickelt, die vorsah, Nuklearwaffen als politisches Druck- und Drohmittel zu verwenden und auch gegebenenfalls tatsächlich »begrenzbare« Atomkriege zu führen.[64] Verbunden wurde dieses Konzept mit der ›Madman-Doktrin‹. Vor allem zunächst auf Nixon zugeschnitten, gilt sie im Grunde immer noch: Der Präsident ist unberechenbar und vielleicht ein wenig verrückt, sein Finger zuckt nervös über dem roten Atomknopf. Die Botschaft lautet: Tut gefälligst, was wir von euch erwarten! Wann und ob wir zuschlagen, ist unsere Sache.

Alles das wusste ich damals freilich noch nicht. Aber irgendwie bekam ich die Atmosphäre dieses bedrohlichen Zustandes mit. Viele Jahre lang lebte ich mit der Vorstellung, dass ich nicht alt werden würde, denn das atomare Harmagedon konnte jederzeit hereinbrechen. Mit den Pfadfindern

---

62 SCHLOSSER, ERIC: *Command and Control.* London [Penguin Books] 2013, S. 206
63 zit. nach: GREINER, BERND: *Made in Washington, Was die USA seit 1945 in der Welt angerichtet haben.* 2. Aufl. München [C.H.Beck] 2021, S. 44
64 KISSINGER, HENRY: *Nuclear Waepons and Foreign Policy.* New York [Harper] 1957

unternahm ich so um 1960 herum eine »Nachtwanderung«. Wir trotteten ohne Taschenlampen durch die Wälder nahe Freiburgs. Unweit der Stadt vernahmen wir den auf- und abschwellenden Heulton einer Sirene. »Das ist Atomalarm«, rief ich, und wir kauerten uns auf den Boden, denn wir erwarteten den atomaren Blitz. Es stellte sich heraus, dass es ein Feueralarm war, den der Wind verzerrt hatte.

Doch das Bedrohungsgefühl ließ nach, je weniger ich über Atombomben hörte. Wie wohl die meisten, verdrängte ich die reale Lage erfolgreich. Unerklärlich ist es mir daher heute noch, wie etwa um 1980 fast schlagartig eine neue Friedensbewegung entstand. Unterdessen war der sogenannte Nato-Doppelbeschluss gefasst worden, nämlich die nuklearen Aufrüstungsmaßnahmen Moskaus mit der Aufstellung westlicher Mittelstreckenraketen in Europa zu beantworten. Ich engagierte mich sofort. Dabei war diese ›Nachrüstung‹ lediglich eine Zuspitzung des Zustands, der all die Jahrzehnte zuvor schon bestanden hatte, aber von den meisten verdrängt worden war. Ich arbeitete auch mit den gerade erst gegründeten Grünen zusammen, die damals maßgeblich das neue Friedensengagement trugen. Petra Kelly war deren Galionsfigur, eine radikale Pazifistin.

Unser Thema war klar: Friede und Ökologie sollten zusammen gedacht werden, es ging um ein und dieselbe Sache. Das Wort dafür war ›Ökopax‹. Alle waren wir davon überzeugt, dass die Finger-am-Abzug-Strategie der gegenseitigen Bedrohung direkt am Abgrund letztlich auch in den Abgrund führen müsse. Maximal 10 Minuten hätte eine in Neu-Ulm aufgestellte Rakete vom Typ Pershing II benötigt, um ihre tödliche Last bis nach Moskau zu tragen. Die Verkürzung der Vorwarnzeiten schuf nach unserer Auffassung keine Sicherheit, vielmehr das Gegenteil. Ein friedensbewegter Informatiker der Universität Karlsruhe zog mit uns durch die Lande und hielt den Vortrag: »Schenkt den Sowjets unsere Computer! Ihre sind so schlecht, dass sie Wildgänse für Atomraketen halten.« Damals dämmerte mir das Konzept der »gemeinsamen Sicherheit«: dass nämlich Sicherheit im Atomzeitalter nicht mehr gegeneinander, sondern nur noch miteinander herzustellen sei. Auf den Straßen erfuhr ich aber auch, dass viele Menschen ganz anders dachten. An einem unserer Informationsstände versuchte mich jemand zu überzeugen, dass Sicherheit nur durch Stärke gewährleistet werden könne. »Ich will, dass Raketen in meinem eigenen Garten aufgestellt werden! Ich will nicht, dass mich die Kommunisten enteignen!«

Du sagst, der Unterschied zwischen damals und heute liege wesentlich darin, dass die Friedensbewegung der 1980er-Jahre in Friedenszeiten unterwegs war. Heute sei Krieg. Tatsächlich war unser Ziel in den 1980er-Jahren, das atomare Wettrüsten zu beenden, jene Dauerkonfrontation, die meinte, durch ›glaubhafte‹ Erhöhung des Risikos für die andere Seite das eigene Risiko senken zu können. Man weiß längst, dass das ein Irrtum ist, und zwar wegen des sogenannten Sicherheitsdilemmas. Denn dieses zeigt auf, dass zwar das Wettrüsten die eigene Sicherheit zu erhöhen scheint, aber zugleich die Sicherheit aller Beteiligten mindert.

Heute gehen Historiker davon aus, dass die Massendemonstrationen in vielen westlichen Ländern den Weg zur Beendigung des Kalten Kriegs erleichterten.[65] Die Mitgliederzahl der britischen *Campaign for Nuclear Disarmament* (CND) stieg zwischen 1980 und 1985 von 3500 auf 100.000 Mitglieder an. 1981 demonstrierten weltweit Millionen Menschen gegen die Nachrüstung. Im Juni 1982 legte eine knappe Million Protestierende New York City lahm. Das

65 GASSERT, PHILIPP; TIM GEIGER; HERMANN WENTKER: Zweiter Kalter Krieg und Friedensbewegung. Einleitende Überlegungen zum historischen Ort des NATO-Doppelbeschlusses von 1979. In: Diess.: *Zweiter Kalter Krieg und Friedensbewegung, Der NATO-Doppelbeschluss in deutsch-deutscher und internationaler Perspektive*. München[Oldenburg] 2011, S. 7-29, S. 7

Wettrüsten wurde eingestellt und in erheblichem Maße abgerüstet, vor allem auch im atomaren Sektor. Ende 1990 wurde in der *Charta von Paris*, dem Schlussdokument des KSZE-Prozesses, blockübergreifend eine neue Gemeinsamkeit Europas und der Welt beschworen.

Was anschließend geschah, bezeichne ich als die Zeit des großen Vergessens. Auch ich vergaß: Glaubte fast schon der ewige Friede sei ausgebrochen. Dass dies nicht so war, das wissen wir spätestens heute. Lass uns weiter über diese Situation nachdenken.

Ich bin auf deine Erwägungen gespannt. Liebe Grüße
Hans-Peter

Brief 13, Hamburg, Mitte Juni 2023

Lieber Hans-Peter,

Du greifst die 1980er-Jahre auf, als die Friedensbewegung als Antwort auf den Nato-Doppelbeschluss auf die Straßen ging und zu einer mächtigen Massenbewegung in den europäischen Metropolen wuchs. Und ja, wir waren von ihrer aufrüttelnden Kraft schwer überzeugt. Mir scheint, viele protestierten mit derselben Verve wie heute die Aktivistinnen von »Fridays for Future«. Beide Bewegungen überhöhen sich selbst als Inkarnation der Vernunft und als Sprecher der Menschheit. Frage: Sollte, musste man den Friedensappell Mitte der 1980er-Jahre als Ultima Ratio verstehen?

Was mich Ende der 1980er-Jahre zum Skeptiker hat werden lassen, war der in sich widersprüchliche – moralphilosophisch gesagt: paradoxe – Wertekonflikt: Ist das Leben, egal unter welchen Gegebenheiten, das fraglos höchste Gut oder sind es Bedingungen und Umstände, die das Leben erst lebenswert machen? Wir waren ja als sozialistisch denkende Linke lange Zeit taub für die grauenhaften Gulag-Nachrichten, die aus dem Sowjetreich zu uns kamen. Die deutsche Friedensbewegung schleppte zudem ihren Nazi-Büßer-Mantel und geißelte sich stellvertretend für ihre Elterngeneration wegen der Gräuel an der russischen

Bevölkerung. Dieses (von den Sowjets in der DDR wach gehaltene) Schuldgefühl funktioniert noch heute als moralisch durchschlagendes Argument, wenn ich mit Menschen in den neuen Bundesländern über Waffenlieferungen an die Ukraine spreche. Und Sahra Wagenknecht hat diese vermeintlich vererbte Schuld (oder soll es ein Schuld-Erbe sein?) bei Eurer Berliner Kundgebung ja auch propagandistisch ausgeschlachtet. Immerhin, dieses Narrativ haben die Newsmedien nicht bedient; deren Russland-Enttäuschung ist hierfür zu groß.

Die moralisch sich gern überhöhende deutsche Friedensbewegung: Ich erinnere mich gut an die hitzigen Diskussionen, die der französische Intellektuelle André Glucksmann mit seinem 1984 ins Deutsche übersetzten Essay *Philosophie der Abschreckung* bei uns auslöste. Seine Eltern, von den Nazis verfolgt, hatten im Widerstand gekämpft, der Vater war durch ein deutsches Torpedo ums Leben gekommen, die Mutter war in der Résistance, der kleine André überlebte dank Decknamen und falscher Identität. Frankreich war seine Heimat geworden, auch, weil es sich die Bürgerrechte mit einer Revolution erworben hatte, auch, weil es zwei Mal von den Deutschen überfallen wurde und sich befreit hat. Seine Heimat behauptete ihre territoriale Integrität und stand auf der Seite der moralisch wie militärisch Siegreichen. Die Deutschen, jedenfalls die Westdeutschen, kennen die legitimierende Selbstbegründung des Bürgerstaates nicht. Sie waren untertänig, bis sie – nachdem die Alliierten ihren Nazi-Faschismus zerstört hatten – das demokratische Regelwerk verordnet erhielten wie ein medizinisch induziertes Therapieprogramm. Uns Deutschen fehlt die legitimierende Tradition des Bürgerstaats, um anderen Staaten Vorschriften zu machen. Die einzig legitime Begründung der Friedensbewegung war und ist bis heute die Läuterung, die in den von mir schon mal zitierten Satz mündete: »Nie wieder!«.

Ich erwähne dies, um an den ganz anderen Erfahrungshintergrund zu erinnern, der die Schwarz-Weiß-Denkweise Glucksmanns nun doch authentisch macht. Glucksmann hielt den deutschen Intellektuellen vor, dass sie sich – im Rückblick auf den Zweiten Weltkrieg – mit ihrer introjizierten Kollektivschuld blind machten für das lebensfeindliche System der Sowjetunion. Blind für die immer neuen menschenvernichtenden Internierungslager und Gulags, blind für die fortbestehenden Entmenschlichungen, für die der Name Auschwitz das Menetekel ist. Hiroshima, sagte Glucksmann, ist furchtbar, aber es bedeutet nicht die Zerstörung des Humanum – Auschwitz indessen schon. Am Ende seines Buches schrieb er den für die deutschen Pazifisten schockierenden Fragesatz: »Haben wir das Recht, Frauen, Kinder und Kindeskinder eines ganzen Planeten als Geiseln zu nehmen? Dürfen wir die Zivilbevölkerungen, zu denen wir selbst gehören, mit der Apokalypse bedrohen? Verdient eine Kultur weiterhin diesen Namen, wenn sie, um zu überleben, wissentlich ihre Auslöschung riskiert? Das ist die höchst philosophische, ernsteste und einfachste Frage, die uns von der banalen Aktualität gestellt wird.« Und Du kennst vermutlich seinen nachfolgenden Satz: »Die Antwort lautet – was die allzu ruhigen Gewissen auch immer sagen mögen – ja.«[66]

Natürlich ohne Bezug auf Auschwitz und rhetorisch weniger zugespitzt, im Kern aber ähnlich dezidiert antworten heute sehr viele Ukrainer auf die Frage, warum sie ihre Waffen nicht strecken, sondern noch mehr davon haben wollen. Und warum sie euren »Aufstand für Frieden« und die Reden der friedensbewegten Alice Schwarzer, Sahra Wagenknecht, Hans-Peter Waldrich und Erich Vad als überheblich und anmaßend empfinden.

---

66 Deutsche Ausgabe: GLUCKSMANN, ANDRÉ: *Philosophie der Abschreckung*. Stuttgart [Deutsche Verlags-Anstalt] 1984, S. 388

Als »pragmatische Pazifisten« haben wir in der Friedenszeit der 1980er-Jahre die Gut/Böse-Dichotomie Glucksmanns zu Recht abgelehnt. Wir sagten damals, es gehe um Abrüstung und nicht um die Alternative: freie westliche Welt versus versklavende Gulag-Welt. Doch in Kriegszeiten – ich bleibe dabei – wird das Politische binär und die politische Lage bipolar. Und in dieser Situation verlieren die Manifestanten »für Frieden« den Kontakt zur Realität.

Vermutlich war es damals so, wie Du im vorletzten Brief schreibst, dass der Pazifist »die Waage im Kopf« (99) hatte: »Welche möglichen Übel sind schlimmer, die des Waffengangs oder diejenige einer Unterlassung von Gewaltanwendung?« Doch wenn ich deine Sätze mit der aktuellen Realität abgleiche, die uns tagtäglich über die Kriegsberichterstattung von seriösen Newsmedien vermittelt wird, dann habe ich das Gefühl, Du erzählst von einem Politik-Seminar aus den 1980er-Jahren, etwa, nachdem die Khmer in Kambodscha wüteten oder als Jugoslawien zerfiel und sich die Regierungen des Westens fragten, was man tun könne.

Anders gesagt: Ich verstehe deine Darlegungen als Ausdruck der Schwierigkeit, die vor einem halben Jahrhundert in der ›friedlichen‹ Zeit des Kalten Kriegs (eine bemerkenswerte Paradoxie) erdachten Antikriegs-Konzepte als zeitgebundene Denkmuster einzuordnen. Fast hätte ich im Geiste Glucksmanns geschrieben: Was waren das für schöne, weil friedliche Zeiten! Waren sie natürlich nicht.

Okay, es geht dir im Grunde nicht um die Friedensbewegung selbst, sondern um die Gefahr des Atomkriegs. Du zitierst Nixon und Kissinger als kriegslüsterne Scharfmacher, die willens gewesen seien, »das Nuklearwaffenarsenal (...) zu benutzen.« So unerträglich ich die Machtgeilheit beider US-Politiker schon damals fand, so wenig glaubhaft empfand ich deren Propagandasprüche. Aus meiner Sicht gehörten diese zur Angstmache-Rhetorik der kalten Krieger. Wirksamer und – im Rückblick – wirklich nachhaltig war das, was Du die Idee der »gemeinsamen Sicherheit« nennst. Ich denke, beide Machtblöcke haben damals trotz oder wegen der ideologischen Gegensätze und der atomaren Bedrohung so etwas wie einen *Basiskonsens* gefunden: Dass keiner das mit dem Atomschlag verbundene Vernichtungsrisiko übernehmen und für alle Zeiten als der Höllenhund gebrandmarkt werden wollte.

Im Rückblick könnte man diesen geopolitischen Basiskonsens – frei von jedem Zynismus – als Manifestation einer verantwortungsethisch grundierten Haltung zweier Gegner beschreiben. Freilich passt diese Etikettierung nur im Rückblick auf jene Epoche der zwei Blöcke mit ihrer Politik der Abschreckung, Motto: Die Balance konnte gehalten werden! Nur auf der höchsten Drohstufe, also der Androhung der totalen Vernichtung mit der Gegendrohung der ebenbürtigen Vergeltung funktionierte die Abschreckung auch als Selbstabschreckung. Der Strategieexperte Herman Kahn, so erinnere ich mich, sagte damals lakonisch: »Mit dem Selbstmord ist nicht zu drohen.«

So gesehen gründete der Basiskonsens auf einem zweiten Fundament, auf dem egoistischen Überlebenswillen jeder der beiden Seiten und der Ungewissheit, ob und wie der andere zurückschlagen könnte. Deshalb konnte der Abschreckungsfrieden nur durch stetiges Aufrüsten (›Gleichgewicht der Kräfte‹) in der Balance gehalten werden. Aus psychologischer Sicht kann man das Abschreckungskonzept auch als dystopische Paranoia deuten, indem der Gegner zwar konkret angsterzeugend, seine angedrohte Mordtat aber als irreal erschien.

Dass dieser Widerspruch aus- und durchgehalten wurde, lag wohl auch an der geopolitischen Übereinkunft, diesen Basiskonsens an die territoriale Souveränität beider Blöcke zu binden. Darum blieben die Ostdeutschen 1953 und die Tschechoslowaken 1968 ohne westliche Hilfe auf sich gestellt. Und deshalb zog Nikita Chruschtschow im

Oktober 1962 die Mittelstreckenraketen von Kuba wieder ab, die Amerikaner ihre Jupiter-Raketen aus der Türkei.

Unterhalb dieser höchsten Drohstufe und außerhalb der Territorialgrenzen der Blöcke blieb alles beim Alten: Weil beide Hegemonialmächte ihren Geltungsraum »trotzdem« ausdehnen wollten, gingen die regionalen Stellvertreterkriege mit konventionellen Waffen uneingeschränkt weiter. Über Korea sprachen wir schon, über die Zuspitzung der Kuba-Krise auch. Es gab später weitere Krisen, die Atombewaffnung Pakistans, der furchtbare Vietnamkrieg und dann die Sowjets in Afghanistan, der endlose Nahost-Konflikt mit der Atomwaffenentwicklung Israels. Wegen dieser Regionalkriege wurde der Basiskonsens nicht aufgekündigt. Möglicherweise bestand er auch deshalb fort, weil beide Regierungen vom Fortschrittsglauben ihrer Systeme getrieben waren: hier die Überzeugung, dass sich das Prinzip der Individualfreiheit in Gestalt der Wettbewerbsgesellschaft und der »freien Marktwirtschaft« weltweit durchsetzen werde, dort die Gewissheit, dass mit dem Staatssozialismus die Ausbeutung beendet und das Gleichheitsprinzip der ›Werktätigen‹ zur Weltherrschaft kommen werde. Dieser Fortschrittsglaube funktionierte damals zugleich als Glaube an den Endsieg der eigenen wirtschaftspolitischen Ideologie.

Genau darin besteht der entscheidende Unterschied zwischen heute und der Zeit des Kalten Krieges: Beiden Hegemonialmächten, den USA wie auch Russland, war der Fortschrittsglaube lange schon abhandengekommen. In den USA stehen die Demokraten mit ihrem Konzept der geopolitischen Verantwortung unter dem Feuer der nationalistischen Republikaner, deren Gallionsfiguren (derzeit noch Trump) den egoistischen Radikalkapitalismus verkörpern. Und in Russland predigt Putin als Ersatz für die Sowjet-Ideologie den großrussischen Imperialismus, der sich nur als Selbstzweck – Größe um ihrer selbst willen – rechtfertigen lässt (und vermutlich auch als Antrieb für die Machtgeilheit Putins).

Wir Linke haben diesen Wandel lange nicht sehen wollen. Wir haben geglaubt, dass die Ära der Abschreckung von der Ära der friedlichen Koexistenz, von der neuen Zeit des vertragsfreundschaftlichen Miteinanders abgelöst werde. Und manche von uns glauben weiterhin, dass am Ende unsere ›irgendwie‹ freie Marktgesellschaft sich zur weltweit erfolgreichsten Organisationsform entfalte. Für Putin wäre nur mehr die Rolle des Regenten einer wirtschaftlich schwachen Region übriggeblieben, eine Zuweisung, die er für sich als unerträglich empfinden musste: Russland ist doch (flächenmäßig) das größte Land der Welt!

»Wir waren und wir bleiben ein Imperium!« Putins obsessive Idee, dass »Russlands Grenzen nirgendwo enden«, sei nicht neu. »Sie hat bereits einem Zaren das Leben gekostet«, schreibt der russisch-ukrainische Schriftsteller Sergei Gerasimow (NZZ vom 20.06.2023).

Gestehen wir es uns doch ein, dass wir nicht sehen wollten, wie Putins imperiale Großmachtphantasie mit der Zerstörung der rechtsstaatlichen Strukturen und Institutionen in Russland ihren Anfang nahm, Stichwort: Wahlfälschung zu den Parlamentswahlen 2011. Wir sahen nicht, dass er seine intellektuelle Borniertheit mit Gigantismus kompensieren *musste*. Und wir sahen auch nicht, dass sich um ihn herum die überkommenen feudalen Machtstrukturen re-etablierten: die korrupte Bürokratie und die verlogene Günstlingswirtschaft, die mit Angst und Intrigen gesteuert wird wie einst am Hof des Zaren Alexander.

Ich bin also der Auffassung, dass nach dem Ende des Kalten Kriegs zuerst in Russland, dann auch im Westen der je eigene systembezogene Fortschrittsglaube (man kann ihn auch Ideologie nennen) zerbröselt ist. Und diese Leere erscheint mir viel bedrohlicher als damals die Atomaufrüstung der Blöcke. Denn keines der beiden Lager besitzt mehr die Zutrauen weckende, subjektiv geglaubte Perspektive, »die Welt besser zu machen«. Dieser Spruch wird nicht von ungefähr heute von Marketing-Fuzzis und IT-Investoren benutzt. Sie sind von ihrem neoliberalen Gewinnmachenwollen so fanatisiert, dass sie nicht erkennen, wie zynisch ihr Gerede ist. Dass die Idee einer besseren Welt in Asien nicht mit, sondern gegen die alten Weltmächte auferstehen werde, darüber schreiben die indischen Publizisten und Philosophen Pankaj Mishra und Partap B. Metha schon seit Jahren. Für mich haben ihre Analysen des westlichen Wertezerfalls einige Überzeugungskraft.[67]

Stellen wir uns die Hölle auf Erden vor: Donald Trump würde wieder US-Präsident. Dann hätten wir zwei psychopathische, narzisstisch gestörte Egomanen, die (fast) alles tun, um an der Macht zu bleiben. Der einstige Basiskonsens ist lange schon zerstoben, Trump schaute mit Häme zu, wie Putin die allein gelassene Ukraine definitiv zerstörte. Wir blickten dabei panisch auf die Selbstdarsteller im Weißen Haus und im Kreml, total verängstigt, weil wir mit dieser neuen Unberechenbarkeit nicht klarkamen und uns nach der Pattsituation in der Atomkrieg-Abschreckungs-Ära des Kalten Kriegs sehnten.

Zum Glück ist es (noch) nicht so. Aber ich kann deine Sorge verstehen, dass derzeit die atomare Drohung des Kreml umso ernster zu nehmen ist, je länger die Russen um einen Sieg in der Ukraine kämpfen. Auch deshalb habe ich in meinem vorigen Brief darüber geklagt, dass die Nato-Staaten den Krieg in die Länge ziehen, weil sie vorsätzlich die ukrainische Armee nicht schnell und nicht umfassend mit Waffen beliefert und deren Soldaten trainiert haben.

---

67 MISHRA, PANKAJ: *Das Zeitalter des Zorns. Eine Geschichte der Gegenwart.* Frankfurt/M. [S. Fischer] 2017

Ich bleibe dabei: Längst schon hätten wir wieder Frieden in der Ukraine, wenn die ukrainische Armee frühzeitig in die Offensive hätte gehen können und die Nato-Unterhändler so klug wären, im Nachgang des Erfolgs der ukrainischen (!) Armee dem Kreml ein für Putins innenpolitisches Überleben akzeptables Angebot zu machen.

Lieber Hans-Peter, es ist immer ein bedenkliches Zeichen, wenn man im Konjunktiv zu argumentieren beginnt.

Darum ganz im Indikativ: Sei herzlich gegrüßt
Michael

Brief 14, Freiburg, 27. Juni 2023

Lieber Michael,

ich schreibe dir diese Zeilen, nachdem am vergangenen Samstag auf der weltpolitischen Bühne eine Art Farce ablief. Lebhaft fühlte ich mich an den Dreißigjährigen Krieg erinnert und an die Rolle Wallensteins, der als ›Kriegsunternehmer‹ seinem Herrn, dem deutschen Kaiser, gefährlich wurde. Das Problem wurde letztlich durch den Mord an Wallenstein gelöst, – heute, am Montag nach den verwirrenden Ereignissen in Russland, ist noch unklar, wo »Putins Koch«, der Chef der Wagner-Söldner, abgeblieben ist. Dazu die auf mich hysterisch wirkenden Berichte. »Der Konflikt scheint zu eskalieren. Die Ereignisse in Russland überschlagen sich. Prigoschin hat in den letzten Stunden seine Verbalattacken gegen die Militärführung via Telegram immer weiter verschärft« hieß es bei *spiegel.de* vor zwei Tagen. Und heute früh las ich im Newsletter von *t-online* diese Aufgeregtheit: »Insbesondere der Westen muss sich spätestens jetzt auf jedes erdenkliche Szenario vorbereiten. Was im Hoffen auf ein baldiges Ende der Macht Putins immer wieder untergeht: Was geschieht, wenn die Nuklearmacht Russland zerfällt – oder deren Regierung?« Ich verstehe nicht, was diese Artikel sein sollen: persönliche

Ansichten, als Kommentare etikettiert? Oder aufregender Diskutierstoff für gelangweilte Leser? Michael, kannst Du mich aufklären?

Klar ist lediglich, dass Putins System offenbar bei weitem nicht so stabil ist, wie oft behauptet wird. Palastrevolutionen, Meutereien, Putsche sind denkbar, und das damit verbundene Problem lautet so: Wie müssen wir das von Russland ausgehende Risiko einschätzen, wenn wir nicht wissen, wer dort morgen oder übermorgen über die Macht verfügt? Ist es erlaubt, darüber Spekulationen anzustellen und unsere Rechnungen gewissermaßen ohne den jeweiligen Wirt zu machen, so als sei das Verhalten Russlands in diesem Krieg eine berechenbare Konstante?

Die Antwort kann nur sinnvoll gegeben werden, wenn wir berücsichtigen, dass alles, was im Hinblick auf diesen Krieg geschieht, innerhalb eines gefährlichen Bedingungsgefüges abläuft. Der Blick auf genau diese Rahmenbedingungen bestand – Du siehst es recht – schon in den 1980er-Jahren im Verweis auf eine ultima ratio, eine Fundamentaleinsicht, die nahezu ohne Abstriche auch heute noch gilt. Das zu erkennen, setzt allerdings voraus, dass die Bedeutung jener wirklichen Zeitenwende begriffen wird, die am 16. Juli 1945 stattfand, als die erste Atombombe in einer Wüste New Mexicos explodierte, wovon bereits die Rede war. Seitdem ist es brandgefährlich, wenn das Denken, weil eben Krieg ist – wie Du schreibst – bipolar wird (132), also nur noch Freund und Feind kennt. Der eine Pol ist der Angreifer, der andere Pol, das was es zu verteidigen gilt. Vergessen wird der entscheidende dritte Pol, der 1980 in gleicher Weise wie 2023 ein mächtiger Faktor der Realität ist, nämlich die Tatsache, dass sich ein fundamentaler Wandel des Kriegsführens ergeben hat. Kriege sind nicht mehr lediglich Katalysatoren des Geschehens, sie sind zugleich, je nach Situation mehr oder weniger, Ausdruck einer großen Frage. Diese lautet: Wird der Globus den jeweiligen Konflikt überleben oder wird es – nachdem so lange überraschend alles gut ging – nun endgültig der gerade laufende Krieg alles zerstören, was uns das Leben lebenswert macht? Wer nicht versteht, dass heute zunehmend jeder Krieg von einiger Bedeutung dieses Problem aufwirft, hat wenig verstanden. Da die Weiterverbreitung von Atomwaffen zumindest so lange ansteht, wie die Atommächte auf ihr eigenes Arsenal nicht verzichten wollen, wird diese Frage zunehmend jeden kriegerischen Konflikt begleiten. Du selbst hast Beispiele angeführt, wo diese Frage deutlich im Raum stand, etwa während des Korea-Kriegs. Der Einsatz von Atomwaffen stand dort vor allem deshalb zur Debatte, weil die Chinesen in den Konflikt eingegriffen hatten und es vorübergehend so aussah, als könne sich die UN-Koalition nur noch wehren, indem sie Massenvernichtungsmittel einsetzt. Dass es nicht dazu kam, ist wohl eher dem historischen Zufall zu verdanken als irgendeiner systematischen Bremse, die eine solche Katastrophe regelhaft verhindert. Im Übrigen entsprach dieser Fast-Einsatz von Nuklearwaffen damals genau jener Situation der Schwäche, aus der heraus ein Atomwaffenbesitzer sich entschließen könnte, zu diesem letzten Mittel zu greifen. Was Russland angeht, so könnten wir es im Übrigen bald mit jener Sorte von Kriegen zu tun bekommen, die Herfried Münkler als »Staatszerfallskriege« bezeichnet.[68] Diese sind von besonderer Unberechenbarkeit, und wo Unberechenbarkeit um sich greift, steigt auch das atomare Risiko.

Denn es ist ja weniger die eigne Stärke, die Machthaber und Staatenlenker den Einsatz von Massenvernichtungsmitteln nahelegt, sondern die Gefahr, einen Krieg zu verlieren, die den Atomwaffeneinsatz wahrscheinlicher macht. Der von mir schon oft zitierte US-Politologe John

---

68 MÜNKLER, HERFRIED: *Kriegssplitter. Die Evolution der Gewalt im 20. und 21. Jahrhundert.* Reinbek b. Hamburg [Rowohlt] 2017, S. 226.

Maersheimer hat dies immer wieder im Hinblick auf den Ukrainekrieg betont. Ein schwacher Putin könnte wirklich gefährlich werden! Traditionelle Reflexe legen nahe, einen Aggressor zu schwächen, die Logik des Atomzeitalters zwingt unter Umständen, ihn zu stärken. Aber die Logik einer Außenpolitik unter der Fuchtel atomarer Bewaffnung muss erst noch entwickelt werden. Die alten Rezepte jedenfalls sind Makulatur. Denn wer darf zu wissen behaupten, wie Putin oder irgendein anderer russischer Kriegsherr mit Russlands geliebter und gepäppelter Nuklearbewaffnung in Zukunft umgehen wird?

Brauchen wir nicht einen Zustand, der Massenvernichtungsmittel weltweit einigermaßen kontrollierbar macht? Wie können wir verhindern, dass Figuren aus der alleruntersten Schublade menschlichen Niveaus, man denke an den windigen Prigoschin, entscheiden, ob wir leben dürfen oder nicht? Nicht nur in Russland, aber dort gewiss vor allem, ist die Verbindung von Kriminalität und Politik überaus eng. Und wenn auch ein Schlägertyp wie Ramsan Kadyrow, seines Zeichen tschetschenischer Präsident von Putins Gnaden, in Frage kommt, um das schwankende Schiff Russland zu stabilisieren, könnte es auch ein Freund von Atomkriegen wie der Putin-Berater Sergej Karaganov sein. Er rät aktuell ganz ausdrücklich dazu, Atomwaffen im Urkainekonflikt endlich zu nutzen.[69] Alle diese narzisstisch blindwütigen Abenteurer wissen freilich nicht, wovon sie reden oder was sie tun. Es gehört ja zur Tragik menschlicher Verblendung, dass pathologischen Narzissten die Phantasie fehlt, die nötig wäre, um sich das Massensterben im Fall einer nuklearen Auseinandersetzung vorzustellen. Die lächerliche Illusion, man könne ein atomares Inferno im Sinne der eigenen Zielvorstellungen planen und exakt

---

69 Тяжкое, но необходимое решение — Россия в глобальной политике (globalaffairs.ru)

steuern, ist einfach nicht auszurotten. Aber es gibt überhaupt keinen denkbaren Zweck, der durch den Einsatz von Nuklearwaffen zu erreichen wäre. Günther Anders bestritt daher, dass Nuklearsprengkörper überhaupt »Waffen« seien. Jeder Zweck, jedes Ziel, dass sich ein Kriegsherr damit zu erreichen einbildet, wird zugleich ausgelöscht. Wie lange noch wird es gehen, bis der atomare Irrsinn verstanden wird? Oft fürchte ich, es müsse eine gewaltige Katastrophe geschehen, denn der Mensch lernt zumeist nur, wenn er unnachsichtig geprügelt wird. Hiroshima und Nagasaki waren offenbar zu milde Warnungen, die für den nötigen Lerneffekt nicht ausreichten. Um es gleich zu sagen: Was Atomwaffen betrifft, so bleibt nur deren vollkommene Ächtung. Der Anfang ist durch den Atomwaffenverbotsvertrag der UNO von 2021 gemacht worden. Bis zum 26. September 2022 hatten ihn 91 Staaten unterzeichnet, 68 Staaten hatten den Vertrag ratifiziert. Das lässt hoffen.

Lieber Michael, dein letzter Brief hat mich mächtig irritiert. Vor allem wegen einer ›Denkfigur‹, die seit dem 16. Juli 1945, dem Eintritt der Atomwaffe in die Weltgeschichte, immer wieder eine Rolle spielt. Sie legt dem Atomwaffenproblem eine unsägliche Wertsetzung zugrunde, die eine abstrakte und mehr als fragwürdige Konsequenz zur Folge hat: Das Leben ist der Güter höchstes nicht! Ich bin nicht in der Lage, diesen Satz aus einem der Dramen Schillers literaturwissenschaftlich einzuordnen, für mich hat er aber einen todessüchtigen, geradezu nekrophilen Anstrich. »Viva la muerte!«, es lebe der Tod! war der Wahlspruch faschistischer Legionäre unter Franco. »Lieber tot als rot«, hieß es gelegentlich während des Kalten Kriegs, und der Grundimpuls dieser Einstellung entsprach einer vergleichbaren lebensfeindlichen Haltung.

Wenn Du in unserem Zusammenhang auf André Glucksmann zurückgreifst, so wärmst Du damit eine Denkmöglichkeit im Hinblick auf das Atomwaffenproblem auf, die vor Glucksmann bereits von Karl Jaspers und einigen Theologen vorgebracht wurde. »Bevor ich Kommunist werde«, hieß es, wenn auch intellektuell zumeist etwas umständlicher, »will ich, dass ich und alle anderen sterben!« Möchtest Du, Michael, diese Devise zeitgemäß abgewandelt tatsächlich auf den Ukrainekonflikt anwenden oder geht es dir nur um den Hinweis auf eine Kuriosität? Gemünzt auf Jaspers hat Günther Anders, der sich unter allen Philosophen am differenziertesten mit dem Atomwaffenproblem befasste, Glucksmanns Sichtweise als das ›Zwei-Höllen-Axiom‹ gegeißelt. Hölle eins ist die Bombe, Hölle zwei der Kommunismus. Ohne die Argumentation hier aufzurollen, bezeichne ich mit Anders diese Sicht als »einfach indiskutabel«.[70] Nicht nur, weil die »Hölle«, die man durch den Nuklearkrieg verhindern möchte, eine historische und damit wandelbare ist (der russische Kommunismus ist sang- und klanglos verschwunden), während die Hölle der Massenvernichtung das Leben auf diesem Globus aller Voraussicht nach endgültig beendet. Böse Phantasien dieser Art liegen so weit ab von jeder Moralität im Sinne eines Common Sense, dass man sie zwar Intellektuellen an ihrem Schreibtischen zugestehen, keinesfalls aber einer Entscheidung zugrunde legen mag, die alle betrifft.

Wie anders dagegen jener Antrieb, der Pazifisten wie Einstein oder Russell bewegte! Während etwa Albert Einstein die letzten Jahre seines Lebens über kaum mehr etwas anderes tat, als vor den Konsequenzen der Nuklearbewaffnung zu warnen und sich der mehr als 80-jährige Bertrand Russell sogar ins Gefängnis begab, weil seine Auftritte bei öffentlichen Protesten als Widerstand gegen die Staats-

---

70 ANDERS, GÜNTHER: Über Verantworung heute (1959). In: Ders.: *Die atomare Drohung. Radikale Überlegungen.* 4. Aufl. München [C.H.Beck] 1983, S. 24-54, zit. S. 41

gewalt interpretiert wurden,[71] kam dieser unsägliche Vorschlag in die Welt: Das atomare Inferno müsse gegebenenfalls hingenommen werden. Ich charakterisiere das mal, indem ich ein Russell-Zitat passend abwandle: »Wie kann man behaupten, daß wir, nur weil viele von uns die russische Lebensweise unter Putin nicht mögen, berechtigt wären, zahllose Bewohner Indiens und Afrikas, die nur ungestört sein wollen, den Tod bringen dürfen?«[72] Oder Ernst Tugendhat in Reaktion auf André Glucksmann: »Wenn wir Menschen töten, die uns mit Waffengewalt angreifen oder andere mit Waffengewalt knechten, so ist das moralisch legitim und gegebenenfalls geboten, hingegen ist das Töten von wehrloser Zivilbevölkerung Mord und gegebenenfalls Völkermord, und Mord und Völkermord sind durch nichts zu rechtfertigen.«[73]

Und während wir glauben, mit dieser Art der ›Abschreckung‹ uns gegen Putin zu wenden, handelt es sich möglicherweise schon gar nicht mehr um die Lebensweise unter Putin, weil dieser bereits durch jemand anderen ersetzt wurde und sich die Verhältnisse in Russland bedeutend gewandelt haben. Immerhin erlaubt ist es, anzunehmen, dass dies auch einmal zum Besseren geschehen könnte. Ein pseudoheroisches Entweder-Oder, entweder Freiheit oder der Tod, ist einfach fehl am Platz.

Während Du, Michael, auf eine ›Denkfigur‹ zurückgreifst, die wie gesagt Karl Jaspers zum ersten Mal 1957 aufgriff, wirfst Du den Friedensfreunden um Alice Schwarzer vor, dass hier alte und überholte Einstellungen hervorge-

71 SANDVOSS, ERNST R.: *Bertrand Russell*. Reinbek b. Hamburg [Rowohlt] 1980, S. 127ff.

72 RUSSELL, BERTRAND: *Hat der Mensch noch eine Zukunft?* München [Kindler] 1961, S. 48

73 TUGENHAT, ERNST: Glucksmanns »Philosophie der Abschreckung«. In: Ders.: *Nachdenken über die Atomkriegsgefahr und weshalb man sie nicht sieht.* Berlin [Rotbuch] 1986, S. 45-58, zit. S. 54.

kramt wurden. Anmaßend werde die eigene Befindlichkeit über die Not der Ukrainerinnen und Ukrainer gestellt. Mir scheint es jedoch umgekehrt zu sein: Die Absicht, den Krieg mit Waffengewalt beenden zu wollen, könnte als vollkommen aus der Zeit gefallen angesehen werden. Vor allem: Der Anachronismus einer solchen Vorgehensweise schadet unter Umständen in erster Linie den Ukrainern selbst.

Gewiss wäre ihnen mit baldigen Verhandlungen, selbst wenn es zum Verzicht auf Teile des Staatsgebiets führen sollte, weit mehr gedient als mit einer Totalzerstörung ihres Lebensraums. Es gehört zu den politischen Uralt-Reflexen, dass ein Verzicht auf Teile des Staatsgebiets aus Gründen der Staatsräson auf keinen Fall hingenommen werden darf, und natürlich sehe ich, dass es einer Belohnung des aggressiven Verhaltens Putins entsprechen würde.

Wie dem auch immer sei: Ich habe oft den Eindruck, als werde das gesamte Thema öffentlich vorwiegend so diskutiert, als befänden wir uns noch im 19. Jahrhundert. Damals wurde im Übrigen ein Übergriff Russland zwar verlust-, aber auch erfolgreich militärisch zurückgeschlagen, nämlich im sogenannten Krim-Krieg 1853 bis 1856. Was damals möglich war, kann aber heute ins totale Desaster führen. Ich hatte einen ähnlichen Gedanken dir gegenüber schon einmal vorgebracht, sich nämlich vorzustellen, Hitler hätte 1940 über Atomwaffen verfügt. Mit Sicherheit wären nicht nur Churchill, sondern auch die anderen Gegner Hitlers vollkommen anders mit der Verteidigung ihrer Länder umgegangen, es sei denn, sie hätten im Sinne des Zwei-Höllen-Axioms gehandelt. In diesem Fall würden wir beide aber vermutlich nicht leben. Unsere Eltern wären Opfer eines Infernos geworden.

Kurz und gut: Aus meiner Sicht ist der Ukrainekrieg ein Testfall. Der Test wird zeigen, ob wir eine Lektion gelernt haben oder wenigstens entdecken konnten, dass sie auf der Tagesordnung steht. Die Lektion lautet so: Seit dem

16. Juli 1945 ist die Welt nicht mehr dieselbe wie zuvor. Die Rahmenbedingungen für das menschliche Handeln haben sich gewandelt. Das entspräche einer Einsicht, die von Einstein, von Russell, von Carl Friedrich von Weizsäcker und von vielen anderen vorgebracht wurde. Die fundamentale Wandlung der Rahmenbedingungen legt apodiktisch fest, dass Kriege in Zukunft Anachronismen sind. Wie utopisch das auch klingen mag, die Menschheit wird lernen müssen, sich darauf einzustellen. Es handelt sich um ein Adaptionsproblem. Nicht nur Einstein, aber Einstein vor allem, hat es so formuliert: »In der evolutionären Entwicklung muss sich eine Spezies oft um ihres Fortbestandes willen neuen Lebensbedingungen anpassen. Heute hat die Atombombe das Wesen der uns bekannten Welt verändert, und die menschliche Rasse findet sich daher völlig neuen Lebensbedingungen gegenüber, denen sie ihr Denken anpassen muss.«[74] Was die Beendigung des Urkainekriegs angeht, wird man herausfinden müssen, wie eine solche Anpassung in diesem Fall auszusehen hat. Eine rein militärische Lösung steht aber nicht auf der Tagesordnung. Sie ist, wie Du mehrfach angemerkt hast, allemal bereits versäumt worden. Denn das Ausbluten der Ukraine in einem andauernden Abnutzungskrieg steht nicht ernsthaft zur Debatte, noch weniger die Ausweitung des Schlagabtauschs durch ein Eingreifen der Nato oder gar der Nuklearkrieg.

Es sind, wie ich denke, nicht unsere fundamentalen Grundsätze, lieber Michael, die uns trennen. Was uns trennt ist der Blick auf jenes Feld, das wir jeweils konstitutiv für ›die Wirklichkeit‹ halten. Was meine Wirklichkeit angeht, so ist sie nicht ohne die faktische Existenz von Massenvernichtungsmitteln zu beschreiben. Ob es uns gefällt oder nicht: Die Wirklichkeit, wie ich sie sehe, lässt die

---

74 EINSTEIN, ALBERT: *Über den Frieden, Weltordnung oder Weltuntergang?* Hrsg. v. Otto Nathan und Heinz Norden. Bern [Lang] 1975, S. 393.

Lösung von Konflikten nach alten Schemata nicht mehr zu. Man kann nicht einerseits Atomwaffen modernisieren, horten und alle möglichen Strategien für ihren Einsatz proben, man kann sie nicht in Form offener oder versteckter Drohungen als Instrument der Politik nutzen, man kann nicht glauben, sie seien unabdingbare Grundlage unserer ›Sicherheit‹ und zugleich so tun, als sei das alles Theaterdonner, der auch nur im Theater von Interesse ist.

Insbesondere ist es verboten, die Öffentlichkeit darüber im Unklaren zu lassen, mit was sie im Fall des Falles zu rechnen hat. Früher gab es einmal Zivilschutzprogramme und wenigstens Versuche, die Menschen aufzuklären. Auch wenn oft nur dabei herauskam, man solle bei atomaren Angriffen eine Aktentasche über den Kopf legen oder wenigstens seine Tageszeitung. Heute vertraut man auf formelhafte Selbstberuhigungen, etwa die Rede, dass niemand so dumm sei, sich selbst durch den Einsatz von Nuklearwaffen zu schädigen. Du zitierst den ehemaligen US-Strategen Herman Kahn, der eine solche Selbstmordoption angeblich ausschloss. Zwar war er der Meinung, dass Atomkriege nicht unbedingt das Ende der Menschheit sein müssten, aber er war auch davon überzeugt, dass sie unvermeidlich stattfinden würden.[75]

Was ist mit der von Scholz angekündigten »Zeitenwende«? Steht sie einem solchen möglichen Schicksal entgegen? Würde der Abschied von der deutschen Sonderrolle in der internationalen Politik und die Übernahme von »Verantwortung« im alten Stil nicht letztlich wieder auf eine Konfrontation durch nukleare Abschreckung setzen müssen? Und das, nachdem so gut wie alle Abrüstungsvereinbarungen und alle Limitierungen von Nuklearwaffen

75 KAHN, HERMANN: *Nachdenken über den Atomkrieg. Konflikt-Szenarios mit simulierten Situationen im Dienst der Friedensstrategie.* Bern, München [Scherz] 1984, S. 24

zum alten Eisen geworfen worden sind? Du selbst zweifelst an, dass in Zukunft ein »Basiskonsens« im Hinblick auf den Nichteinsatz solcher Waffen noch tragfähig wäre. Er war, wie Du sagst, auch von der Zukunftshoffnung getragen, dass alles besser werden würde. Aber selbst dieser Basiskonsens hat doch niemals bestanden. Es ist ein großer Unterschied, ob gemeinsame Sicherheit kooperativ gestaltet wird oder ob sie lediglich ein fragiler Effekt ist, der aus Angst und Misstrauen resultiert.

Ausgerechnet in einem Seminar der Universität der Bundeswehr unter Leitung des früh verstorbenen Politikwissenschaftlers Klaus von Schubert wurde Mitte der 1970er-Jahre der Begriff der »gemeinsamen Sicherheit« gefunden, der dann von Willy Brandt, von Egon Bahr und in Schweden von Olof Palme aufgenommen wurde. »Der allgemeinen Denktradition zufolge«, so Klaus von Schubert, »liegt die Lösung des Sicherheitsproblems darin, daß man Sicherheit *voreinander* gewinnt. Sicherheit *miteinander* zu suchen, bedeutet eine Trennung von dieser Tradition, die schwer fällt, weil das alte Denken tief verwurzelt ist.«[76] Zugrunde liegt das Wissen um die enorme Verletzlichkeit der gegenwärtigen Zivilisation, einer ›Risikogesellschaft‹, die sich gewaltsames Dreinschlagen, egal aus welchem Grund, einfach nicht mehr leisten kann. Die aktuelle Lage rund um das Kernkraftwerk Saporischschja im Osten der Ukraine gibt davon einen Vorgeschmack. Dieses Problem muss notwendig »gemeinsam« gelöst werden, auch wenn es noch so sehr den konfrontativen Denktraditionen widerspricht. Man mag sich gar nicht vorstellen, was noch alles passieren könnte, sofern aus dem immer noch begrenzten Krieg im ausschließlich konfrontativen Stil ein totaler wird. Und

---

76 SCHUBERT, KLAUS VON: *Von der Abschreckung zur gemeinsamen Sicherheit. Ausgewählte Aufsätze.* Hrsg. v. Friedhelm Solms. Baden-Baden [Nomos] 1992, S. 160ff.

wieder geht es keineswegs nur um die Ukraine – betroffen sind auch alle Nachbarn in Europa und unter Umständen die ganze Welt. Deren Sicherheit ist »gemeinsam« bedroht.

Und noch etwas zur Abschreckung, auf die man – siehe Scholz und seine Zeitenwende – zukünftig notwendig erneut wird setzen müssen. Der Journalist Anton Andreas Guha, einer der profilierten Vertreter der älteren Friedensbewegung, hat es einmal so ausgedrückt: So lange Atomwaffen in einem Abschreckungssystem bereit gehalten werden, »darf sich die Sicherheitspolitik niemals mehr irren, es darf den Verantwortlichen keine Panne unterlaufen, keine Fehlkalkulation. Sie dürfen das Verhalten des Gegners niemals falsch einschätzen oder fehlinterpretieren, sie selbst dürfen niemals nationaler oder ideologischer Verblendung anheimfallen, sie dürfen niemals Angst haben, an die Schalthebel der Macht darf niemals ein Krimineller oder Psychopath gelangen – man denke nur an Hitler. ›Irren ist menschlich‹ – diese Erfahrung darf niemals wieder sich als wahr erweisen.«[77] Einschlägig ist auch die bekannte Feststellung von Leon Wieseltier: Nukleare Abschreckung, so seine immer wieder zitierte Einschätzung, ist »wahrscheinlich das einzige politische Konzept, das total versagt, wenn es nur zu 99,9 Prozent erfolgreich ist.«[78] Wie, Michael, wollen wir damit umgehen?

Gespannt auf deine Antwort grüße ich dich
Hans-Peter

77 GUHA, ANTON-ANDREAS: Atomare Abschreckung – Sicherheit oder Gefahr? In: *Ist der Frieden noch zu retten? Die Abschreckung und ihre Alternativen.* Hrsg. v. Jürgen Tatz. Frankfurt/M. [Athenäum] 1986, S. 32-45, zit. S. 45

78 Zit. nach: WERKNER, INES-JACQUELINE: *Friedens- und Konfliktforschung. Eine Einführung.* München [UVK] 2020, S. 218f.

Brief 15, Hamburg, 28. Juni 2023

Ja, lieber Hans-Peter,

zur Meuterei des Wagner-Chefs Prigoschin am Wochenende des 22. Juni fällt einem in der Tat, wie Du schreibst (138), die Wallenstein-Saga ein: unfassbar! Wir Naivlinge dachten, dass heutzutage die Hegemonialmächte ihre mit Hightech hoch gerüsteten Militäreinheiten zielgenau operieren lassen könnten, und erleben jetzt eine Szenerie aus dem 17. Jahrhundert, als die Fürsten ihre Großmachtwünsche mit plündernden Söldner-Heeren durchzusetzen trachteten – wobei wir nicht übersehen sollten, dass es derzeit in Russland (auch) um eine Art Arbeitsteilung geht zwischen der regulären Armee und den privaten Militärfirmen, die für brutal-schmutzige Arbeiten spezialisiert sind. Nicht nur der Kreml, auch der staatliche Energiekonzern Gazprom unterhält private Truppen, die im Ausland, auch in der Ukraine operieren. Und die Leerstelle, die der Abzug der Wagner-Truppe hinterließ, wer soll sie ausfüllen? Für die ins Spekulieren verliebten Leitartikler eine schöne Gelegenheit, über den Untergang Putins oder die kriegsverändernde Schwächung der russischen Armee im Kaffeesatz zu lesen. Das für Journalisten Schlimmste scheint zu sein, Nichtwissen einfach zuzugeben – auch das ist ein Symptom der Medienkrise.

Gewiss, diese Revolte wirft auch für unsere Debatte ein paar Fragen auf. Allerdings sind Fronteinsätze von Privatarmeen nichts Außergewöhnliches. Zum einen lieferte die US-Regierung unter George W. Bush die Blaupause, indem sie im Irakkrieg 2003 die brutal operierende Firma Blackwater einsetzte, auch für das Foltern von Gefangenen. Und zum andern sind in vielen Kriegsregionen hoch bezahlte Privatarmeen unterwegs (nicht zu verwechseln mit Ausländern, die als Söldner freiwillig auf der Seite der Ukrainer kämpfen). Das Stockholmer Friedensforschungsinstitut SIPRI nennt Tausende solcher Söldner-Firmen, die meisten operieren angeblich im Auftrag der USA, Chinas, Großbritanniens, der Türkei, des Iran und Südafrikas.[79] Und einige davon sollen sogar im Sinne der UN-Friedensmission einen guten Job machen.

Dies gilt natürlich nicht für die Söldnertruppen, die Putin in der Ukraine an die Front geschickt hat. Wie ginge dies auch, denn Russlands Angriffskrieg ist und bleibt ein Verstoß gegen die UN-Charta und die darin garantierte Souveränität der Mitgliedssaaten – wir haben dies ja ausführlich diskutiert. Die zahllosen Gräuel an der ukrainischen Zivilbevölkerung, die Bombardierung von Krankenhäusern, Schulen und Kindergärten, weiter die Zerstörung des Kachowas-Staudamms und die Androhung, Teile des Atomkraftwerks Saporischschja zu sprengen und die Zivilbevölkerung radioaktiver Bestrahlung auszusetzen: Solche Handlungen haben nichts mit Krieg in unserem Sinne, vielmehr mit wahnhafter Zerstörungswut zu tun.

Darum verstehe ich Präsident Selenskyj, wenn er Russland einen »Terroristenstaat« und die Machthaber im Kreml »Terroristen« nennt. Und ich teile die Meinung des Historikers und Osteuropa-Experten Timothy Schnyder von der Yale-Universität, der das System Putin als eine

---

79 https://www.sipri.org/yearbook/2023

degenerierte Form des Faschismus bezeichnet: Die Macht über andere dient dem Doppelzweck, den Herrschaftstrieb auszuleben und sich dabei auch noch zu bereichern. Aus Snyders Sicht handeln beide, Putin und Prigoschin, wie Mafia-Bosse, die wechselseitig Schutzgeld erpressen. Den »echten« Faschisten ging es nicht um Geld, sondern um Blut und Boden. Mit den Worten Snyders: »Wenn das heutige Russland kein faschistisches Regime ist, dann ist es wirklich schwer zu sagen, welches Regime faschistisch wäre. Es ist eindeutig faschistischer als Mussolinis Italien, das diesen Begriff erfunden hat. Russische Faschisten standen bei beiden Invasionen in der Ukraine an vorderster Front, sowohl auf dem Schlachtfeld als auch in der Propaganda. Putin selbst hat sich bei jeder Gelegenheit faschistischer Sprache bedient und das faschistische Ziel des Völkermords in der Ukraine verfolgt.«[80]

Ich teile deine Atomkriegs-Dystopie nicht; aber ich verstehe die Ukrainer, die für die Abwehr und Befreiung ihres Landes (ihrer Bevölkerung) eine dem opportunen Selbstschutzdenken übergeordnete Legitimität reklamieren. Und ich möchte diese Legitimität mit zwei Argumenten untermauern, die zugleich zusammenfassen, was wir im Laufe unserer Debatte schon ausgeführt haben.

Mein erstes Argument gilt der aktuellen Situation in der Ukraine, die sich nicht für das »Waffen nieder!«-Gerede eignet. Denn die Truppen des Kreml führen keinen Krieg, gegen den man Friedensfahnen wehen lassen mag; sie zermalmen Landschaften und vernichten Menschen mit der von den Nazis stammenden Losung, es handele sich um unwertes Leben. Aus meiner Sicht ging es mit dem Kampfeinsatz der Wagner-Truppen um gut bezahlten Massenmord. Von Prä-

---

80 SNYDER, TIMOTHY: *Prigozhin's March on Moscow*, unter: https://snyder. substack.com/p/prigozhins-march-on-moscow?r=1nq39s&utm_campaign=post&utm_medium=email

mien in Höhe von zehntausend Dollar pro getötetem Feind ist die Rede. Für seine Kriegsdienste hat Prigoschin – den Aussagen Putins (!) zufolge – in den zurückliegenden zwölf Monaten aus der Staatskasse Zahlungen im Gegenwert von rund 930 Millionen Euro erhalten.[81] Dass auch ukrainische Oligarchen nach 2014 Privat-Truppen aufbauten, ändert rein gar nichts an den russischen Kriegsverbrechen.

Du kennst mein ethisch begründetes Argument: Ein Mord wird für die Hinterbliebenen nicht dadurch harmloser, dass es andernorts schon zu Mord und Totschlag gekommen ist. Die Verbrechen der Russen werden für die Menschen in der Ukraine nicht leichter, wenn man ihnen sagt, dass die Stalinisten und dann die Nazis damals ähnlich brutal vorgingen. Oder die Amerikaner in Vietnam. Wir haben in unseren Briefen ja alle die Gräuel, Kriegsverbrechen und Genozide aufgezählt, die zuerst die Kolonialmächte, dann die Nazis und Sowjets, weiter das Mao-China, heute die Volksrepublik China (Stichwort: Uiguren) und die Machthaber in Myanmar (Stichwort: Muslime) begangen haben und begehen.

Der unter Russlandfreunden oft gehörte Einwand, dass es immer wieder zu Kriegsverbrechen komme, weil die Menschen so seien, wie sie sind, leugnet, zu Ende gedacht, die handlungsleitende Maxime der Menschenwürde. Er negiert auch die sozialpolitische Errungenschaft des Rechtsstaats und darin die Idee des Völkerrechts. Wer Verbrechen mit Verbrechen verharmlost, der denkt entweder zynisch oder ignorant. Auch sollten die russischen Ungeheuerlichkeiten nicht mit der – aus meiner Sicht – törichten Verantwortungs- und Schulddebatte vernebelt werden. Das, was in der Ukraine geschieht, darf man nicht mit dem Verweis

---

81 Zusätzlich, so Putin, seien umgerechnet 1,2 Milliarden Euro für Versicherungsleistungen bereitgestellt worden. Putins Aussagen publizierte die staatliche Agentur Interfax am 27. Juni 2023, abrufbar unter: https://www.interfax.ru/russia/909179

auf die Nazi-Verbrechen (Wagenknechts Kampagne) oder den Atomkriegsgefahren (deine Berliner Rede) kleinreden und unter der Atomkriegsangst verstecken.

Nein, die Menschenwürde als zivilisatorisches Fundament unseres Zusammenlebens muss jeder, der die *Conditio Humana* für das Wertvollste hält, gegen die Zerstörungswütigen mit allen Kräften verteidigen – mit allen konventionellen Kräften. In dieser Hinsicht hast Du meine ›Denkfigur‹ missverstanden. Mit Glucksmann ging es mir nicht um das Weiß-Schwarz-Denkschema, dem leider auch die Pazifisten (nur mit entgegengesetzten Vorzeichen) bis heute folgen. Ich meinte die ethisch schwierige, weithin tabuisierte Frage, wer letztendlich über den Wert seines Lebens und über seinen Tod entscheiden darf. Auf der individuellen Ebene sind ja manche Gesellschaften inzwischen so aufgeschlossen, dass sie diese Entscheidung keiner bevormundenden Institution (etwa der Kirche oder dem Strafrecht) zuweisen, sondern dem handlungsfähigen Subjekt überantworten – zum Beispiel in der Schweiz. Auf der kollektiven Ebene indessen sind wir ratlos; die Vereinten Nationen haben in Analogie zum Individualrecht den Völkern die Grundnorm des »Selbstbestimmungsrechts« zuerkannt: Jedes »Volk« (was auch immer das ist – ersatzweise seine Repräsentation durch den Staat) habe das Recht, »frei seinen politischen Status, seine Staats- und Regierungsform und seine wirtschaftliche, soziale und kulturelle Entwicklung«[82] frei von jeder Bevormundung selbst zu bestimmen.

Mit anderen Worten: Die grosso modo demokratisch gewählte ukrainische Staatsführung (Parlament und Regierung) will aus nachvollziehbaren Gründen ihr Land – das Territorium mit seinen Bewohnern – von dieser mordenden Fremdherrschaft befreien, koste es, was es wolle. Wenn

---

82 Zitiert nach: https://ome-lexikon.uni-oldenburg.de/begriffe/selbstbestimmungsrecht

ich es pathetisch sagen wollte: Die Ukraine existiert nur als Lebensraum freier Menschen, oder sie existiert nicht. Das ist übrigens eine Losung, die auch Putin und neuestens auch Ungarns Orbán indirekt für richtig halten, nämlich mit ihrer Behauptung, die Ukraine sei kein Staat (und dürfe darum zerstört werden). Dass viele Ukrainer sich für ihre Freiheit zur Not auch opfern, erscheint vielen Christen, die das menschliche Dasein als Gottesgeschenk unter allen Umständen ertragen wollen, als skandalös. In anderen Kulturen kennt man diese Haltung – ich denke dabei zurück an den Mythos von Masada, als die jüdischen Verteidiger mit Frauen und Kindern sich in die Tiefe stürzten: »Lieber als freie Menschen sterben, als den Römern in die Hände fallen«, so berichtete es Flavius Josephus.

Ich will damit keine Parallele ziehen und auch keinen Heroismus besingen, sondern nur andeuten, dass die Frage nach den lebenswerten Bedingungen unseres Daseins individuell und kulturell – und insofern auch als Kollektiv – seit jeher unterschiedlich gesehen, verstanden und beantwortet wird. Wir in unserer deutschen Wohlstandsgesellschaft jedenfalls sind nicht legitimiert, die Ukrainer über Putins möglichen Nuklearwaffeneinsatz zu belehren und ihnen die Kapitulation (und damit die Rolle der Märtyrer) nahe zu legen.

Von daher komme ich zum zweiten Argument, das die von dir geschilderte neue ›Atomkriegsgefahr‹ aus einer anderen Sicht diskutiert. Ich folge deinem Argument, dass aktuell die Gefahr einer Eskalation im Raume stehe. Verschiedene Russland-Kenner fragen, was wohl geschehen mag, wenn Präsident Putin die Nerven verliert und taktische Nuklearwaffen einsetzt, im Glauben, er könne eine Niederlage in der Ukraine abwenden. Beispielsweise wird der gut informierte Militärexperte Joris van Blabel, der den Krieg aufmerksam beobachtet, mit dieser Einschätzung zitiert: »Die Wahrscheinlichkeit verzweifelter Aktionen, einschließlich des möglichen Einsatzes taktischer Atomwaffen, ist eher gestiegen.« (Funke-Mediengruppe vom 28.06.2023). Klingt für mich alarmistisch, also so, wie es die Medien gerne haben.

Deutlich konkreter fand ich das Gesprächsergebnis zwischen Bundeskanzler Olaf Scholz und Chinas Staatspräsident Xi Jinping Anfang November 2022: Eine klare Warnung an Putin, den Finger weg vom Atomraketen-Startknopf zu halten.

Wir haben ja bereits über die Atomkriegs-Szenarien früherer Jahrzehnte ausgiebig gesprochen. Bekanntlich ist der russische Präsident laut Nukleardoktrin der Entscheider über einen Atomwaffeneinsatz. Doch für den Einsatzbefehl ist die Zustimmung auch des Verteidigungsministers und den Generalstabschefs erforderlich (wenn ich das richtig verstanden habe, verfügen alle drei über den Geheimcode; nur, wenn all drei den Code eingeben, kommt es zum Einsatzbefehl). Ähnlich funktioniert es in Washington. Von daher scheint eine »Panne«, wie Du schreibst (149), eher ausgeschlossen. Gewiss, ich teile mit dir und vielen anderen die Sorge, dass machtgeile Psychopathen oder gekränkte Narzissten ihren Vernichtungswillen ausleben könnten. Doch offenbar, lieber Hans-Peter, hat die genannte Absicherung – alle drei müssen das »go« geben – uns vor solch denkbaren Kurzschlussaktionen geschützt, auch in Zeiten des Stalinismus, der Nixon-Ära und des Trumpismus. Wie gesagt, die derzeit wichtigsten Partner Russlands – die Staatschefs von China und Indien – nennen den Einsatz von Atomwaffen »inakzeptabel« und haben darin Putin in den Schwitzkasten genommen.

Ich höre deinen Einwand: Dies seien Szenarien, die von einem rational organisierten System in Russland ausgehen. Niemand könne wissen, wie sich die Lage ändert, wenn in Moskau tatsächlich bürgerkriegsähnliche Tumulte ausbrechen und Teile des Militärs oder Söldnertrupps den Atomkoffer Putins in die Hand bekämen – oder sich direkt einen Zugang zu Atomwaffensilos verschaffen könnten. Ich meine demgegenüber: Diese Art der Machtergreifung geschähe nicht, um einen Atomkrieg zu entfesseln (warum auch?), sondern um zu fordern und zu erpressen – getreu dem Mafia-Drehbuch, das die KGB-Mafia geschrieben und unter anderen auch Prigoschin zum milliardenschweren Fürchtegott gemacht hat.

Ein ganz anderes Szenario zeichnet der erwähnte Osteuropaexperte Timothy Snyder in seinem Essay: »Die Wagner-Revolte war ein Vorgeschmack darauf, wie der Krieg in der Ukraine enden wird. Wenn in Russland ein bedeutender innerer Konflikt ausbricht, werden die Russen die Ukraine vergessen und sich auf ihr eigenes Land konzentrieren. Das ist nicht nur einmal passiert, und es kann wieder passieren. Wenn ein solcher Konflikt sich hinzieht, werden die russischen Truppen aus der Ukraine abgezogen.« Was meinst Du: Ist das Wunschdenken eines westeuropäischen Experten?

Nun sind wir beide nur Beobachter des Geschehens und über die Hintergründe weniger gut informiert. Vieles bleibt verborgen; vieles von dem, was wir zu wissen glauben, erweist sich bei näherem Zusehen als hypothetisch und spekulativ. Die Zukunft ist offen, wir wissen nicht, in welche Richtung sich die Dinge in Moskau tatsächlich entwickeln werden. Diese so ungewisse Zukunft ängstigt sehr viele Menschen in Deutschland: Deutsche haben ja eine besondere Affinität zu Angstgefühlen (»the german angst«). Eine vor drei Monaten methodisch solide durchgeführte Repräsentativbefragung belegt deutlich diese Verängstigung:[83] Zwei Drittel der Menschen (68 %) äußerten sich »etwas« (42 %) oder »sehr« (26 %) besorgt darüber, dass Russland einen militärischen Angriff auf Deutschland star-

83 Diese Erhebung findet sich unter: https://www.bpb.de/themen/europa/russland-analysen/nr-437/521588/kommentar-der-ukrainekrieg-kriegsaengste-die-akzeptanz-von-waffenlieferungen-und-autokratieakzeptanz-in-deutschland/

ten könnte; rund 70 Prozent fürchten, dass es »in Europa zu einem Einsatz von Atomwaffen kommen könnte.« Du siehst: Die Angst, die dich umtreibt, ist inzwischen Mainstream (siehe Grafik 1).

Grafik 1
Kriegsängste in Deutschland (Angaben in %):
Bitte geben Sie an, wie sehr folgende Dinge Ihnen Sorgen bereiten

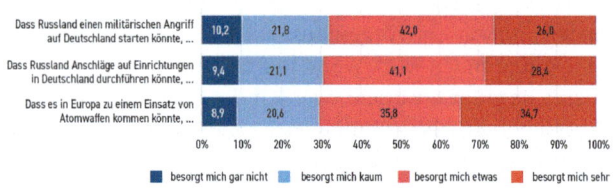

Quelle: Menschen in Deutschland: International (MiDInt). Welle 2 (Feb. 2023)

Grafik 2
Autokratieakzeptanz in Abhängigkeit vom Ausmaß der Kriegsangst
(Zustimmung in %)

Quelle: Menschen in Deutschland: International (MiDInt). Welle 2 (Feb. 2023)

Man kann diesen Befund für wenig überraschend halten. Besorgniserregend finde ich hingegen, dass große Teile der Kriegsverängstigten starke Autokratiewünsche zeigen und sich nach einer autoritär handelnden Regierung sehnen: Meinungsfreiheit einschränken, die Staatsführung autoritär stärken, die Gerichtsbarkeit zurückbinden! Das sind Items, die unter den Verängstigten erheblichen Zuspruch finden (Grafik 2).

Ich referiere diese Erhebung, weil mich die innenpolitische Klimaveränderung sehr viel mehr umtreibt als die zwischen uns debattierte Atomkriegsgefahr (wobei ich im Übrigen deiner Ansicht bin: Die Welt wäre sehr viel besser, wenn alle Staaten auf Atomwaffen nicht nur rhetorisch, sondern tatsächlich verzichteten – Ist da jemand anderer Meinung?).

Angesichts dieser beunruhigenden Tendenzen, die auf die Erosion unserer Grundwerte verweisen – Hartmut Rosa würde hier vom Zerfall des politischen Gemeinwohls sprechen –, macht es für mich keinen Sinn, in der Rolle der Kassandra auf die vermeintlich drohende Atomkatastrophe zu deuten. Für eine Fehlbesetzung halte ich auch die Warner, die in der Rolle des angeblich weitsichtigen Sehers die Welt aufrütteln oder ihr moralisch ins Gewissen reden möchten (die Weltgesellschaft ist ein Abstraktum und Nationalstaaten sind per se Egoisten). Nein, wir sollten laut darüber nachdenken, wie wir hier in Deutschland dazu beitragen können, dass »trotz« der Atomkriegsängste vieler Bürgerinnen und Bürger das Zutrauen in unsere Grundwerte und in die demokratische Organisation unserer Lebenswelt wieder zunimmt. Ich wünsche mir, um Äsop zu zitieren, keinen »fünfkämpferischen Prahlhans«, der Erstaunliches über seinen Weitsprung in seiner fernen Heimat Rhodos erzählt, vielmehr gilt: »hic rhodus, hic salta!«

Mit gemischten Gefühlen, doch herzlichen Grüßen
Michael

Brief 16, Freiburg, Anfang Juli 2023

Lieber Michael,

Du sprichst das Thema ›Angst‹ an, das, wie Du an einem eindrucksvollen Umfragebeispiel zeigst, einen Zusammenhang mit autoritären Neigungen aufweist. Das entspricht dem Ansteigen autoritärer Tendenzen, die wir auch während der Coronakrise feststellen konnten, denn auch diese war von bedeutenden Ängsten begleitet. Kollektive Angst hat ganz allgemein zur Folge, dass sich der Ruf nach Macht erhöht und die Bedeutung der Exekutive zunimmt.

Das muss nicht heißen, dass jede Form der Angst als problematisch zu bewerten ist. Den Zusammenhang zwischen Furcht und verantwortungsvollem Handeln etwa hat Hans Jonas, der große Ethiker der Umweltfrage, ausführlich analysiert.[84] Ein völlig angstfreier Blick in die Zukunft würde uns zu Leichtsinn und Verantwortungslosigkeit verleiten. Für eine »Zukunftsethik«, die auch noch unsere Nachfahren im Blick behält, so Jonas, wäre es geradezu eine Pflicht, die Menschen »zu einer passenden Furcht anzuhalten«. »Heuristik der Furcht« nennt er deshalb jene Suchbewegung, die realistisch Gefahren erkennt und rechtzeitig

---

84 JONAS, HANS: *Das Prinzip Verantwortung. Versuch einer Ethik für die technologische Zivilisation*. Frankfurt/M. [Suhrkamp] 1984, S. 65ff.

vorbaut. Dabei sei der warnenden »Unheilsprophezeiung mehr Gehör zu geben (...) als der Heilsprophezeiung.« Was die Klimakrise angeht, so würde das bedeuten, dass alleine die begründete Möglichkeit einer anthropogenen Auslösung des Klimawandels ausreichen muss, um dagegen Maßnahmen zu ergreifen. Zweifel an der menschlichen Beteiligung am Klimawandel mögen bestehen, aber handlungsleitend wären sie eine schlechte Option. Selbst dann, wenn wir nicht sicher wüssten, dass wir Menschen das Klima nachhaltig schädigen, sollte die realistische Möglichkeit, dass wir es tun, genügen, um etwas dagegen zu unternehmen. Die Devise lautet: Sicher ist sicher.

Eine ähnliche »Heuristik der Furcht«, die der schlechten Prognose den Vorzug vor der positiven gibt, könnte auch im Hinblick auf die Atomkriegsgefahr eine Rolle spielen. Dort scheint sie – wie die von dir herangezogene Umfrage zeigt – zwar in der Bevölkerung gegenwärtig zu sein, aber irgendwelche Konsequenzen auf Regierungsebene sind meines Erachtens noch nicht angekommen. Dort ist man zur Zeit eher »apokalypseblind«, um diesen Ausdruck von Günther Anders zu verwenden. Das Thema wird als Putins Propaganda abgetan. Eine Sichtweise, die auch Du in der Tendenz zu teilen scheinst.

Eine andere Fragestellung ist es freilich, welche Rolle ganz allgemein kollektive Ängste spielen. Vor mir liegt ein umfangreiches Grundlagenwerk, das sich mit dieser Thematik befasst: *Angst im Abendland*, zwei Bände.[85] Es stammt von dem französischen Historiker Jean Delumeau und schildert – so der Untertitel – die *Geschichte der kollektiven Ängste im Europa des 14. bis 18. Jahrhunderts*. Eindrucksvoll ist das Kapitel über »typische kollektive Verhaltensweisen in

---

85 DELUMEAU, JEAN: *Angst im Abendland. Die Geschichte kollektiver Ängste im Europa des 14. bis 18. Jahrhunderts*. Bd. 1 und 2, Reinbek b. Hamburg [Rowohlt] 1985.

Pestzeiten«. Wer also glaubt, Angst sei vor allem ein Thema der Gegenwart, der irrt sich gründlich. Angst, auch
kollektive Angst, gehört zu den Grundgegebenheiten des
menschlichen Lebens. Und es ist völlig aussichtslos, feststellen zu wollen, ob die allgemeinen Beängstigungen über
die Jahrhunderte hinweg messbar insgesamt zugenommen
oder im Lauf der Zeit vielleicht abgenommen haben, dazu
fehlen uns schlicht die nötigen wissenschaftlichen Anhalts-
punkte. Sicher ist lediglich: Angst war immer da.

Das ändert nichts an dem Tatbestand, dass wohl niemals
zuvor in der Geschichte die realen Szenarien der Bedrohung
so apokalyptisch waren wie heute. An die Stelle der früher
verbreiteten, aber aus unser Sicht unbegründeten Ängste
vor einer finalen Katastrophe, vor allem immer wieder vor
dem Weltende, sind heute vollkommen begründete Ängste
getreten. Sie beziehen sich auf den historisch absolut neuen
Tatbestand, dass ein Ende der menschlichen Geschichte im
Bereich des Möglichen liegt, und dass wir dieses Ende selbst
herbeiführen können. Welcher Art die Ängste auch immer
sind, die eine Gesellschaft bewegen, in aktuellen Ausbrü-
chen befördern sie stets eine Neigung zum Autoritarismus,
wie es auch die von dir herangezogene Umfrage zeigt. Ich
sehe darin so etwas wie einen *Rally-round-the-flag*-Effekt. Das
bedeutet: Unter dem Einfluss von Ängsten neigen die Menschen dazu, sich im Umkreis der Macht zu versammeln. Dort
erwarten sie Sicherheit, Führung und Eindeutigkeit.

Wie verbreitet dieser Reflex auch ist, beruht er andererseits bis auf Ausnahmen in extrem akuten Gefahrensitu-
ationen auf einem Irrtum. Denn autoritäre Führung verfügt selten über die Fähigkeit effektiven Schutzes, sie trifft
nachgewiesenermaßen nicht die besseren Entscheidungen,
sondern in der Regel die schlechteren.[86] Die Gründe liegen

---

86 BROWN, ARCHIE: *Der Mythos vom starken Führer. Politische Führung im 20.
und 21. Jahrhunderts*. Berlin [Propyläen] 2018.

vor allem darin, dass gerade jene Form der ›Stärke‹, die von den Menschen unter Beängstigung gesucht wird, auf dem wilden Entschluss beruht, die reale Komplexität der Dinge brachial zu vereinfachen. Zentriert sich Autoritarismus wie häufig in einer einzigen Leitfigur, so fällt die Kontrolle durch Kritik und die Wahrnehmung von Alternativen aus. Die Entourage autoritärer Herrscher ist zumeist in erster Linie darum bemüht, es dem Machthaber recht zu machen und nicht darum, sachgerechte Entscheidungen zu erarbeiten. Hier geht ein zentrales Moment guter Politik verloren, nämlich die offene Beratung. Offen zu fragen, was realistischerweise getan werden sollte und welche Alternativen dafür vorliegen, ist nicht mehr möglich.

Mir scheint im Übrigen genau hierin ein wichtiger Faktor des Ukrainekriegs zu liegen. Dass er überhaupt stattfindet, basiert offenbar vorwiegend auf Putins isolierter und vielleicht wahnhafter Weltsicht, die von Einspruch und Widerspruch kaum mehr relativiert wird. Glaubt er wirklich selbst an die von ihm mitgeteilten dubiosen Gründe für seinen Angriff?

Hatte er irgend eine realistische Vorstellung über den Verlauf seiner »Spezialoperation«? Hat ihm jemand mitteilen dürfen, aus welchen Gründen die Sache auch gründlich schief gehen könnte? Im Französischen gibt es den Begriff ›Folie à deux‹, womit eine Geistesstörung zu zweit gemeint ist. Wir kennen genügend Beispiele dafür, dass ganze Gruppen, Sekten vor allem, von Geistesstörungen erfasst werden und zu absolut wirklichkeitsfremden Handlungen übergehen. Eine ganze politische Klasse kann in den Sog solcher »Geistesstörungen« geraten, sofern sich in ihrem Mittelpunkt ein »starker«, aber in seinem Wahn befangener Machthaber befindet.

Es gibt also viele Ursachen von Beängstigungen, einige davon sind in das Sosein unseres Lebens eingebaut und können nicht vermieden werden. Umso kritikwürdiger ist es meines Erachtens, dass Staaten Quellen kollektiver Ängste, die durchaus zu beseitigen wären, aufrechterhalten, ja durch ihre Politik geradezu erzeugen. Sie finden sich im Bereich der Lebensumstände, denen Menschen ausgesetzt sind, vor allem in jener sozialen Situation, die als Prekarität bezeichnet worden ist. Weltweit, aber auch in jenen Ländern, die sich mit begrenztem Recht als Demokratien bezeichnen, ist Prekarität ein bedeutendes Problem. Es handelt sich um eine psychologische Verunsicherung, die durch die soziale Lage erzeugt wird und auf sozialer Segregation beruht. »Nicht einmal für einige Monate im Voraus planen zu können«, so eine soziologische Beschreibung, »bedeutet einen beängstigenden Kontrollverlust über das eigene Leben. Die Wahrnehmung, ein Spielball der ökonomischen Entwicklung und damit letztlich anonymer Kräfte zu sein, fügt sich zur Konstruktion der Bevölkerung als passives Opfer übermächtiger Gegner (...)[87] Als ›prekär‹ können auch jene Gruppen bezeichnet werden, die nicht unbedingt sozial auffallend schwach, sondern vom sozialen Abstieg bedroht sind oder glauben, sie seien es. Allgemein wird angenommen, dass Prekarität dem Rechtspopulismus Vorschub leistet.[88]

Ich sehe in der Prekarität den entscheidenden Grund für den Zerfall von Demokratien. Der Begriff der ›Demokratie‹ bezieht sich nach meiner Auffassung zugleich auf eine gesellschaftliche Struktur, die einen breiten und soliden Mittelstand aufweist. Auf dem Diskursfeld der Demokratie-

87 FLECKER, JÖRG; MANFRED KRENN: Politische Verarbeitungsformen gefühlter sozialer Unsicherheit: »Attraktion Rechtspopulismus«. In: ROBERT CASTEL; KLAUS DÖRRE (Hrsg.): *Prekarität, Abstieg, Ausgrenzung. Die soziale Frage am Beginn des 21. Jahrhunderts.* Frankfurt/M. [Campus] 2009, S. 323-332, zit. S. 325.

88 HEITMEYER, WILHELM: *Autoritäre Versuchungen. Signaturen der Bedrohung I.* Berlin [Suhrkamp] 2018, S. 23

theorie erfährt diese These ein breite Zustimmung.[89] Darüber hinaus weisen Forschungen darauf hin, dass zwischen einer relativen Gleichheit und allgemeiner Zufriedenheit ein empirisch nachweisbarer Zusammenhang besteht.[90] Das ist keine Option für Kommunismus, wohl aber für eine Gesellschaft sozialer und einigermaßen auf Gleichverteilung ausgerichteter Gerechtigkeit.

In diesen Tagen erleben wir in Frankreich den Aufstand der Prekarisierten, eine Wiederholung der Unruhen von 2005. Betroffen sind vor allem die Banlieues, die Vorstädte großer Agglomerationen, die sich zu Brennpunkten der sozialen Segregation entwickelt haben. In ihnen leben viele Nachkommen von Einwanderern aus den ehemaligen Kolonialgebieten, und so wird die soziale Not durch einen ethnisch-rassischen Faktor verstärkt, der gerade in Frankreich, aber etwa auch in Belgien oder Großbritannien die Situation besonders brenzlig macht. Der französische Soziologe Robert Castel hat die Jugendunruhen in den Pariser Banlieues 2005 untersucht. Er kommt zu folgendem Schluss: »Kollektive Gewalt ist die politische Ausdrucksform von Gruppen, denen die politische Anerkennung verwehrt wird. Wer nicht die Möglichkeit hat, sich qua Stimmabgabe oder Machtdelegation durch legitime Institutionen vertreten zu lassen, lässt manchmal ›die Steine sprechen‹.«[91]

Wenn Du mich fragst, so ist gerade der Tatbestand der Prekarität in den sogenannten Demokratien ein deutliches Zeichen, dass ›Demokratie‹ zu einem reichlich hohlen Begriff verkommen ist. Umso fragwürdiger klingt für mich etwa die Behauptung, der Ukrainekrieg sei ein Kampf der

89 SCHMIDT, MANFRED G.: *Demokratietheorien. Eine Einführung*. 3. Aufl. Opladen [Leske+Budrich] 2000, S. 438ff.
90 WILKINSON, RICHARD; KATE PICKETT: *Gleichheit ist Glück. Warum gerechte Gesellschaften für alle besser sind*. 3. Aufl. Frankfurt/M. [Tolkemitt] 2010
91 CASTEL, ROBERT: *Negative Diskriminierung. Jugendrevolten in den Pariser Banlieues*. Hamburg [Hamburger Edition] 2009, S. 55

Demokratie gegen die Autokratie und die Ukraine sozusagen die Speerspitze der westlichen Freiheit. Das ist allenfalls graduell der Fall, insofern es Unterschiede im Hinblick auf das Ausmaß von Demokratisierung gibt. Und auch wenn die ›Demokratie‹ der Ukraine gewiss große Ähnlichkeiten mit derjenigen Russlands aufweist, könnte man wohl sagen, dass sich die ukrainische Gesellschaft auf dem Weg der Demokratisierung befindet, während es in Russland in die entgegengesetzte Richtung geht.

Vor allem aber kommt es bei der Frage nach Demokratie und Freiheit darauf an, welcher Schicht jemand zugehört. Sicher dürfte sein, dass Du und ich, lieber Michael, dass wir uns beide also in Russland nicht sehr wohl fühlen würden. Das läge aber, wie ich denke, vor allem daran, dass wir auf unsere frei geäußerte Meinung verzichten müssten und dass uns jede echte Mitwirkungsmöglichkeit genommen wäre. Könnten wir unsere Pensionen und überschaubaren Vermögensbestände mitnehmen, so wäre Russland andererseits nicht unbedingt ein schlechterer Ort für uns. ›Freiheit‹ oder auch ›Demokratie‹ sind Begriffe, die einen je anderen Klang haben, je nachdem, zu welcher Schicht jemand gehört oder in welcher sozialen Lage er sich befindet. Eine »gelenkte« oder – um hier den Begriff Viktor Orbáns zu verwenden – »illiberale« Demokratie wäre nicht unser Fall. »Faschismus«, wie dieser Begriff auch immer interpretiert werden mag, schon gar nicht.

Andererseits bin ich der Meinung, dass das sogenannte Repräsentationsdefizit in westlichen Demokratien ein deutliches Signal ist: ›Demokratie‹ ist – so kann empirisch gezeigt werden – eine Angelegenheit der besser Gestellten und vor allem der Reichen oder Superreichen. Im Hinblick auf die USA trifft sicher zu, was der US-Ökonom und Wirtschaftsnobelpreisträger Joseph Stiglitz in Abwandlung eines Lincoln-Worts sagt: Die US-Regierung sei »eine Regierung des einen Prozents durch das eine Prozent für das eine Prozent.«[92] Die unteren Schichten nehmen an Wahlen nicht oder kaum teil, und sie haben nur wenig Chancen, dass ihre Anliegen gehört oder von der politischen Klasse aufgenommen werden. Die US-Politikwissenschaftler Martin Gilens und Benjamin Page haben – so berichtet der Elite-Forscher Michael Hartmann – »fast 1800 relevante politische Entscheidungen aus den Jahren 1981 und 2002 dahingehend untersucht, ob sich die Position der durchschnittlichen US-Bevölkerung oder die der oberen 10 Prozent durchgesetzt hat. Das Ergebnis war eindeutig. Bei allen strittigen Entscheidungen hätten die Durchschnittsverdiener nur einen ›minimalen, statistisch nicht signifikanten Einfluss auf die staatliche Politik, nahezu keinen‹, so ihr Resümee.«[93] Hier ist von Durchschnittsverdienern die Rede und nicht von den zahllosen Ärmsten der Armen in den USA. Sie vegetieren in zerfetzten Zelten entlang der Ausfallstraßen in San Francisco, Chicago oder New York und sind auf milde Gaben angewiesen. In dieser großen ›Demokratie‹, immer noch unser Modell für eine bessere Welt, sind es bereits Bessergestellte, die in ihren Personenwagen auf irgendwelchen Parkplätzen hausen. Sie arbeiten zwar regulär, aber ihr Einkommen reicht nicht, um sich einen minimalen Lebensstandard zu ermöglichen.

Auch wenn das Armutsproblem in Deutschland längst nicht so groß ist wie in der dominierenden Weltmacht und Musterdemokratie, stellt sich doch die Frage, was eigentlich so lobenswert und beispielhaft an jener Welt ist, die wir Russland entgegensetzen. Immer sollte gesehen werden, wer hier urteilt und wer damit zugleich seine eigene Lebensweise gegen diejenigen abgrenzt, die anders leben. Vom sozialen Standort vieler Ostdeutscher aus ge-

92 STIGLITZ, JOSEPH: *Der Preis der Ungleichheit: wie die Spaltung der Gesellschaft unsere Zukunft bedroht.* München [Pantheon] 2014, S. 148
93 HARTMANN, MICHAEL: *Die Abgehobenen, Wie die Eliten die Demokratie gefährden.* Frankfurt/M. [Campus] 2018, S. 216

sehen – und in den neuen Bundesländern verortet man vor allem die wachsende Bevorzugung autoritärer Lösungen – mag ›Demokratie‹ fast so unerreichbar und fremd erscheinen wie das Ambiente eines Luxusrestaurants, in dem Leute dinieren, die anschließend in ihre Bentleys steigen. Eine aktuelle Umfrage der Universität Leipzig paraphrasiert das so: »Die große Mehrheit der Befragten gab an, sich ohne politischen Einfluss zu fühlen. (...) Zwei Drittel halten es für sinnlos, sich politisch zu engagieren, und kaum jemand glaubt, einen Einfluss auf die Regierung zu haben.«[94] Kommt noch hinzu, dass die einzige Partei, von der man glaubt, dass sie die eigenen Anliegen aufnimmt, vom Klub der *Happy Few* geächtet wird, so sollte man sich über gesellschaftliche Spaltung nicht mehr wundern. Was etwa die Opposition der AfD gegen Waffenlieferungen an die Ukraine angeht, so scheint sie mir darauf zu spekulieren, dass viele Menschen instinktiv spüren, wie wenig ihnen jene ›Demokratie‹ und jene ›Freiheit‹ etwas sagen, die offiziell dort verteidigt werden. Noch mehr gilt das natürlich von den Sanktionen gegen Russland, die auch jene mitbezahlen müssen, die nicht wirklich verstehen, welcher Sinn darin liegt.

Dabei ist es keine Frage: Um die gewaltigen Probleme der Gegenwart zu bewältigen, wäre ›echte‹ Demokratie das probate Mittel. Denn die Lösungen – unsere Suche nach einer guten Beendigung der Ukrainekriegs hat es deutlich gezeigt – sind allesamt nicht einfach zu haben und durchzuführen. Weder autoritäre Politiker noch Experten können Antworten geben, die alle Fragen beantworten. Wir brauchen Beratung. Was getan werden sollte, kann nur im Diskurs ermittelt werden. Gute Politik erwächst ausschließlich aus Suchprozessen.

---

94 BRÄHLER, ELMAR; OLIVER DECKER: *Autoritäre Dynamiken und die Unzufriedenheit mit der Demokratie in Ostdeutschland.*

Werden wir lernen, dass es keinen autoritären Ausweg aus unserer Lage gibt, sondern gerade die großen Fragen der Gegenwart eine demokratische Antwort verlangen?

Oder siehst Du das anders? Ich bleibe gespannt. Herzlich Hans-Peter

Brief 17, Hamburg, Mitte Juli 2023

Lieber Hans-Peter,

ich bin erleichtert, dass Du diese Einschätzung teilst: Die von der Regierung in Kiew seit Beginn des Krieges verbreitete These, es gehe bei diesem Krieg um die Verteidigung der Demokratie (was haben wir eigentlich am Hindukusch verteidigt?), ist nicht überzeugend – im Unterschied zur Universalnorm, dass die Menschenwürde gegenüber der Barbarei verteidigt und geschützt werden muss, derzeit gegen die Barbarei der russischen Armee.

Wobei die Verteidigung der Menschenwürde wiederum den Nucleus des Selbstbestimmungsrechts und darin Kern jeder staatlichen Souveränität bedeutet.

So weit, so einig. Wobei der Unterschied zwischen uns in der Ursachenanalyse der Angst erkennbar wird: Warum haben immer mehr Menschen Angst – und wovor haben sie Angst? Der Angriff auf die Ukraine und die Atomkriegsdrohung ist aus meiner Sicht (nur) ein Trigger. Natürlich hast Du Recht, dass der tiefere Grund dieser Empfindungen darin zu suchen ist, dass die Menschen in ontologischer Hinsicht ohnehin angstbesetzte Wesen sind, eine Sicht, die zur Grundausstattung der Existenzphilosophie gehört – und der ich weder widerspreche noch ihr etwas beizufügen habe. Doch andererseits klagst Du über die »Staaten«, die »Quellen kollektiver Ängste aufrechterhalten, ja durch ihre Politik geradezu erzeugen« (meinst Du vielleicht das Russland Putins?). Mir scheint, dass Du diese zwei in unserem Bewusstsein getrennt zu haltenden Ebenen ineinanderschiebst: Die existenzielle Angst erwächst aus der Einsicht in die Endlichkeit des menschlichen Lebens; sie erwacht in jeder ›prekären‹ Situation. Und sie betrifft jeden, der über das Vorläufige seines Daseins zu reflektieren willens ist und die Unzulänglichkeit jeder seiner Handlungen begreift. Auch wenn Hans Jonas seinen philosophischen Appell auf die Naturzerstörung durch die Menschheit bezieht und darum – konsequentialistisch gedacht – einer Verantwortungsethik das Wort redet (»Tue nur das, für dessen Folgen Du einstehen kannst!«), so ist dies eine abstrakte Sollens-Ethik, die für jedes Individuum auf Neuseeland ebenso Geltung beansprucht wie für Menschen auf Mallorca oder Obdachlose an der Ausfallstraße von New York. Daraus folgt für mich, dass deine »Heuristik der Furcht« nicht weiterhilft, wenn es um die *politische* Verteidigung der Menschenwürde vor dem Aggressor geht. Gegenüber Hitler, gegenüber Pol Pot, gegenüber diversen Warlords in Afrika, gegenüber Kim Jong-un (mit Atomwaffen) und neuestens gegenüber Wladimir Putin müssen wir – im Sinne deines Zitats – »apokalypseblind« handeln, indem wir den Ukrainern mit allen gebotenen Mitteln helfen, ein für sie (!) würdiges Leben zu gestalten. Und wenn dafür Streumunition zwingend geworden ist (weil die USA bislang keine F16-Kampfjets liefern), dann sollen sie diese auch bekommen – unbesehen der Frage, wann und wie endlich Kriegsbeendigungsverhandlungen in Gang kommen.

In diesem Zusammenhang kann ich deine Einschätzung, unsere Regierung übersehe die Atomkriegsgefahr und betreibe Angstmacherei, nicht teilen. Angstmache gehört eher zum bösen Spiel der Medien; seit Kriegsbeginn haben die 180 Regionalzeitungen, die von der Datenbank wiso (bei GENIOS gehostet) abgespeichert werden, in ihren Überschriften und Vorspännen bis heute rund 26.500 Mal das Wort Angst verwendet, knapp jedes zehnte Mal im Zusammenhang mit dem Krieg in der Ukraine. Dies als kleiner Schlenker zum Medienthema, das noch vor uns liegt.

Zurück zu unseren Politikern: Die vor ein paar Tagen in Vilnius beim Nato-Gipfel erneut gezeigte Zurückhaltung des us-Präsidenten und des deutschen Bundeskanzlers interpretieren Militärexperten – zum Beispiel Gustav Gressel (*tagesspiegel.de* vom 13.07.2023) – genau umgekehrt: Beide Staatschefs hätten Angst, mit kampfstarkem Kriegsgerät Putin in die Enge zu treiben, weil dies das Risiko einer Putin'schen Kurzschlussaktion erhöhe. Wir haben diesen Punkt ja breit diskutiert: Unter der Prämisse, dass Putin kein suizidaler Wahnsinniger, sondern ein strategisch denkender Akteur ist, wird er die Zurückhaltung der Nato-Staaten ganz anders, nämlich als Erfolg seiner Droh-Rhetorik deuten, mithin als Beweis für die Halbherzigkeit der us-Regierung und insofern als Ermunterung, die Invasion mit konventionellen Waffen unerbittlich voranzutreiben – inklusive seiner Barbarei gegen die Zivilbevölkerung, mit dem Kalkül, deren Widerstandswillen zu brechen. Tatsächlich scheinen sehr viele Menschen in der Ukraine über die erneut nur zögerliche Unterstützung der Nato verbittert zu sein, lese ich in Berichten aus den umkämpften Städten im Osten der Ukraine.[95] Aber ich will dieses Thema jetzt nicht erneut aufwärmen.

Wichtiger ist die von dir mit »Prekarität« angesprochene »politisch wirksame Angst« in der Bevölkerung (164), zumal die AfD in den aktuellen Umfragen zur zweitstärksten politischen Partei aufgestiegen ist. Umfragen sind wie Fieberthermometer, die den aktuellen Status messen. Und der kann schon kommende Woche andere Werte spiegeln. Doch

---

95 Vgl. u. a. *Der Spiegel* Nr. 29/2023, S. 77

der Trend bleibt, dass immer mehr Menschen ihre Stimme keiner der Regierungsparteien, im Zweifelsfalle eher der AfD geben würden. Und diese Tendenz bringt nicht nur das aktuelle politische Unbehagen zum Ausdruck, sondern steht für den Krisenzustand unserer Demokratie – nicht als Theorie, sondern in ihrem real existierenden Zustand so, wie Du sie in deinem Brief beschrieben hast. Du beziehst dich auf Joseph Stiglitz und Michael Hartmann, die in der Selbstbereicherung der Wirtschaftseliten und in der Prekarisierung weiter Teile der Bevölkerung den Krisentreiber sehen und anhand vieler Vorfälle darauf hinweisen, dass Demokratie »eine Angelegenheit der besser Gestellten und vor allem der Reichen und Superreichen« sei (deine Worte) und insofern ein »Repräsentationsdefizit« ausweise. Diese kausale Krisendiagnose deckt sich mit der These des renommierten Ethnobiologen Peter Turchin, dass die Wohlstandsgesellschaft eine Eliten-Überproduktion betreibe, mit der die Aufstiegskanäle für die Unterschicht blockiert würden.[96] Hinzu kommt das us-amerikanische Wahlsystem, das vermögende Eliten bevorzugt (kostspielige Kandidatenkür, Mehrheitswahlrecht mit Vorwahlen und Wahlmännern). Doch für die strukturelle Demokratiekrise in den europäischen Gesellschaften erscheint mir diese Begründung zwar nicht falsch, doch ein bisschen »zu kurz gesprungen«.

Die von dir aus der aktuellen Leipziger Studie »Autoritäre Dynamiken« zitierten Ohnmachtsgefühle (»Zwei Drittel halten es für sinnlos, sich politisch zu engagieren«) sind in der Sozialforschung seit Längerem bekannt. Studien, die seit achtzehn Jahren den Trend zum radikalen Nationalismus und Autoritarismus beobachten, nennen verschiedene Treiber.

---

96 TURCHIN, PETER: *End Times: Elites, Counter-Elites and the Path of Political Disintegration*. New York [Allen Lane] 2023.

Gewiss, einer davon steckt in der Selbstüberhöhung der politischen und kulturellen Wortführer, wie sie Michael Hartmann beschreibt: »Die Eliten sind ein abgehobener Selbstrekrutierungsbetrieb, der die Demokratie aushöhlt«, weil er die Zukurzgekommenen entmutige.[97] Ja – aber was genau heißt »aushöhlen«?

Ich versuche, die Elitenthese mit einem sozialpsychologischen Unterbau zu versehen: Könnte es vielleicht sein, dass sich ein wachsender Teil der Bevölkerung von der politischen Teilhabe quasi dispensiert, weil die politische Ökonomie auf die sich links-grün inszenierende Wohlstandsschicht zugeschnitten ist und mit dem Label ›Unterstützung‹ für die sozial Schwachen nur Almosen bereithält? Weil die von Abstieg und Armut Bedrohten das ›woke‹ Moralisieren der selbstgerechten Jung-Eliten etwa über queere Identität und Gender-Sternchen empörend finden? Vor fünf Jahren konstatierte der Sozialforscher Wilhelm Heitmeyer, der seit 2001 die Längsschnitt-Analyse »Deutsche Zustände« in Gang hielt, »dass große Teile der Bevölkerung ein Gefühl der Entfremdung vom demokratischen System entwickeln« und zugleich eine »wutgetränkte Apathie« an den Tag legten.[98] Aus Heitmeyers Sicht lässt sich dieses reaktive Verhalten bis in die frühen 1990er-Jahre zurückverfolgen, zurück in jene Zeit, als der »autoritäre Kapitalismus« unter dem Banner der neoliberalen Ökonomie unsere Lebenswelt zu penetrieren begann. Gestatte mir den Rückwärtsschlenker nochmals zu den USA, denn dort endete 1980 der soziale, politische und kulturelle Aufbruch mit dem Wahlsieg Ronald Reagans. Turchin zufolge sanken seither die Reallöhne (ohne College-Abschluss) wegen der Auslagerung der Produktion in Billiglohnländer, während

---

97 HARTMANN, MICHAEL: *Die Abgehobenen. Wie die Eliten die Demokratie gefährden*. Frankfurt/M. [Campus] 2018: 1of.
98 HEITMEYER, WILHELM: *Autoritäre Versuchungen*. Berlin [Suhrkamp] 2018, S. 186

das Income der Eliten (vor allem in der Finanzindustrie) nach oben schoss.

In Deutschland machten die Parteien der sogenannten politischen Mitte unter der Führung Helmut Kohls den Trend mit. Die Ex-DDR bot sich dem »autoritären Kapitalismus« als Expansionsfläche geradezu an. Schon bald waren viele Menschen in den neuen Bundesländern (und nicht nur dort) fassungslos, als sie sahen, wie die meritorische Infrastruktur (Gesundheitssystem, Öffentlicher Verkehr, Ver- und Entsorgung, Teile des Bildungssytems) vom Kapital vereinnahmt und unter das Paradigma der Profitmaximierung gestellt wurde. Der Marxist und Sozialökonom David Harvey beschrieb diesen Prozess als »Landnahme«[99] (Beispiele: Krankenhäuser wurden von privaten Profitgesellschaften zu Leistungsträgern umgebaut, ausgepresst und in den Ruin getrieben; Kommunen verkauften Grund und Boden sowie ihr öffentliches Verkehrssystem an US-amerikanische Investoren, um es dann gegen steigende Kosten zu leasen). Mir gefällt diese Metapher, weil sie ins Bild bringt, dass nach der »territorialen Landnahme« (mit Ausnahme Chinas haben annähernd alle Industrieländer das marktwirtschaftliche Profitmaximierungsmodell übernommen) die »Landnahme des Sozialen« folgte (so sagt es der Soziologe Klaus Dörre[100]).

Mit diesen Stichworten möchte ich dich daran erinnern, dass der demokratieschwächende Prozess (Heitmeyer spricht seit 2001 von »Demokratieentleerung«[101]) bereits in den 1980er-Jahren durch die wirtschaftspolitisch gewollte Entgrenzung des Finanzkapitals in Fahrt kam. Und

99 HARVEY, DAVID: *The Limits to Capital*. London 1982. Updated ed. Edition Verso 2006

100 DÖRRE, KLAUS: Demokratie statt Kapitalismus oder: Enteignet Zuckerberg! In: KETTERER, HANNA; KARINA BECKER (Hrsg.): *Was stimmt nicht mit der Demokratie?* Berlin [Suhrkamp] 2019, S. 21-51

101 HEITMEYER, WILHELM: Autoritäre Versuchungen. Berlin [Suhrkamp] 2018, S. 30; LOCH, DIETMAR; WILHELM HEITMEYER (Hrsg.): *Schattenseiten der Globalisierung*. Frankfurt/M. [Suhrkamp] 2011, S. 497ff.

dieser Prozess hat die Elitenbildung nicht nur massiv verstärkt, sondern auch strukturell verändert: Die klassische Bildungselite wurde verdrängt von den Newcomer, von den wertefrei agierenden Politikmanagern quer durch die bürgerlichen Parteien. Gerhard Schröder könnte den Prototyp dieser selbstgefälligen Aufsteigergeneration hergeben. Seither fand auch der Umbau der sozialen Lebenswelt zu einer durchkommerzialisierten Börse statt, wo Kulturtätige und soziale Dienstleister prekarisiert und soziale Aufgaben monetarisiert werden. Die Plattformen des Internet zeigen dies beispielhaft: Smartphone-Apps (Instagram, WhatsApp, Tik-Tok, Twitter bzw. X und so weiter) verdinglichen ihre Teilnehmer, sie existieren jetzt als kommerzielle Profile.

Dies sind nur ein paar Wegezeichen entlang der Umbaustrecke, in deren Verlauf aus dem wohlfahrtstaatlichen Kapitalismus der 1960er- und 1970er-Jahre der Hegemon in Gestalt des »autoritären Kapitalismus« (Dörre, Heitmeyer) hervorging. Du kennst vermutlich den Soziologen Stephan Lessenich. Für ihn ist dieser Finanzkapitalismus eine »Aktivierungsmaschine«, die mit der Angst vor dem sozialen Abstieg operiert: Abstiegsangst als Brennstoff. Übrigens lese ich gerade im Blog des politisch eher rechtsliberalen Journalisten Gabor Steingart eine Geschichte über Lawrence D. Fink, den »unbestrittenen Herrscher des Geldes«. Seine weltgrößte Vermögensverwaltung *BlackRock*, schreibt Steingart, »legt im Auftrag seiner Kunden inzwischen mehr als neun Billionen Euro an – mehr als doppelt so viel wie das deutsche Sozialprodukt«. Steingart weiter: »BlackRock ist in mehr als 17.000 Unternehmen investiert, darunter in allen 40 DAX-Konzernen. Das Unternehmen beherrscht wichtige Segmente des Fondsmarktes«; es entscheide, in welchen Staaten in welche Branchen wieviel investiert und wo die Investitionen wieder abgezogen werden (*The Pioneer Briefing*, 16.07.2023). Kommt in diesen Investmententscheidungen die Ukraine überhaupt noch vor?

Mit anderen Worten: In der Welt des »autoritären Kapitalismus« kann man seit drei Jahrzehnten die alltagsweltlichen Überlebensängste eines wachsenden Teils der Erwerbstätigen (und der Jugendlichen!) beobachten. Stichworte: Zu Beginn des Jahrhunderts Dotcom-Blase, Prekarisierung und Arbeitslosigkeit; dann Agenda 2010 inklusive Hartz IV; große Finanzkrise 2008; dann gescheiterte Wohnungspolitik, fehlgeleitete Migrationspolitik, bevormundende Corona- und Klimapolitik – und so weiter. Ich meine, die Abstiegsangst eines wachsenden Teils der Gesellschaft wird nicht von Putins Atomknopf, eher von der rasanten Inflation, den gestiegenen Mieten und den in die Höhe geschnellten Energiepreisen angefeuert.

Und wieder sehen wir, wie die Eliten in Politik und Wirtschaft ihre Pfründe sichern: Sie verweigern den sozial Schwachen den vollen Teuerungsausgleich für Löhne und Renten; sie wissen, dass mehr als jedes fünfte Kind in Deutschland in Armut aufwächst, dass diese Kinderarmut den Betroffenen kaum Chancen auf Bildung und qualifizierte Berufe gibt. Und dass sie gesundheitlich benachteiligt sind: Die durchschnittliche Lebenserwartung sinkt mit dem Einkommen. Brutal formuliert: Die Armen sterben früher (der erwähnte Ethnobiologe Peter Turchin sieht in der sich verkürzenden Lebenszeit der sozial Schwachen einen starken Indikator für die Destabilisierung der politischen Ordnung). Die hochnäsigen Denkmuster der politischen Elite – sie hält sich selbst für die bürgerliche Mitte – traten deutlich zutage, als drei Bundesländer den Antrag stellten, die Kinderarmut mit einer Grundsicherung zu dämpfen. Der Antrag wurde am 31. März 2023 im Bundesrat abgelehnt. Dazu passt, dass viele der Neinsager heftig lamentierten, als sie davon hörten, dass Erwerbstätige, die mehr als hundertfünfzigtausend Euro netto (!) im Jahr verdienen (das sind 5 % der Erwerbstätigen), in Zukunft auf ihr Elterngeld in Höhe von 1.800 Euro pro Monat

verzichten sollen. Die naheliegende Idee, das bei den Groß-
verdienern eingesparte Elterngeld zur Aufstockung der So-
zialleistungen an Geringverdiener zu verwenden,[102] kam
nicht von der SPD oder den Grünen, sondern von den Linken (Wissler am 12. Juli 2023) – und war damit chancenlos.

Bitte nimm dies als kleines Beispiel aus dem politischen
Alltag unter vielen, die zeigen, wie in unserer Gesellschaft
der Grundwert der Daseinsfürsorge, der Chancengleich-
heit und des sozialen Ausgleichs vom »autoritären Kapitalismus« geschreddert wird. Nancy Fraser, Professorin für
politische Philosophie in New York und weltbekannte Fe-
ministin, setzt dem noch eins drauf: In unseren westlichen
Gesellschaften blähe sich der Kapitalismus zum »Allesfresser« auf und löse einen panikerzeugenden Trend aus, weil
er alle gesellschaftlichen Bereiche durchdringe und am
Ende sich selbst kannibalisiere.[103]

Diejenigen, die sich politisch ausgegrenzt, kulturell
verachtet und sozial übergangen fühlen, artikulieren ihre
Proteste auf der Straße – wo denn sonst, wenn sie von den
Eliten nicht gehört, von den Medien übersehen oder gleich
als rechtsradikal abgestempelt werden?

Auch Du erinnerst dich vermutlich, wie vor zehn Jahren in Dresden eine Gruppe frustrierter Bürger ihre »wutgetränkte Apathie« überwand und unter der Marke ›Pe-
gida‹ jeden Montagabend zusammenkam. Leider haben
die Lokalzeitungen und Nachrichtensendungen auch des
MDR damals die sozialen Motive und politischen Anliegen

---

102 Ein Ehepaar, das vor den Geburt seines Kindes nur 1.200 Euro netto
    verdient hat, bekommt während der Elternzeit lediglich 800 Euro;
    undenkbar, dass eine Kleinfamilie davon ihren Unterhalt bestrei-
    ten kann. Also wird zumindest ein Elternteil – vermutlich der Ehe-
    mann – arbeiten müssen.
103 FRASER, NANCY: *Der Allesfresser. Wie der Kapitalismus seine eigenen Grund-
    lagen verschlingt.* Berlin [Suhrkamp] 2023

der Gründergruppe überhört und die Parolen der Pegida-Gruppe von Beginn an als rechtsradikal verortet.

Erinnerst Du dich auch an die Forderungen der ersten Kundgebung im Herbst 2014? Sie lauteten: »Gewaltfrei und vereint gegen Glaubens- und Stellvertreterkriege auf deutschem Boden«.[104] Keine Frage, damit waren in erster Linie gewalttätige Islamisten und kriminelle Clans aus Nahost gemeint, aber nicht nur. Sie selbst wollten nicht Gewalt, sondern nannten auf ihren Flugblättern klare politische Forderungen. Die wichtigste ging so: »Eine gesteuerte Zuwanderung über ein Punktesystem nach dem Beispiel Kanadas oder Australiens (z. B. australisches Fachkräftevisum)« sowie »eine konsequente Abschiebungspolitik«.[105] Es waren Forderungen, die fast zehn Jahre später dem »Asylkompromiss« der EU-Kommission im Frühjahr 2023 erstaunlich ähneln.

Jene erste Pegida-Demo fand 12 Monate vor dem berühmten Herbst 2015 statt, als knapp eine Million Migranten von den großstädtischen Wohlstandsbürgern per »Willkommenskultur« bejubelt wurden. Viele der frustrierten, auch wütenden Pegida-Mitläufer waren überzeugt, dass tausende Migranten mit Drogen dealen, dass sie sich den Integrationsangeboten verweigern und lieber ihre patriarchalischen Rollenmuster pflegen, zu denen auch die Geringachtung der Frauen und Schwulen gehört. In den westdeutsch dominierten Newsmedien wurde die Pegida-Bewegung sogleich als Aktion rechtsradikaler Ossis etikettiert, die offenbar zu engstirnig oder DDR-geprägt seien, um die Segnungen der westdeutschen Demokratie zu wertschätzen. Es kam, wie es kommen musste: Ein Jahr später war die Bewegung tatsächlich von Rechtsradikalen unter-

104 Zit. nach: https://de.wikipedia.org/wiki/Pegida
105 Quelle: https://www.zeit.de/gesellschaft/zeitgeschehen/2014-12/pegida-dresden-thesen/komplettansicht

wandert und von der AfD vereinnahmt: Deutschland werde von den Geflüchteten »überfremdet« und »ausgebeutet«, lauteten jetzt ihre Parolen. Die Polemik der AfD gegen alles Nichtdeutsche, gegen die US-dominierte Nato, gegen die EU-Institutionen und gegen den Finanzkapitalismus wurde zum *Common Sense*, ebenso die nationalistische Volks-Ideologie mit ihrem autoritären Führungsstil (beispielhaft Björn Höcke, den man öffentlich Faschist nennen darf). Dank des Zustroms der »Angstwütigen« feiert die AfD immer neue Wahlerfolge, die wiederum die Wählbarkeit dieser Partei auch für brave Bürgerliche erhöht.[106] Bemerkenswert finde ich in diesem Zusammenhang, dass Ultrarechte wie Ultralinke ihre Russland-Solidarität mit zwei Ansichten begründen: mit ihrem überkommenen Antiamerikanismus und ihrem neu entdeckten Autoritarismus (Putin, unser Führer!). Beide Ansichten werden mit der inzwischen tief empfundenen Demokratie-Verachtung verbrämt.

In diesem Zusammenhang sollten wir noch einen weiteren Treiber der »Demokratieentleerung« in den Blick nehmen: den Rassismus, der ein gesamtdeutsches Phänomen ist. Verschiedene Studien deuten selbst diese krasse Art der Fremdenfeindlichkeit im Kontext der von dir erwähnten Prekarisierung: Es sei »eher die Angst vor dem Verlust der Erwerbsarbeit«, die zum Fremdenhass führe, ergab eine Erhebung 2011.[107] Diese Erklärung soll offenbar plausibel machen, warum just in Regionen, in denen praktisch keine Migranten leben, Fremdenhass-Parolen ultrarechter Gruppen großen Anklang finden. Doch aus meiner Sicht kann

---

106 Den empirischen Nachweis liefert die Studie: ZICK, ANDREAS; BEATE KÜPPER (Hrsg.): *Die geforderte Mitte*. Bonn [J.H.W. Dietz] 2021, insb. S. 116ff.

107 MANSEL, JÜRGEN; OLIVER CHRIST; WILHELM HEITMEYER: Der Effekt der Prekarisierung auf fremdenfeindliche Einstellungen. In: HEITMEYER, WILHELM (Hrsg.): *Deutsche Zustände. Folge 10*. Berlin [Suhrkamp] 2012, S. 105-128

diese Erklärung die Breite und Stärke demokratiezerstörerischer Fremdenfeindlichkeit nicht plausibilisieren. Vielleicht hörst Du meine These nicht gern, aber mir scheint, in Deutschland nährt sich Fremdenfeindlichkeit aus einer alten und tiefsitzenden *psychosozialen Krankheit*. Sie trägt den Namen Rassismus.[108]

Um diese These zu erläutern, erlaube mir eine kurze Rückblende: Bereits in den 1980er-Jahren, in der Ära des ›Wohlfahrtskapitalismus‹, brach in Westdeutschland ein urwüchsiger Gewalthass hervor, beispielsweise, als Neonazis und Skinheads Jagd auf Migranten machten. Wir hier in Hamburg haben dieser Tage eine Gedenkausstellung, die vergegenwärtigt, wie jugendliche Neonazis und rechtsradikale HSV-Anhänger im Dezember 1985 drei migrantische Mitbürger zu Tode prügelten.[109] Praktisch zeitgleich kam es in der DDR zu regelrechten Gewaltexzessen durch Neonazis. Auch dort vertuschten Politik, Polizei und Verwaltung die Übergriffe, weil es solche Dinge nur im Kapitalismus, nicht aber im sozialistischen Reich der Völkerfreundschaft geben durfte. Hüben wie drüben bagatellisierten die Politiker und die Medien den deutschnational verbrämten Rassismus. Gewaltakte, Überfälle, Menschenjagden und Brandstiftungen (Eberswalde 1990, Mölln 1992, Rostock-Lichtenhagen 1992 usw.) wurden als krasse Einzelfälle herausgestellt – und ad acta gelegt.

Erst, nachdem die Terroristengruppe des NSU 2011 aufflog, brachte der Prozess in München ans Licht, wie tief die rassistisch motivierte Fremdenfeindlichkeit auch den Staatsapparat – Polizei und Verfassungsschutz – penetriert hat. Und es ist ja keineswegs so, dass seither die ras-

---

108 Ich folge dieser Definition: ›Rassismus‹ bezeichnet Einstellungen und Verhaltensweisen, die vermittels der biologisch konstruierten Höherwertigkeit der Eigengruppe andere Gruppen abwerten.

109 Das *Hamburger Abendblatt* widmete der Ausstellung eine Sonderseite (*HA* vom 13. Juli 2023, S. 6)

sistisch motivierte Gewalt gegen Geflüchtete und deren Sprecher zurückgegangen sei.

Auch wenn die Initiativen *Amadeu Antonio Stiftung* und PRO ASYL parteiergreifende Organisationen sind, so zeigen die von ihnen registrierten Übergriffe und Gewaltakte, wie sich die Realität unserer freiheitlich-demokratischen Grundordnung für viele Geflüchtete anfühlt: Im Laufe der sechs Jahre von 2015 bis 2021 wurden mehr als 11.000 Vorfälle, davon 284 Brandanschläge und 1.981 Körperverletzungen registriert.[110] »Selbst krasse Fälle von Körperverletzung werden – wenn es um Geflüchtete geht – durch die Eingangsstatistiken der Polizei häufig nicht erfasst«, schreibt PRO ASYL und erklärt damit, warum Polizeistatistiken den rassistisch motivierten Fremdenhass verharmlosen.

Umgekehrt blenden die Pro-Asyl-Initiativen die *reaktive* Radikalisierung vieler Migranten und Asylbewerber weitgehend aus. Viele Migranten leben in ihren ethnisch geprägten Peers in einer aggressiv gestimmten, vor der deutschen Alltagswelt abgeschotteten Bubble. Während ich dies schreibe, prügeln und jagen sich gerade in den Straßen von Gießen viele hundert Geflüchtete aus Eritrea, die ihre Stammesfehden in unseren Innenstädten austragen. Gegen tausend Polizisten habe man aufgeboten, von denen zahlreiche angegriffen und schwer verletzt worden seien. Kurz zuvor schlugen sich verfeindete Clans aus Syrien und dem Libanon in Essen und Castrop-Rauxel halb tot. Der aus Nahost stammende Psychologe und Integrationsexperte Ahmad Mansour sieht hinter diesen Vorgängen eine auf Selbstjustiz gebaute »patriarchalisch geprägte Parallelgesellschaft«,[111] die nicht

---

110 AMADEU ANTONIO STIFTUNG: *Leben in Gefahr*. 2021. (abrufbar unter: https://www.amadeu-antonio-stiftung.de/publikationen/leben-in-gefahr/)

111 Vgl. *Neue Zürcher Zeitung* vom 02.07.2023 (unter: https://www.nzz.ch/international/clan-konflikt-in-castrop-rauxel-konkurrenzkampf-der-grossfamilien-ld.1744592)

nach den für Demokratie und Rechtsstaatlichkeit geltenden Wertemustern handelt, sondern nach den archaischen Herrschaftsregeln tribal strukturierter Gemeinschaften. Derart reaktive Gewaltausbrüche selbstisolierter Migrantengruppen fachen den rassistisch motivierten Fremdenhass unter jungen Deutschen wiederum aufs Neue an. Die ans Absurde grenzende Paradoxie sehe ich darin, dass beide verfeindete Bevölkerungsgruppen dieselben Un-Werte hochhalten: testosterongesteuerte Männlichkeit, Erniedrigung und Entrechtung der Frauen, Hass auf das privilegierte Bildungsbürgertum, Hass auf alles Jüdische verbunden mit dem Glauben, Opfer einer globalen Verschwörung zu sein. »Ist Selenskyj nicht jüdisch?« las ich voriges Jahr in zahlreichen Postings auf Social Media, Motto: Man wird doch wohl noch fragen dürfen.

Lieber Hans-Peter, mit dieser flüchtigen Tour d'Horizon wollte ich das Terrain grob abstecken, auf dem die »politisch wirksame Angst« in Deutschland ihren Nährboden fand und weiter findet. Es ist ein Versuch, den einleitend genannten Trend differenziert zu beschreiben, den wir »politisch gemachte Angst« nennen. Er soll andeuten, wie sich die Ängste vor dem sozialen Abstieg mit altem Hass und neuer Wut aufschaukeln, sobald neue Menetekel auf dem Screen der Medien aufleuchten. Die »german angst« ist zum Mainstream geworden, dessen Flussbett mit dem Geröll der Vorurteile, der Selbstgerechtigkeit und der Hysterie gefüllt ist. Neben diesem Mainstream erscheinen die auf die Ukraine bezogenen Befürchtungen eher wie ein Bächlein. Finde ich jedenfalls.

Bitte sieh' mir diese vielleicht überspitzt wirkende Schilderung nach.

In alter Freundschaft:
Michael

Brief 18, Freiburg, gegen Ende Juli 2023

Lieber Michael,

in diesem Punkt können wir uns nicht einigen: Während aus meiner Sicht die Existenz von Atomwaffen wie ein Appell verstanden werden müsste, die gesamte Art unseres globalen Zusammenlebens grundsätzlich zu überdenken, weil uns die Furcht auf die reale Möglichkeit der kollektiven Selbstvernichtung hinweist, magst Du den Ukrainekonflikt im Stil der Vergangenheit lösen, nämlich durch die Steigerung militärischer Mittel. Kann sein, dass ich dieser Option im 19. Jahrhundert zugestimmt hätte, aber eben nicht unter den Bedingungen des Atomzeitalters. Sie ist tatsächlich apokalypse-blind. »Apokalypse-Blindheit« – Du heißt sie im Hinblick auf den Ukrainekrieg ausdrücklich gut – hatte der Philosoph und Technikkritiker Günther Anders als die klaffende Lücke zwischen unseren Fähigkeiten, etwas herzustellen und der Unfähigkeit, uns die möglichen Folgen des Hergestellten realistisch vorzustellen, definiert. Der Bau von Nuklearwaffen aller Arten gelingt uns ohne Probleme, deren Auswirkungen im Ernstfall aber, speziell auf ökologischem, gesellschaftlichem und weltweit gesundheitlichem Feld, fallen psychologisch gesehen,

wie Anders meint, in die Kategorie des »Monströsen«.[112]
Sie sind zu riesenhaft, als dass sie ins Auge gefasst werden
und wir damit emotional in Resonanz gehen könnten, sie
sprengen das Durchschnittliche unserer sonstigen Wahrnehmungen. »Vor dem Gedanken der Apokalypse aber
streikt die Seele«, so Anders. Wir »wissen« zwar dass Atomwaffen entsetzlich sind, aber wir »begreifen« es nicht.[113]

Daher kann es, hier folge ich Anders, im Hinblick auf
das Monströse kaum zu viel, sondern nur zu wenig Angst
geben. Die Angst hat dabei den Stellenwert, angemessene
Emotionen hervorzubringen, ohne die es in Gefahrenlagen
keine Realitätseinsicht gibt. Sorglosigkeit angesichts von
Gefahren, Leichtsinn, wo gehandelt werden müsste, kon-
terkariert auch den »heuristischen« Wert, den Hans Jonas
der Furcht zuschreibt. Angemessene Furcht (nicht Panik!)
könnte nämlich jene Suchbewegung steuern, die uns aus
der Gefahr herausführt. Wo ich auf Apokalypse-Blindheit
treffe, schlage ich vor, einmal den Versuch zu wagen, der
eigenen Furcht und Vorstellungskraft auf die Sprünge zu
helfen. Etwa so: Wie würde eine hungernde, verstrahlte, um
ihr Überleben kämpfende Menschheit urteilen, *nachdem* das
atomare Inferno – etwa als Folge des Ukrainekriegs – über
sie hereingebrochen ist? Würde nicht urplötzlich genau
jenes Thema, das kurz zuvor noch weitgehend ignoriert
wurde, das allerwichtigste sein? Würde nicht, viel zu spät
freilich, völlig klar sein: Alles, wirklich alles hätte getan
und berücksichtigt werden müssen, um diese Katastrophe
zu verhindern?

112 LISSMANN, KONRAD P.: *Günther Anders zur Einführung*. 2. Aufl. Hamburg
[Junius] 1993, S. 98ff.
113 ANDERS, GÜNTHER: *Die Antiquiertheit des Menschen. Über die Seele im Zeitalter der zweiten industriellen Revolution*. Ungekürzte Sonderausgabe.
München [C.H.Beck] 1968, S. 269f.

Während ich also glaube, dass Apokalypse-Blindheit ein hochgefährlicher Zustand ist, bin ich ganz auf deiner Seite, wenn es um die Frage geht, wo denn gegenwärtig, bei Vorherrschen von Apokalypse-Blindheit, die tatsächlich virulenten Ängste entstehen. Dabei hat sich ein seltsamer Zustand eingestellt: Zum gleichen Zeitpunkt, zu dem sich eine sinnvoll orientierte Furcht im Sinne von Jonas oder Anders auf die Lösung der fundamentalen Menschheitsprobleme richten sollte, wird eine gänzlich überflüssige Angst erzeugt, die aus der Weigerung folgt, die technologisch vorhandenen Mittel und Ressourcen so zu nutzen, dass möglichst alle Menschen ein zufriedenes Leben führen können. Nach wie vor leben wir in einer Welt der Spaltung, des krassen Gegensatzes von Arm und Reich, der massenhaften Prekarität und der Furcht, noch weiter ins Abseits getrieben zu werden. Diesen Zustand hast Du hervorragend beschrieben. Tatsächlich scheint es im Interesse der Eliten zu liegen, Armut nicht wirklich zu beseitigen, sondern die dadurch erzeugten Unsicherheiten als permanente Drohung für ihre Zwecke zu nutzen. Autoritärer Kapitalismus mit »Abstiegsangst als Brennstoff«, wie Du schreibst (176). Doch die »Aktivierungsmaschine« Finanzkapitalismus (Lessenich) befeuert nicht nur die Profite, sondern ebenso eine Vielzahl von wutbesetzten Reaktionen, die allesamt für ein demokratisches Zusammenleben gefährlich werden können.

Zur gleichen Zeit stehen wir vor drei weltweiten Grundfragen. Niemand kann bestreiten, dass ohne ihre Beantwortung kaum mit einer Zukunft zu rechnen ist: Wie ist die globale soziale Spaltung zu überwinden? Wie lösen wir die Umweltfrage? Wie gelingt es uns, den Krieg zu beseitigen und vor allem das Damoklesschwert der nuklearen Vernichtung? Bei allen drei Fragen geht es kaum mehr um den Kampf mit der Natur, wie er die Vergangenheit beherrschte, sondern um die Auseinandersetzung mit uns selbst. Nicht die Widerwärtigkeit der natürlichen Bedingungen ist das Problem, sondern die Tatsache, dass wir Menschen auf diesem heimatlichen Planeten nicht verstehen, wie wir uns benehmen müssen, damit wir weiter auf ihm zu Gast sein dürfen.

Ich betrachte die Lösung dieser Fragen nicht in erster Linie als ein moralisches, sondern als ein Adaptionsproblem. Obgleich die Selektionsbedingungen vorwiegend von uns selbst in der Folge der kulturellen Evolution geschaffen wurden, sind sie hart und gnadenlos. Anpassung wird stattfinden oder wir werden aussterben. Du kennst den zweifelhaften Witz von den zwei Planeten, die sich im Weltraum begegnen. Während der eine klagt, dass er krank sei, weil es auf ihm »menschle«, tröstet ihn der andere: »Mach dir nichts draus, das geht vorüber!« Treffend scheint mir daran, dass wir als »Krankheit« bezeichnet werden, denn genau das ist die Sachlage: Verhalten, das ausschließlich negativ auf unser Glück und unsere Lebensfähigkeit wirkt, muss wohl krankhaft sein. Eine Spezies, die die Ökosphäre zerstört oder deren totale Destruktion in ihre militärischen Planungen aufnimmt, könnte als eine Ansammlung von Schädlingen bezeichnet werden.

Wie aber sollen wir die drei Mammutaufgaben bewältigen, damit unsere Anwesenheit auf diesem Globus doch nicht »vorüber geht«? Pessimisten sagen: Wir werden sie überhaupt nicht bewältigen. Andere vertreten eine Art Katastrophentheorie: Hiroshima und Nagasaki, heißt es, reichten nicht aus, um die Menschheit zur Vernunft zu bringen, so wenig wie die jetzt schon zu beobachtenden Wetterphänomene genügen, um konsequent genug gegen den Klimawandel vorzugehen. Wie man es auch dreht und wendet, es bleibt nur die Möglichkeit, sich in der Not weltweit zu einigen. »Global Governance«, wie sich das heute nennt, ist im Sinne einer hoheitlichen Steuerung aber noch weitgehend eine Schimäre. Im Übrigen stünde jede Weltregierung in einer Situation, die ich einmal als das politische

Handlungsparadoxon bezeichnet habe und das natürlich auch alle anderen Regierungen betrifft.[114]

Dieses besteht in der Koexistenz zweier Anforderungen, die im Grunde nicht zusammenpassen. Einerseits ist die Welt so unübersichtlich, komplex und interdependent geworden wie niemals zuvor, andererseits kommt es mehr denn je darauf an, politisch keine schwerwiegenden Fehler mehr zu begehen. Wie kann die richtige Erkenntnis des Geforderten mit den richtigen Handlungen zusammenführt werden? Wie kann Realitätseinsicht zu politischen Entscheidungen führen, die unser Überleben verbürgen und das notwendig in Bezug auf den ganzen Globus? Es handelt sich gewissermaßen um die Zuspitzung jenes uralten Problems, dass Platon dazu brachte, eine Philosophenherrschaft zu fordern. Bevor nicht die Klügsten, Welterfahrensten und Weisesten am Steuer sitzen, wird das Schiff untergehen oder stranden. Wir wissen, dass solche Träume gefährlich sind, und Karl Popper hat Platons Vision zu Recht wegen ihrer Implikationen und vielleicht ein wenig anachronistisch als präfaschistisch abqualifiziert. Was also bleibt, um das Steuerungsproblem zu lösen?

Ich sehe keinen anderen Weg, als auf die offene Gesellschaft und die Demokratie zu setzen. Ob es die bärtigen Germanen waren, die bei ihren Beratungen (den Things) beschlossen, was zu tun sei oder die alten Griechen auf ihrer Agora, dem zentralen Versammlungsplatz, die die Demokratie erfanden – stets war Beratung eine sachdienliche Reaktion auf die Vieldeutigkeit der Welt. Das Prinzip lautet: Viele wissen mehr als einer und im Diskurs zeigt sich, worauf es ankommt. Der paradoxen Situation, auch dann noch politisch handeln zu müssen, wenn, wie etwa im Hinblick auf den Ukrainekrieg, überhaupt nicht klar ist, was aus solchen

114 WALDRICH, HANS-PETER: Demokratie in einer unsicheren Welt. In: *Spektrum Iran*, 28. Jg., Nr. 3/2015, S. 45-58.

Handlungen folgen wird, kann nicht mit dem Anspruch auf Allwissenheit, also durch angemaßte Autorität begegnet werden. Da niemand über Allwissenheit verfügt (z.B. *können* *wir* einfach nicht wissen, ob Putin auf die Steigerung des westlichen militärischen Engagements atomar reagieren wird), müssen wir in den Diskurs eintreten und schließlich in der Form einer Annäherung ausprobieren, ob diese oder jene Entscheidung den wirklichen Bedingungen am meisten entspricht. Im Hinblick auf den Ukrainekrieg plädiere ich dafür, *sämtliche* Risiken ernsthaft ins Auge zu fassen und die nukleare Bedrohung nicht einfach zu ignorieren. Vorsicht ist für mich die Mutter der Porzellankiste.

Im Übrigen hat ausgerechnet der Neoliberalismus, von dem wir beide wohl gar nichts halten, vor allem dessen wichtigster Ideengeber Friedrich August von Hayek, dieses Problem durchaus gesehen. Die Begrenztheit des menschlichen Wissens sollte durch den Markt kompensiert werden, den von Hayek als »spontane Ordnung« bezeichnete, die sich evolutionär herausgebildet habe. Er sah den Marktmechanismus als einen Suchprozess, der das gesellschaftlich verteilte Wissen optimal zusammenführt. Nicht beschränkte Menschen, sondern an sachlichen Kriterien ausgerichtete Märkte sollen steuern. Für konsequente Neoliberale sind daher freie Marktwirtschaft und Demokratie hochgradig identisch. An die Stelle der Stimmabgabe tritt die Kaufentscheidung als Willensbekundung. In der Realität hat sich leider herausgestellt, dass dieser Ansatz auf allzu großen Vereinfachungen beruht und sich zudem als willkommene Ideologie der Kapitaleigentümer profilierte. Du hast gut beschrieben, wie destruktiv sich die generelle ›Landnahme‹ der Märkte innerhalb sämtlicher Lebensbereiche auf das Zusammenleben auswirkte. Mir bliebe auch schleierhaft, wie etwa die Ukrainefrage über die Märkte gelöst werden könnte, es sei denn, man frage die Waffenhersteller, was sie vorschlagen.

Wenn also politische Steuerung im Rahmen des Handlungsparadoxons auf Beratung angewiesen ist, so fragt sich, was denn die Beratenden an Wissen und Meinungen so alles mitbringen. Denn letztendlich basiert auch Beratung nicht auf objektivem Grund, sondern führt lediglich zusammen, was einzeln in zahlreichen Köpfen vorhanden ist. Und da kann mit Recht gefragt werden: Wo kommt es her? Walter Lippmann hätte geantwortet: In den Köpfen befinden sich jene Fiktionen, die zuvor durch die Medien erzeugt wurden. Ich brauche dir natürlich nicht zu erzählen, wer Walter Lippmann war. Dieser wohl prominenteste US-Journalist und Medienforscher während der ersten Hälfte des 20. Jahrhunderts sah die Sache wohl richtig, wenn er annahm, dass politische Meinungsbildung kaum rational erfolgt, sondern auf einer emotionalen Welt innerer Bilder basiert. Wenn ich ihn recht verstehe, bezweifelt er, dass durchschnittliche Menschen überhaupt einen realistischen Kontakt zur Wirklichkeit haben, vom ganz Naheliegenden einmal abgesehen. Sie bewegen sich in einer Art Pseudoumwelt, die in ihren Köpfen steckt, aber nicht in der Realität. »Wenn die ersten sechs Leute, die uns begegnen, unserer Meinung sind«, schreibt Lippmann, »vergessen wir zu gern, dass sie beim Frühstück vielleicht alle dieselbe Zeitung gelesen haben wie wir.«[115] So könnten Beratungen auch kluger Köpfe lediglich dasjenige zutage befördern, was ihnen die Medien zuvor suggeriert haben.

Und nun bist Du dran, Michael, denn es handelt sich um dein Fach: Hilft also auch alles Beraten nichts, helfen weder Wahlen noch Volksabstimmungen noch private Debatten noch die Beschaffung von Informationen – kommt als Quintessenz der ›Demokratie‹ stets nur dasjenige heraus, was andere schon längst entschieden haben? Leben wir in

---

115 LIPPMANN, WALTER: *Die öffentliche Meinung. Wie sie entsteht und wie sie manipuliert wird.* Frankfurt/M. [Westend] 2018, S. 163.

einer ›Mediokratie‹, in der der Reichtum mit der Propaganda eine Symbiose eingegangen ist?[116] In diesem Fall würde sich ein Disput um politische Fragen auf ›unterer‹ Ebene erübrigen. Wir vielleicht nicht dummen, aber doch reichlich bedeutungslosen Staatsbürger wären allenfalls Statisten, die niemand ernsthaft fragt, auch nicht bei Wahlen.

Gerne höre ich, was Du nach so vielen Jahren als Journalist und als Medienwissenschaftler dazu zu sagen hast.

Liebe Grüße
Hans-Peter

---

116 MEYER, THOMAS: *Mediokratie. Die Kolonisierung der Politik durch das Mediensystem*. Frankfurt/M. [Suhrkamp] 2001

Teil 4:
Medien im Krieg – Wie informieren wir uns?

Briefe 19-24

Brief 19, Hamburg, Anfang August 2023

Lieber Hans-Peter,

Du hast Recht, wir sollten endlich darüber sprechen, wie die Newsmedien den Ukrainekrieg beschreiben, überhaupt, wie sie informieren und über was sie nicht informieren – und mit welcher Art Geschichten und Bilder sie die Kriegsrealität in unseren Köpfen erzeugen und fortschreiben.

Bevor ich versuche, dem Unbehagen gegenüber den Newsmedien zumal in Kriegszeiten auf den Grund zu gehen, muss ich auf Kerngedanken deines Briefes zurückkommen. Dort hast Du unser eigentlich ausdiskutiertes Thema ›Apokalypse‹ erneut ins Zentrum gerückt. Mit Günter Anders als deinem Gewährsmann stellst Du die Atomkriegsgefahr als das »Monströse« heraus und zeigst mit großer Geste auf »das Damoklesschwert der nuklearen Vernichtung« über unseren Köpfen. Ich empfinde deine Sorge ehrlich und deine Sprachbilder aussagestark, doch leider entrückt, ja eigentlich aus der Zeit gefallen. Hinzu kommt, dass ich in früheren Briefen schon raumgreifend mit vielen Argumenten den politischen und militärtechnischen Wandel der Atomkriegsfrage nachzuzeichnen versucht habe. Offenbar nicht überzeugend, denn deinen jüngsten Brief lese ich so, als sei dieses Thema in unserem Briefwechsel ganz neu. Insofern sehe ich mich genötigt, diesen für gepackt gehaltenen Koffer nochmals zu öffnen.

Natürlich war und ist ungeheuerlich, dass die Großmächte über strategische Kernwaffen verfügen. Doch seit 70 Jahren kennen wir die Sorge, dass die Menschheit infolge eines Fehlers oder Irrtums oder Kurzschlusses sich selbst vernichten könnte. Vor genau 40 Jahren wäre es ja fast dazu gekommen, hätte nicht der russische Oberstleutnant Stanislaw Petrow die Angriffsmeldung des russischen Satellitenfrühwarnsystems als Fehlalarm erkannt.[117] Jedenfalls deute ich deinen Warnruf so, dass selbst regionale Konflikte wie der russische Angriffskrieg auf die Ukraine das Risiko eines Atomschlags wieder gegenwärtig machten. Doch dieses Risiko nehmen die Bündnisstaaten der Ukraine »sehenden Auges« in Kauf, vermutlich aus drei Gründen:

Erstens, weil die Nato-Staaten, allen voran die USA, Putin mit seinen Konsorten für einen rational denkenden Machtpolitiker halten, der nicht via Atom-Gegenschlag umkommen will – wir haben das alles ja schon diskutiert.

Zweitens: Nuklearpolitisch gesehen muss verhindert werden, dass Besitzer strategischer Kernwaffen – ob in Pjöngjang oder Moskau oder sonst wo – ihre Expansionsziele mit Hilfe der Atombombeneinsatz-Drohung erpresserisch durchsetzen. Solche Drohungen wurden seit dem Koreakrieg zurückgewiesen, sie werden es heute, und sie werden es wohl auch in Zukunft. Stell dir dieses Szenario vor: Die neue rechtsnationale Präsidentin Frankreichs, Marine LePen, würde mit der Atomwaffendrohung von Deutschland die Rückgabe des Saarlands fordern... Mit anderen Worten: Ich empfinde es schon als bitter, dass Du und deine Friedensfreunde – ich erinnere mich an eure Berliner

---

117 Ich folge hier dem Bericht von Michael Thumann in: *Die Zeit*, Nr. 34/2023, S. 17

Kundgebung – auf Putins Erpressung eingehen wollt (in deinem Brief steht: Vielleicht wird Putin »atomar reagieren«), vielleicht, weil Ihr durch Medwedews Atomdrohungen eure persönliche Sicherheit als gefährdet empfindet und euch in eurem Erschrecken egal ist, was den Ukrainern tagtäglich widerfährt. Ich weiß, dies ist eine Unterstellung.

Drittens: Nach Einschätzung kompetenter Militärexperten, deren Statements ich in den vergangenen Monaten gelesen habe, geht es nicht um »die« Atombomben in den Raketensilos, mit denen die Welt zerstört würde.[118] Dies sind Denk-, Droh- und Angstmuster aus der Zeit der beiden Machtblöcke mit ihrem Kalten Krieg. Sie sagen, dass heute (auch) die Nuklearwaffen stark ausdifferenziert seien. Tatsächlich gehe es im Ukrainekrieg nicht um *strategische* Nuklearwaffen, vielmehr um *taktische* Kernwaffen, die von der russischen Armee an der Front eingesetzt werden könnten. Damit werde an Ort und Stelle (enger Radius) noch mehr zerstört, als sie es bislang mit konventionellen Waffen in grauenvoller Weise schon tut.[119] Betroffene wären nicht Du und Alice Schwarzer, sondern die Menschen in der Ostukraine.

Eine Unbekannte gibt es in diesem Gedankenspiel: Die ukrainische Militärführung müsste dafür sorgen, dass ihre Gegenangriffe auf das ukrainischen Territorium (in den Grenzen von 1991[120]) begrenzt bleiben. Und in dieser

118 Realistischer ist vermutlich die Erzählung Sergei Gerasimows in seinem *Kriegstagebuch* aus Charkiw über die meist betrunkenen Raketeningenieure, die in den riesigen Abschusssilos die Interkontinentalraketen periodisch hätten warten sollen. Seit 2014 gäbe es gar keine Wartungen mehr. »Es ist keineswegs sicher, dass eine solche Rakete, die aus einem Silo abgefeuert wird, tatsächlich über den Atlantik fliegt. Stattdessen könnte sie auch auf die Köpfe derer fallen, die sie abschießen«, in: NZZ vom 12. August 2023. Okay, das ist eine alte Geschichte, heute gibt es U-Boote mit Atomraketen.

119 Zum Beispiel der Schweizer Divisionär Claude Meier in: NZZ vom 23. Mai 2023. Ich habe ihn im 11. Brief bereits zitiert.

120 Bekräftigt mit dem russisch-ukrainischen Freundschaftsvertrag vom 31. Mai 1997.

Hinsicht, so scheint es, spielen ukrainische Kommandos mit dem Feuer, indem sie Ziele im russischen Hinterland attackieren und Drohnen bis Moskau fliegen lassen. Sollten solche Attacken zunehmen und größere Zivilschäden anrichten, lieferten diese Ukrainer den russischen Militärchefs ein Alibi, indem sie behaupten, jetzt werde die russische Bevölkerung angegriffen, jetzt dürfe Russland atomar zurückschlagen (mit taktischen Kernwaffen notabene, etwa gegen Odessa, Charkiw oder gar gegen Kiew).[121] Von daher ist nachvollziehbar, dass die USA und ihre Vasallen in diesem Punkt wenig Vertrauen in die ukrainische Militärführung haben und Waffensysteme mit begrenzter Reichweite liefern wollen, um sicherzugehen, dass der Krieg regional begrenzt bleibt.[122]

Abgesehen von diesen eher geo- und militärpolitischen Argumenten möchte ich dir noch sagen, dass ich dein kassandrisches Reden über die »Apokalypse« für ein Ablenkungsmanöver halte. Ihr Friedenbewegten verschließt die Augen vor dem, was tatsächlich geschieht: Mord und Totschlag durch die Invasoren in einem europäischen Land. Auch die westlichen Militärexperten reden opportunistisch vom »Abnützungskrieg«, auch dies ist eine Tarnbezeichnung, die verschleiert, dass beide Kriegsparteien – die Nato-Staaten wie auch Russland mit seinen Waffenimporten – den Krieg längst als ein ›Real-life‹-Testgelände für neue Waffensyste-

---

121 Bekanntlich (*ius in bello*) darf der Angegriffene *Militäreinrichtungen* auch im Hinterland des Aggressors angreifen, nicht aber zivile Objekte und Personen.

122 Manche Kommentatoren loben Biden und Scholz, dass sie den Ukrainern bislang keine Waffensysteme geben, mit denen entferntere Ziele in Russland angegriffen werden könnten. Deshalb, so hört man im Juli und August 2023 aus den Ministerien, müssten die erwünschten Taurus-Marschflugkörper so umgebaut werden, dass deren Reichweite begrenzt ist (vgl. https://www.tagesschau.de/inland/scholz-taurus-100. html). Dies erklärt aber nicht, warum die Nato-Staaten nicht mehr Munition, Kampffahrzeuge und -panzer, Artillerie- und Luftverteidigungssysteme liefern.

me (zum Beispiel Kamikaze-Drohnen) und für satellitengesteuerte Operationen nutzen: Die Schlachtfelder in der Ost- und Südukraine sind eine Art Übungsgelände für die KI-abhängige digitalisierte Kriegsmaschinerie; die vieltausende Tote und Verletzte sind der Kollateralschaden.

Nur nebenbei: Hinter deiner Bemerkung, ich wolle »den Ukrainekrieg im Stil der Vergangenheit lösen« (19. Jahrhundert) und nicht »unter den Bedingungen des Atomzeitalters«, steckt die Überzeugung, dass die, die so weitsichtig sind wie Du, wegen der Atomkriegsgefahr sofort die Kapitulation der Ukraine einfordern müssten. Nein, lieber Hans-Peter, auch im Sommer 2023 ist es immer noch Putin, der mit seinem Artillerie-, Panzer- und Infanteriekrieg die militärpolitische Ideologie der Nationalstaaten aus der Epoche des Ersten Weltkriegs hat auferstehen lassen. Entsprechend wird ihm geantwortet, nämlich *nur* mit konventionellen Waffen auf dem Territorium der Ukraine. Und wenn wir schon bei der Analogie des Ersten Weltkriegs sind: Die Amerikaner sprangen im Jahre 1917 der *Entente* mit umfangreichen Waffenkontingenten (und einer sehr starken Armee) zur Seite.[123] Die Nato-Alliierten indessen sind keineswegs so rigoros wie seinerzeit die USA: Sie beteiligen sich nicht aktiv, was aus den oben genannten Gründen ja auch richtig ist. Gleichwohl finde ich es unsäglich, wie die Verbündeten fortgesetzt wichtiges Kriegsmaterial (Munition!) zusagen, es aber nicht oder verzögert oder nur in kleinen Portionen liefern. Verschiedene Beobachter – Stand August 2023 – erklären die Probleme der ukrainischen Armee mit den ausbleibenden Lieferungen aus dem Westen. Die *Süddeutsche* schrieb am 13. August: »Die ukrainische Gegenoffensive hat noch keinen großen Erfolg. Militärexperten kommen zur

---

123 Ich gebe zu, dieser Vergleich hinkt insofern, als die USA mit ihren überlegenen Ressourcen das Kräfteverhältnis entscheidend zugunsten der Entente veränderten. Rund zwei Millionen US-Soldaten kämpften im Sommer 1918 an der Westfront gegen erschöpfte deutsche Truppen.

Einschätzung, dass es hauptsächlich an Waffen und Ausrüstung mangelt. Die ›westliche Lethargie‹ habe den Preis der ukrainischen Offensive stark erhöht.«

Mit anderen Worten: Deutschland und die USA bluffen mit ihrer angeblich solidarischen Unterstützung. Bei Lektüre der Medienberichte über dieses Problem gewinne ich den Eindruck, die Nato-Staaten wollten gar nicht, dass die Ukraine ihr Territorium zurückerobert. Mir scheint inzwischen, die Verbündeten dienten mit ihrer Zurückhaltung Putins Ziel: Die Zerstörung der Städte mit ihren Wohnhäusern, ihren Kindergärten, Schulen und Krankenhäusern, ihren Theatern, Hotels und Cafés, ihren Konzertsälen und Hochschulen, ihren Denkmälern und ihrer Agrarwirtschaft schreitet fort – ihre Industrieanlagen sind schon lange kaputt. Kurz: Die Nato-Verbündeten erlauben die Zerstörung der Lebensgrundlagen eines ganzen Volkes.

Wir haben das alles schon diskutiert: Das Völkerrecht, vor allem die UN-Charta nennt explizit die Beistandspflicht. Und Du sprachst in Berlin über eure Atomkriegs-Ängste! Ihr Antiatomkriegs-Pazifisten macht es euch verdammt einfach: ein Podium aufbauen, große Spruchbänder aufspannen, einige tausend Leute anlocken und mit großen Gesten die fast schon vergessene Atomangst herbeireden: Apokalypse! Habt Ihr ganz konkret etwas Zweckvolles unternommen, um das unfassbare Elend der betroffenen Menschen in der Ukraine zu lindern? Habt Ihr geflüchtete Mütter mit ihren Kindern beherbergt? Gelder gespendet für Pflegestätten und Kindergärten, damit die durch die Bomben der Russen zu Waisen Gewordenen aufgenommen werden?

Du merkst es: Ich kann hier meine zur Verbitterung gefrorene Verwunderung über eure realitätsentrückte Neunmalklugheit nicht verschweigen. Wenn ich dieses oberschlaue Gerede über eine – in Bezug auf den Schuldbegriff diffus postulierte – Mitschuld des Westens, über das vermeintlich fehlende Einfühlungsvermögen westlicher Diplomaten in die Seelenstimmung Putins und solche Sachen lese, stehen mir die Haare zu Berge. Habt Ihr denn nicht verstanden, dass nicht die Atomkriegsangst, sondern die mit der Menschenrechts-Charta verbundene Würde des Menschen die maßgebende Universalnorm ist, die immer aufs Neue zur Geltung gebracht bzw. verteidigt werden muss?

Und noch etwas ist mir in deinem Brief sauer aufgestoßen: Du beklagst die Diskrepanz zwischen »richtiger Erkenntnis« und »richtigem Handeln«. Solange Du nicht konkret beschreiben kannst, was denn »das Richtige« sei, lese ich solche Sätze als Plattitüde. Dass die meisten Menschen (und so auch die Partei- und Staatschefs) ihren rational-analytischen Verstand mit ihrer Triebstruktur nur ausnahmsweise synchronisieren können; dass Politiker nicht vom Erkenntnisinteresse, auch nicht von der Idee des ewigen Friedens getrieben sind, sondern nach Anerkennung lechzen, nach Einfluss und Macht: Diese Feststellung ist nun wirklich keine Neuigkeit, sie wurde tausendmal beschrieben – und als Tragödie auf die Bühne gebracht (von niemandem so treffend wie von Shakespeare).

Und auch die Idee des globalen Interessensausgleichs als übergreifende Lösung, über die ein paar kluge Leute seit dem Untergang des Faschismus nachgedacht und hierzu Manifeste und Resolutionen verfasst haben, ist idealistisch schön, aber leider praxisfern. Ganze Bibliotheken behandeln die strukturellen, politischen, geopolitischen, nationalstaatsgeschichtlichen und ethnokulturellen Gründe für das Scheitern der Idee der »Global Governance«, organisiert als »Vereinte Nationen« (auch darüber habe ich in meinem 11. Brief ausführlich geschrieben, ich hielt das Thema für abgehakt).

»In den Zeiten, als das Wünschen noch geholfen hat«, so beginnt Grimms Märchen über den *Froschkönig*, und so heißt Peter Handkes 1974 mit klammheimlicher Ironie betitelter

Roman. Du wünschst unserem Globus die »Global Governance« und weißt zugleich, dass es diese nicht geben kann. Wie auch immer sie aussehen würde:[124] Die großartige Idee, dass sich die nationalen Interessen in ein konzertiertes Zusammenspiel verwandeln lassen, ist der Froschkönig.

Tut mir leid, lieber Hans-Peter, ich bin wütend geworden, jetzt habe ich mich mit diesem Gebell wieder etwas abgekühlt. Wie geht es weiter? »Die Vernunft der Alten ist naiv«, schrieb der junge ukrainische Philosoph Anton Tarasyuk voriges Jahr in der *Zeit*, »beim russisch-ukrainischen Krieg geht es um die Zukunft der jungen Generation Europas«.[125] Seine Kritik gilt *unserer* Generation: Die Politiker im Westen wie im Osten und Süden des Globus seien »nicht in der Lage, Putin zu kontern, weil sie letztlich dieselbe Sprache sprechen: Imperiale Interessen sind legitim.« Dieses Denkmuster der Alten schließt auch die Bereitschaft mit ein, »diesen völkerrechtswidrigen Angriffskrieg zu erklären«, soll heißen: ihn als Problem (nur) der Ukraine hinzunehmen. Und dies empört die junge Generation der Ukrainer. Tarasyuk schließt mit einer Vision für die Jungen: »Wir beginnen eine gemeinsame Sprache zu sprechen: Letztendlich gibt es nichts Unmögliches an der Idee eines gemeinsamen und offenen Europas.« Das klingt für uns vielleicht vage, für die Generation Tarasyuk ist es eine Perspektive, die wir, die Alten, nicht nur ernst nehmen, sondern auch unterstützen sollten.

---

124 Ich verstehe unter »Global Governance« keine Exekutive, sondern eine globale Übereinkunft, die der Bewältigung globaler Probleme dienen soll, indem Prinzipien, Regeln und Gesetze erarbeitet werden, die international gelten sollen, sowie Institutionen, die problemlösende Entscheidungen erarbeiten bzw. überwachen. Nur: Vieles davon existiert auf der Absichtsebene und zerfällt auf der Vollzugsebene (Beispiel: UN-Klimakonferenz). Die Paradoxie besteht darin, dass die Konzeption einer konkordanten »Governance« zahllose Konflikte heraufbeschworen hat (siehe Stichwort »Global Governance« bei Wikipedia).

125 In: *Die Zeit*, Nr. 25 vom 15. Juni 2022, S. 53

Ich will diese Gedanken nicht weiterspinnen, denn eigentlich wollte, sollte ich dir über die Funktions- und Wirkweise der Medien in Zeiten des Krieges eine (analytisch angelegte) Skizze liefern. Doch bevor ich hier weiterschreibe, möchte ich dir nach dieser harschen Replik fairerweise Gelegenheit für eine Duplik geben. Ich verspreche dir: Ich werde sie dann so stehen lassen und ›mein‹ Medienthema aufgreifen.

Herzlich
Michael

Brief 20, Freiburg, 20. August 2023

Lieber Michael,

ohne Zynismus: ich finde es gut, dass dich unsere Kommunikation auch ein wenig wütend macht. Es gibt keine politische Auseinandersetzung ohne emotionale Beteiligung, und wie jeder weiß, kann die auch mal reichlich heftig ausfallen. Vielleicht ist es auch die Emotion, die uns von künstlicher Intelligenz unterscheidet. Sie zeigt, wo bei uns die Moral sitzt, die Wertentscheidung, und Menschsein ohne Wertsetzungen ist unmöglich.

Außerdem scheint mir an diesem Punkt unseres Austauschs ein wenig Metakommunikation hilfreich zu sein. Sofern wir die anwenden, befinden wir uns mitten in deinem persönlichen Fachgebiet. Wie kommen denn unsere unterschiedlichen Weltsichten und Wertsetzungen zustande? Ich halte viel von jenem Ansatz, der unsere Weltsichten als »gesellschaftliche Konstruktionen« bezeichnet.[126] Politische Sichtweisen sind zwar keine »Erfindungen«, so wie es im Hinblick auf alle Wahrnehmungen der radikale

---

126 BERGER,PETER L.; THOMAS LUCKMANN: *Die gesellschaftliche Konstruktion der Wirklichkeit. Eine Theorie der Wissenssoziologie.* 22.Aufl. Frankfurt/M. [Fischer] 2009

Konstruktivismus behauptet,[127] dennoch sind sie ein gutes Stück weit Ergebnisse medialer »Zufuhren«, wie ich das mal nennen mag, von Inputs, die der einzelne nicht selbst erzeugt hat. Das Individuum führt sich mediale Inhalte zu und konstruiert auf diese Weise ein »Bild« dessen, was es für real hält. Da wir alle bei der mentalen Herstellung unser Konstrukte auf »Zufuhren« medialer Art angewiesen sind, schwankt der ausgesprochen individuelle Anteil an diesen Konstruktionen erheblich, kann aber niemals seine zugleich gesellschaftliche Abhängigkeit gänzlich verleugnen. Anders gesagt: Was ich über die politische Welt weiß, ist notwendig und immer auch Wissen aus zweiter Hand. Ich erfahre es nicht in der gleichen Weise wie etwa einen Spaziergang durch den nahe gelegenen Park.

Daher beurteilen wir beide die atomare Gefahr gänzlich verschieden, geradezu konträr. Wir könnten uns fragen, durch welche medialen Inputs diese Urteile in unseren jeweiligen Köpfen zustande gekommen sind. Und noch einmal: Jeder, der politisch urteilt, also jeder Staatsbürger in einer Demokratie, auch jeder Experte, könnte sich das fragen. Niemand verfügt über politisch relevante Urteile, ohne dass er zuvor irgendwelche Medien herangezogen hat. Ich selbst schleppe oft Berge gewichtiger Bücher aus der Universitätsbibliothek heran; dieser Akt körperlichen Einsatzes demonstriert mir sehr deutlich meine mediale Abhängigkeit.

Wie auch immer: Wir könnten uns selbst fragen, welche Rolle mediale Zufuhren spielten, bevor die Bilder und Urteile in unseren Köpfen entstanden. Und obgleich das im Hinblick auf unsere persönlichen Konstruktionsvorgänge vielleicht nur von begrenztem Interesse ist, wird es wirklich spannend, blicken wir auf die Menschen um uns

127 FOERSTER, HEINZ VON; BERNHARD PÖRKSEN: *Wahrheit ist die Erfindung eines Lügners. Gespräche für Skeptiker*. 5. Aufl. Heidelberg [Karl Auer] 2003.

herum, auf das Gesamt der Staatsbürgerinnen und Staatsbürger. Wie entstehen deren Wahrnehmungen und Urteile? Welche Medien mit welchen Aussagen stehen dabei im Mittelpunkt? Schwere Bücher aus dem akademischen Bereich werden es eher nicht sein.

Wie also sieht es mit jener Welt in den Köpfen aus, die maßgeblich durch die Inputs der Massenmedien konstruiert worden ist? Wie sieht es dabei ganz besonders auch im Hinblick auf den Ukraine-Krieg aus? Sofern wir hier zu antworten versuchen, befinden wir uns an einem zentralen Punkt auch der demokratietheoretischen Diskussion. Demokratie verstehe ich als ein Verfahren, um möglichst wirklichkeitshaltige Entscheidungen zu fällen. Mediale Vermittlungen, mediale »Zufuhren« sind dabei unumgänglich. Es gibt nur so viel Demokratie wie es »gute« Medien gibt. Ich bin gespannt, was Du dazu zu sagen hast.

Wie immer in Freundschaft!
Hans-Peter

Brief 21, Hamburg, Ende August 2023

Lieber Hans-Peter,

wir haben im Laufe unseres Briefwechsels immer wieder das Thema ›die Rolle der Medien‹ gestreift, ohne es zu vertiefen. Jetzt hast Du mich aufgefordert, doch endlich über die Funktion der journalistischen Medien und über das verbreitete Unbehagen im Umgang mit den Newsmedien quasi laut nachzudenken. Deine Anregung hast Du mit einem Bekenntnis zum ›Konstruktivismus‹ verknüpft, einer Denkrichtung, die in den Medienwissenschaften in den frühen 1990er-Jahren groß in Mode kam und sich zum ›radikalen Konstruktivismus‹ steigerte, eine Ansicht, die das Medienverständnis markant verändert hat (und von der Du dich distanzierst). Lass' mich hierzu ein paar Gedanken aufschreiben, die, so hoffe ich, zur Klärung beitragen, ehe wir das aktuelle Thema ›Medien im Krieg‹ in den Blick nehmen.

Also Konstruktivismus und Medien. Du schreibst aus meiner Sicht durchaus zu Recht: »Das Individuum führt sich mediale Inhalte zu und konstruiert auf diese Weise ein ›Bild‹ dessen, was es für real hält.« (203) Und fügst dem bei, dass »wir alle bei der mentalen Herstellung unser Konstrukte auf ›Zufuhren‹ mediale Art angewiesen« seien. Doch zunächst gefällt mir das Wort ›Zufuhr‹ und das Verb ›zuführen‹ nicht; ich finde die gebräuchlichen Verben

›kommunizieren‹, ›konsumieren‹, ›rezipieren‹ oder auch ›nutzen‹ treffender, denn im Unterschied zur Atemluft und zur Nahrung, die wir uns zuführen müssen, kann man auf die ›Zufuhr‹ der News durch die Medien sehr wohl verzichten – und viele tun dies auch. Für diese zunehmende Verweigerung gibt es bereits das Etikett *information fatigue*.

Jedenfalls verstehe ich deine Stichworte im Sinne dieser zum Allgemeingut gewordenen (auch auf Wikipedia zu findenden) Definition: »Konstruktivismus« steht für die These, dass die Menschen vermittels ihre Wahrnehmung nicht die objektive Wirklichkeit erkennen, sich diese vielmehr erdenken (»konstruieren«) und so eine eigene, subjektive Realität erschaffen, die sie irrtümlich für objektiv halten. Vermutlich, so lese ich aus deinem Brief, konstruieren auch die Newsmedien »ihre« Wirklichkeiten (Das hieße: Wir, die Mediennutzer, konstruieren mit Hilfe von Konstrukten ...). Was unser Thema betrifft, so konstruieren die Medien anscheinend selbst erzeugte Bilder vom Krieg, die wir, die Nutzer, irrtümlicherweise für ein Abbild der Kriegsrealität halten.

Darüber müssen wir in der Tat reden, doch zunächst sollten wir unsere Begriffe und Konzepte (was sind Konstrukte?) klären. Diese medienwissenschaftlich gestützten Gedanken spannen allerdings einen breiten Theoriehorizont auf und sind insofern vielleicht mühsam zu lesen. Du kannst sie auch einfach überspringen und dort weiterlesen, wo es – endlich – um unser aktuelles Kernthema geht: Medien im Krieg.

Sicherlich weißt Du ebenso gut wie ich, dass die Einsicht, das Bild der Wirklichkeit könne nur subjektiv von unserem Denkapparat erzeugt werden, zuerst unter den Philosophen diskutiert wurde. Hier drei oft zitierte Vordenker: »Ich denke, also bin ich« (Descartes 1641, Urheber des Skeptizismus); *Die Welt als Wille und Vorstellung* (Arthur Schopenhauer 1819) sowie *Language, mind and reality* (Benjamin Lee Whorf 1942). Lass mich deren Erkenntniskritik in dieser Formel zusammenfassen: Jedes Individuum »konstruiert« aufgrund seiner spezifischen Wahrnehmung wie auch seiner persönlichen, dabei neurophysiologisch strukturierten Denkweise ein besonderes, ein eigentümliches Bild der Realität. In früheren Zeiten war selbstverständlich, dass alle Menschen die äußere Realität in derselben Weise wahrnehmen und insofern die »objektive Wirklichkeit« erkennen (können). Die philosophischen Skeptiker (inklusive Kant) erklärten diese Ansicht zum »naiven Realismus«. Ich brauche nicht zu betonen, dass die journalistischen Newsmedien (Augstein: »Schreiben, was ist!«) aus Sicht dieser Erkenntniskritiker solche Naivlinge sind. Umgekehrt hielten die vermeintlich naiven »Realisten« die Konstruktivisten für verkopfte Spintisierer, die nicht mal so einfache Dinge wie das Zustandekommen einer Verabredung zwischen zwei autonomen Menschen konstruktivistisch erklären können.

Unter den modernen philosophischen Erkenntnistheoretikern gilt der Konstruktivismus als abgehakt; man beschäftigt sich lieber mit der Großfrage, ob wir nicht die ganze Welt als Matrix, als Simulation von ... (ja, von was?) begreifen sollten. Seitdem wir Roboter bauen und virtuelle Welten »konstruieren« (d. h. die reale Welt simulieren), haben die Bewusstseins- und Geistesphilosophen deutlich mehr Spaß am Skeptizismus.[128] Ich meine, für unser Thema hat diese Spielebene keine Bedeutung: Ob wir uns das Universum als real, als Phantom oder als eine Simulation vorstellen, kann uns egal sein. Denn sie betrifft nicht unsere Frage, ob wir beide wissen, was gemeint ist, wenn wir uns um 17:15 Uhr mitteleuropäische Zeit an der Ecke Mo-

---

128 Zu den besonders geistreichen Spaßvögeln zähle ich den US-amerikanischen Philosophen David J. Chalmers mit seinem Bestseller: *Realität+ Virtuelle Welten und die Probleme der Philosophie*. Berlin [Suhrkamp] 2023.

zart-/Heyne-Straße treffen wollen. Wenn wir uns nicht ver-
fehlen, haben wir den Beweis erbracht, dass Intersubjekti-
vität als Merkmal des Objektiven sehr wohl Geltung besitzt
(Warum genau dies auch für die Medienwelt relevant ist:
Darauf gehe ich später ein).

Unterhalb dieser philosophischen Ebene gab es überraschend eine Konstruktivismus-Renaissance, nun im Kleid
des neuen Subjektivismus. Im Fortgang des vorigen Jahrhunderts, »spielten« zunächst einige Künstler mit Phantasmen, Paradoxien und Täuschungen; Du kennst gewiss
M.C. Eschers »unmögliche« Zeichnungen und René Mag-
rittes surreale Bilder. Bald entdeckten auch einige Logiker,
Kybernetiker und Sozialpsychologen das Konstruktivis-
mus-Theorem für Alltagsfragen – und gewannen viele,
viele Anhänger. Vor allem die Kommunikationstheorien
des Paul Watzlawick (»Wie wirklich ist die Wirklichkeit?«)
boten ihnen tolle Aha-Erlebnisse. Du kennst vermutlich
das entzückende Elefanten-Wegklatsch-Beispiel Watzla-
wicks.[129] Genau genommen meinte Watzlawick mit seiner
Freude am »radikalen Subjektivismus« keine zirkulären
Konstrukte wie die Konstruktivisten, sondern Paradoxien
im Kommunikationsverhalten der Menschen.[130]

Damals machten auch die von dir erwähnten Peter Berger und Thomas Luckmann Furore. Sie dachten über eine
soziologische Supertheorie nach (*Die gesellschaftliche Konstruktion der Wirklichkeit*, die englische Ausgabe erschien
1966), mit der sie die Gesellschaft einerseits »als objektive

---

129 Ein Mann klatscht alle zehn Sekunden in die Hände. Als er nach dem
Grund für sein Verhalten befragt wird, sagt er: »Um die Elefanten zu
verscheuchen.« Auf den Hinweis, hier gebe keine Elefanten, antwortet
der Mann: »Na, also!« (soll heißen: Das Klatschen hat funktioniert).
Das passt zu vielen Thematisierungen der Medien, wie wir beispielsweise während der Corona-Phase beobachteten (Lockdown und Mas-
kenpflicht vertreibt Covid-19).

130 Beispielhaft: WATZLAWICK, PAUL: *Münchhausens Zopf oder Psychotherapie
und »Wirklichkeit«*. Bern [Huber] 1988

Wirklichkeit« (die Institutionen), andererseits »als subjektive Wirklichkeit« (individuelle Sozialisation) umschrieben. Dabei ging es ihnen um »die Dialektik zwischen gesellschaftlicher Wirklichkeit und individuellem Dasein«.[131] Du ahnst es: Die beiden dachten eher hegelianisch denn konstruktivistisch (ihr Buchtitel klingt vermutlich für lesefaule Konstruktivisten einfach nur verführerisch).

Den großen Konstruktivismus-Boom setzten dann die Neurobiologen Humberto Maturana und Francisco Varela (*Der Baum der Erkenntnis*, 1984) so richtig in Gang. Die beiden erklärten, dass unser Gehirn seine »Wahrnehmungen« nach Maßgabe der »operationalen Geschlossenheit des Nervensystems« verarbeite, also die Außenwelt »nur« als neuronale Reize für interne Denkprozesse nutze. Alles klar? Die biologisch begründete Kernthese der beiden Verfasser: Wir erkennen nur, *wie* wir erkennen, nicht aber, *was* als »objektive Wirklichkeit« außerhalb unseres Gehirns gegeben ist. Wow, sowas sagen Naturwissenschaftler! Maturana wurde bald zum international gefeierten Konstruktivismus- Guru.[132] Seine Thesen gipfelten in der Behauptung, dass unser Bewusstsein ein sich selbst erzeugendes und selbst erhaltendes (»autopoietisches«) System darstelle, das nur (über) sich selbst zu denken vermag. Man nennt diese Denkfigur ›Solipsismus‹.

Das alles passte gut zum Zeitgeist jener Jahre. Ich schrieb dir ja schon in einem früheren Brief (Brief Nr. 17) Einiges hierzu auf. Erinnerst Du dich an die frühen 1980er Jahre? Damals schwand der Glaube an den sozialen Fortschritt, mit Reagan und Thatcher kamen die Neoliberalen an die Macht, die das Gemeinwohldenken destruierten und

131 BERGER, PETER L.; THOMAS LUCKMANN: *Die gesellschaftliche Konstruktion der Wirklichkeit*. Frankfurt/M. [Fischer] 1969, S. 199

132 MATURANA, HUMBETO R.; BERNHARD PÖRKSEN: *Vom Sein zum Tun. Die Ursprünge der Biologie des Erkennens*. Heidelberg [Carl-Auer-Systeme] 2002

mit dem Individualismus das marktwirtschaftliche Heil versprachen. Die Idee der sozialen Gerechtigkeit wurde ersetzt durch das geschichtsvergessene Systemdenken, das sich für die funktionale Selbststeuerung auch deshalb interessierte, weil es die Konkurrenzgesellschaft rechtfertigt und zudem naturwissenschaftlich begründet schien.

Aus meiner Sicht war es kein Zufall, dass etwa zur selben Zeit Niklas Luhmann seine Systemtheorie zur Geltung brachte. Ihr zufolge sind die »gesellschaftlichen Teilsysteme« – zum Beispiel die Medien – selbstreferenziell, also »autopoietisch« organisiert und mit den anderen Teilsystemen (Wirtschaft, Bildung, Politik, Recht) nur »strukturell gekoppelt« (diese Bezeichnung findet sich schon bei Maturana). Wie der Konstruktivismus, so unterstellt auch dieser Ansatz die »Einsicht in die prinzipielle Nichtbeobachtbarkeit von Welt« (Luhmann). Mit anderen Worten: Nicht nur das individuelle Gehirn, sondern auch die gesellschaftlichen Funktionssysteme scheinen darauf angelegt, sich per Selbstbeobachtung zu steuern, um sich selbst zu erhalten – eine tolle Rechtfertigungstheorie für Bürokratismus und Politik. Aus der Außenwelt kommen Signale (Codes), die neuronal verarbeitet werden, damit jedes System sich an seine unerkannte Außenwelt »irgendwie« anpassen und fortbestehen kann. Ich habe vor längerer Zeit diese Theorie mit dem Sinnbild des Piloten veranschaulicht, »der im dichten Nebel ohne Bodensicht nur nach seinen Instrumenten fliegt und gleichwohl sicher landet.«[133] Nur: Er hat keine Ahnung, warum er von A nach B hat fliegen sollen.

Dieses damals neue Systemdenken durchwehte als frischer Wind die Sozial- und Geisteswissenschaften. Begeistert waren auch zahlreiche Medienwissenschaftler, für die alles, was Medien machen, nun irgendwie als »autopoe-

133 HALLER, MICHAEL: »Das Medium als Wille und Vorstellung«. In: *Die Zeit* Nr. 27/1991, S. 54

tisch konstruiert« erschien. Die systemtheoretisch sowie konstruktivistisch denkenden Medienforscher ersannen folgende Definition:[134] Die Primärfunktion des Journalismus sei »die Herstellung und Bereitstellung von Themen zur öffentlichen Kommunikation« (RÜHL 1980: 319). Das bedeutet: PR-Kampagnen, Fernseh-Krimi, Ratespiele, Talkshows, Nachrichtensendungen, Fake-News, Werbebotschaften wie auch investigative Recherche: alles ist jetzt irgendwie Journalismus.

Die naheliegende Rückfrage, wie die Wissenschaftler die für Mediennutzer hoch relevanten Unterschiede zwischen Sachbeschreibung und Fiktion, zwischen Information, Beobachtung, Meinung und Vorurteil erklären, wurde mit diesem Hinweis weggewischt: Jede dieser Formen konstruiere eine spezielle Wirklichkeit; »als aufgeklärter Mensch« dürfe man sowieso nichts glauben. Diese Sichtweise finden inzwischen große Bevölkerungsteile völlig richtig: den Journalisten kann man ja nichts mehr glauben. Dabei merken sie nicht, dass dieses Denken in die Selbstentmündigung führt.

Lieber Hans-Peter, sorry, ich wollte eigentlich kein Referat halten, sondern nur deutlich machen, dass die populär gewordenen Sprüche der Konstruktivisten über die »Unerkennbarkeit der Welt« und die »Selbstreferenz« der Systeme für individualpsychische Situationen gewiss erhellend sind. Ich will auch nicht abstreiten, dass sie als Heuristik die Sozialwissenschaften vor »falschem« Objektivismus bewahren. Doch als Wahrheitstheorie führen sie in die Irre. Zum einen haben sich Maturanas Thesen über die autopoetische Signalverarbeitung unserer Gehirne als falsch

134 RÜHL, MANFRED: *Journalismus und Gesellschaft. Bestandsaufnahme und Theorieentwurf*. Mainz [v. Hase und Koehler] 1980. Wie Rühls und Luhmanns Theorien verkoppelt sind, zeigt: MARCINKOWSKI, FRANK: *Publizistik als autopoietisches System*. Wiesbaden [vs Verlag] 1993

erwiesen.[135] Zum andern können die Konstruktivisten die »öffentliche Aufgabe« des Journalismus nicht verstehen. Dass in unserer Demokratie dem Journalismus sehr wohl »objektive« Funktionen zugeschrieben werden, finden Konstruktivisten irreführend. Jede Normativität lehnen sie ab.[136] Damit fehlt ihnen auch eine Bemessungsgrundlage, um die Differenz auszuloten, die sich zwischen den Funktionsnormen und dem real existierenden Journalismus auftut. Immerhin, sie erkennen und kritisieren Objektivitätsansprüche vieler Newsmedien völlig zu Recht. Doch dabei schütten sie das Kind mit dem Bade aus. Sie predigen den Subjektivismus – und sehen nicht, dass damit die Glaubwürdigkeit des Journalismus zerstört wird.[137]

In den zurückliegenden rund zwanzig Jahren haben mehrere tausend Studierende an deutschen Universitäten vor allem bei ihren Dozentinnen gelernt, dass man die Welt der Tatsachen sowieso nicht dingfest machen könne, weil es »Objektivität« gar nicht gäbe. Nicht von ungefähr lesen wir Tag für Tag in den Newsmedien meinungsdurchsetzte Nachrichten und viele selbstverliebte Erzählgeschichten über beliebige Themen ohne jede Bedeutung – und die Medienmacher wundern sich, dass sich immer mehr Menschen abwenden.

---

135 Vgl. hierzu die Arbeit des US-amerikanischen Neurowissenschaftlers und Primatologen Robert Sapolsky: *Behave: The Biology of Humans at Our Best and Worst.* London [Penguin Press] 2017; dtsch: *Gewalt und Mitgefühl.* München [Piper] 2017.

136 Die »objektiven«, normativ zu verstehenden Funktionszuschreibungen finden sich insb. in den Landesmediengesetzen, im Rundfunkstaatsvertrag, im Pressekodex und in zahlreichen Redaktionsstatuten. Zudem in der einschlägigen Rechtsprechung, beginnend mit dem sogenannten »Spiegel«-Urteil des BVerG 1966 (sehr gut aufbereitet unter: http://www.servat.unibe.ch/dfr/bv020162.html).

137 Näheres findet sich hier: HALLER, MICHAEL: Mit geschwellter Brust und Epauletten. Anmerkungen zum veränderten Berufsbild im Journalismus. In: HÖMBERG, WALTER (Hrsg.): *Marginalistik. Almanach für Freunde der fröhlichen Wissenschaft.* München [Allitera] 2023, S. 137-152

Das ist noch nicht alles. Der aus meiner Sicht größte Irrtum der Konstruktivisten besteht darin, dass sie seit Maturana und Luhmann dem *binären* Systemdenken verfallen sind - und die Rolle der Sprache als Mittel der Verständigung nicht erkannt haben. Denn, lieber Hans- Peter, was macht uns denn zu aufgeklärten Bürgern in unserer Lebenswelt? Ich meine, es ist unsere Sprache. Ich schreibe hier über die Möglichkeit, dass ich das Beobachtete mit Hilfe unseres sprachlichen Regelwerks für dich fassbar beschreiben kann: mit der Lexik, der Syntax, der Semiotik und der Semantik. Wir nutzen wie selbstverständlich dieses Regelwerk in Form intersubjektiv geltender Konventionen (die grundlegenden beherrschen die meisten Menschen dank der Schule, wo sie Lesen und Schreiben gelernt haben). Aber auch die Aussagenlogik oder die Methoden der empirischen Wissenschaften sind intersubjektiv geltende Konventionen. Jedenfalls in unserem Kulturraum. Stimmst Du mir zu, dass unser brieflicher Gedankenaustausch (auch) deshalb klappt, weil wir uns an intersubjektiv geltende Begriffe, an die Aussagenlogik und Regeln des Sprachgebrauchs halten?

Du kennst vermutlich den sogenannten »linguistic turn« in der Philosophie zu Beginn des vorigen Jahrhunderts: Mit der sprachanalytischen Philosophie – ich denke an Rudolf Carnap, an Ludwig Wittgenstein – wurde das Autopoiesis-Thema ad acta gelegt: Philosophisches Denken will die logische Klärung der Gedanken im Diskurs und insofern die »Klarheit von Sätzen« als ihren *modus vivendi*. Das erinnert uns an Sokrates, der gar nichts konstruierte, vielmehr seine Gesprächspartner zu klarer Begrifflichkeit nötigte: »Ti estin?« (was genau meinst Du, wenn Du das Wort X oder Y gebrauchst?). Ich finde, bereits Sokrates argumentierte mit seinem sprachanalytischen Verstand gegen das tiefsinnige Geraune mancher Zeitgenossen. Manche von ihnen redeten so inhaltsleer und abgehoben wie heute die ›radikalen‹ Konstruktivisten.

Keine Frage: Journalismus war und ist sprachliches Handeln (trotz Foto und Video!). Um diese Rolle des Journalismus zu verstehen, dient uns als theoretisches Rüstzeug die Sprechakttheorie, die der britische Philosoph John L. Austin ausgebrütet und die sein Schüler John Searle verfeinert hat. »Sprechakte sind die kleinste Einheit der sprachlichen Kommunikation« (Searle). Dabei geht es um die sprachlich erzeugte Beziehung zwischen dem Sprecher und seiner Aussage, dem Aussageobjekt und dem, was der Empfänger unter dem Gesagten versteht: ein Dreiecksverhältnis. Verständigung ist möglich, weil wir im Laufe von Jahrtausenden sprachliche Konventionen entwickelt haben, mit denen wir intersubjektiv überprüfbare Aussagen machen, verstehen und kommentieren (können).[138] Klingt simpel, doch diese Regeln werden tagtäglich von den Medienmachern unterlaufen. Hier ein triviales Alltagsbeispiel aus dem Wirtschaftsteil der heutigen Ausgabe der *Zeit* (26.08.2023): »Wirtschaftsverbände fordern die Bundesregierung kurz vor ihrer Kabinettsklausur in Meseberg zu spürbaren Entlastungen für Unternehmen auf.« Du merkst es gewiss: Man benutzt als Akteur abstrakte Gattungswörter (hier: Wirtschaftsverbände) sowie unbestimmte, also deutungsbedürfte Attribute und Metaphern (»spürbare Entlastung«) und insinuiert einen zeitlich-kausalen Wirkungszusammenhang (»kurz vor ihrer...«).

Das von vielen Medien tagtäglich publizierte Kauderwelsch macht deutlich, dass es in der öffentlichen Kommunikation nicht nur um zutreffende Ausdrücke (Lokutionen) geht, sondern oft auch um Absichten, um Wirkungen und Bedeutungen (Perlokutionen). Nimm als Beispiel folgende

138 Hier einige alltagsrelevante Konventionen als Bedingung für sprachliche Verständigung: Lexik (Definitionen, Namen und Objektbezeichnungen), kalibrierte Messsysteme für Raum und Zeit (Beispiel Längen- und Breitengrade oder GPS plus Zeitzonen) sowie die Syntax (Grammatik).

News-Schlagzeilen, die mir just heute im Web begegnet sind: »Die diffuse Angst vor dem Fukushima-Kühlwasser« (*Tagesschau* 26.08.23); »Nach dem Unwetter: Die Hohenrheiner und ihre Angst vor Regen« (*Rhein-Lahn-Zeitung* 25.08.23); »Hannover-Gastronomie: Angst vor der Mehrwertsteuer-Erhöhung« (*HAZ* vom 25.08.23) und so weiter. Sie stellen »perlokutive Akte« dar, weil sie mit dem erfundenen Etikett ›Angst‹ beim Lesenden Angst erzeugen sollen. Oder nimm die redaktionellen Kommentare, deren Meinung auf die Leser persuasiv wirken sollen. Und so weiter. Mit dem Instrument ›Sprechakttheorie‹ können wir aber auch sachrichtige, nur der Aufklärung dienende Nachrichten von Spekulationen, Kampagnen und Propaganda unterscheiden – und die Medienberichterstattung kritisch unter die Lupe nehmen.

Aber das alles genügt noch immer nicht, um die »öffentliche Aufgabe« des Journalismus in Demokratien bestimmen zu können. Deshalb erweitern wir unser Rüstzeug um die *Theorie des kommunikativen Handelns*, die Jürgen Habermas mit der Sprechakttheorie verknüpft hat: Wenn verständigungsorientiert kommuniziert werden soll (was Journalisten ja wollen), dann, so Habermas, muss die Beziehung zwischen einer Aussage und ihrem Aussagegegenstand unter den Beteiligten klar sein. Habermas spricht von den Geltungsansprüchen der Wahrheit (= intersubjektiver Konsens), der Richtigkeit (moralischer Konsens), der Wahrhaftigkeit (= Innenwelt des Subjekts) und der Verständlichkeit.[139] Hinzu kommen inhaltliche Erfordernisse: Die Medien sollten unbeeinflusst von den Interessen der Wirtschaft und der Politik berichten (Schlagwort: ›Unabhängigkeit‹) – und sie sollten bei der Nachrichtenauswahl das Wichtige vom Unwichtigen unterscheiden, zudem nicht

---

139 HABERMAS, JÜRGEN: *Faktizität und Geltung. Beiträge zur Diskurstheorie des Rechts und des demokratischen Rechtsstaats*. Frankfurt/M. [Suhrkamp] 1992

einseitig, sondern (soweit möglich) unvoreingenommen recherchieren und ›ausgewogen‹ berichten. Dies sind normative Funktionszuschreibungen, allgemein geltende Ansprüche, die von den Newsmedien erfüllt werden sollten. Jedenfalls in der Theorie.

Ob auf diesem Wege der verständigungsorientierte öffentliche Diskurs in Gang kommen kann? Nein, das alles genügt noch immer nicht. Die Medien müssten zudem dafür sorgen, dass Andersdenkende, dass Kritiker und Opponenten Gelegenheit erhalten, ihre Einwände öffentlich zu artikulieren. Denn wenn die Medienmacher sich nicht darum kümmern, verstummen die Andersdenkenden und die potentiellen Kritiker wandern ab in den virtuellen Dschungel ihrer Online-Bubbles, wo sie unter ihresgleichen sind und bleiben. Mit diesen zusätzlichen »deliberativ« genannten Aufgaben tun sich viele neue Fragen auf.[140] Du ahnst es: Ich bin geneigt, auch noch in die Höhen der deliberativen Diskurstheorie zu klettern. Aber hier spätestens würdest Du meinen Brief zur Seite legen und denken, ich hätte nun komplett unser Thema aus den Augen verloren. Und es stimmt, ich sollte auf den Boden der real existierenden Medienwelt mit ihren Problemen zurückkehren. Okay.

Ich lese am heutigen Abend, dem 22. August 2023, in mehreren Newsmedien, dass Jewgeni Prigoschin bei einem Flugzeugabsturz in der russischen Region Twer ums Leben gekommen sei. Bis sein Leichnam per DNA-Test identifiziert ist, stellt dies eine Behauptung verschiedener Quellen dar. Stimmt sie? Dass er auf der Passagierliste stand, ist ein überprüfbarer Sachverhalt (zuständig: die Flugbehörde Rosawiazija). Aber diese Liste könnte, wenn ich mal spekulieren darf, manipuliert worden sein. Erst, wenn sein Tod

---

140 Ich gestehe ein, dass sich die Habermas'sche Diskurstheorie nicht ohne weiteres auf die Online-Medienwelt beziehen lässt. Diese neue Welt ist deutlich komplexer und eröffnet den BürgerInnen neue Interaktionsfelder.

zweifelsfrei feststeht, kann darüber spekuliert werden, wie es zu diesem Absturz kam.

In den folgenden Stunden des 22. August lese ich den Newsstream auf *spiegel.de* und *tagesspiegel.de*. Die Meldungen nennen ihre Quellen und kennzeichnen, welchen Status die Infos dieser Quellen haben: Sachbeschreibungen, Zeugenaussagen, hypothetische, spekulative und interpretative Aussagen. Zum Beispiel die Spekulation, ob Putin für den Absturz verantwortlich sei. *Der Spiegel* zitiert US-Präsident Biden: »Es gibt nicht viel in Russland, hinter dem Putin *nicht* steckt« (Meldung um 22:04 Uhr). Diskutabel ist dieser Satz Bidens, nicht der *Spiegel*, der ihn zitiert.

Dies alles hat nichts mit Konstruktivismus zu tun; es sind Aussagen über Vorgänge, die tatsächlich stattfanden und intersubjektiv überprüfbar sind. Auch um Mitternacht lautete die sachrichtig formulierte Newszeile bei Spiegel. de: »Mutmaßlicher Tod Prigoschins – Was wir über den Privatjet-Absturz wissen – und was nicht.« Ähnlich korrekt die *Tagesschau* am folgenden Morgen: »Prigoschin soll tot sein / Was wir über den Absturz wissen - und was nicht«. Der Vorspann: »Nach Angaben der russischen Luftfahrtbehörde war Wagner-Chef Prigoschin an Bord des in Russland abgestürzten Privatjets. Alle zehn Insassen sollen tot sein. Doch vieles ist noch unklar – auch, ob Prigoschin dabei ums Leben kam.«[141] Ich vermute, Du siehst das ungefähr so wie ich: Es geht hier um »intersubjektiv« geprüfte Aussagen, die beschreiben, was die Journalisten am Abend des 24. August 2023 um Mitternacht wussten und was sie (noch) nicht wussten.

---

141 Am 27.08.23 berichtete die *Tagesschau*, der russischen Nachrichtenagentur Tass zufolge habe das »Staatliche Ermittlungskomitee« den Tod aller zehn Passagiere inklusive Prigoschins mit einer »molekulargenetisch Expertise« zweifelfrei bestätigt. Wer möchte diese Nachricht bzw. deren Quelle in Zweifel ziehen?

Du wirst diese Darlegungen vielleicht kleinlich finden. Und vermutlich lautet dein naheliegender Einwand
so: Einverstanden, Sachverhalte können wir intersubjektiv prüfen und uns insoweit zuverlässig (›objektiv‹) informieren und darüber austauschen. Aber auch zutreffende
Tatsachen sind nur Partikel, die keine Aussagen über Zusammenhänge gestatten. Wollen wir uns in der Welt zu-
rechtfinden, dann müssen wir auch die größeren Ereigniszusammenhänge kennen und verstehen. Und ein vielleicht
noch triftigerer Einwand könnte lauten: Gibt es Ereignisse und Ereigniszusammenhänge, die von den Medien gar
nicht erfasst, vielmehr ausgeblendet werden – und die wir
kennen sollten, wenn wir uns ein Urteil bilden wollen?
    Vielleicht würdest Du dieses Problem an meinem Prigo-
schin-Beispiel demonstrieren: Wie und warum stürzte der
Embraer-Businessjet mit der Flugnummer RA-02795 in der
russischen Region Twer ab? Welche Fakten sprechen dafür,
dass Putin der Drahtzieher war – und welche Fakten (nicht
Meinungen!) sprechen dagegen? Wir sind uns vermutlich
einig, dass zuerst der *Ereigniszusammenhang* (beteiligte Akteure, Vorgeschichte, Umstände usw.) auf der Faktenebene
sehr genau recherchiert werden muss, ehe eine *erklärende*
Tatsachengeschichte den genauen Hergang und von daher
die mutmaßlichen Hintergründe des Absturzes erzählen
kann. Das ist sehr mühsam, hier vielleicht unmöglich, weil
der Kreml keine unabhängige Ursachenrecherche zulässt.
Für unsere Journalisten ist es viel einfacher, rasch mal
eine radikale Meinung als Kommentar rauszuhauen: »In
der Mafia gelten nur drei Gesetze: das Gesetz der Gewalt,
des Schweigens und des Gehorsams. Wer den Geschäften
des Paten nutzt, seine Schandtaten deckt und nicht auf-
muckt, darf sich bereichern, darf stehlen, rauben, morden.
Wer jedoch den Paten herausfordert, wird als Verräter gebrandmarkt und aus dem Weg geräumt. Wladimir Putins
Regime ist eine Mafia, wie sie im Buche steht.(...) Jewgeni

Prigoschin hat dieses eherne Gesetz der Mafia gebrochen. Mit seinem Putschversuch forderte der Söldnerführer den Kreml-Mafioso heraus und demütigte ihn vor den Augen der Weltöffentlichkeit.« Völlig klar, dass Prigoschin sterben musste (Florian Harms, Newsletter *t-online* vom 24.08.23).

Übrigens: Verräterisch sind Überschriften, in denen Worte wie »warum« oder »weil« stehen (sofern es keine Zitate sind): Als Sprechakt unterstellen diese Worte eine *objektive Ursache*. Das wäre für eine naturwissenschaftlich verifizierte Aussage okay, nicht aber für eine soziale oder psychologische, aus dem einfachen Grund, weil hier der Beobachter gar keine Kausalität »sehen« kann: Der Journalist introjiziert sie in die beobachtete Person, so, als sei er ein Schriftsteller, der als Kreator die Gedanken seines Protagonisten vordenken könne. Hier zwei Alltagsbeispiele: »Revanche in Bachmut: *Warum* Putin eine Blamage droht« (*Berliner Morgenpost* 10. Juli 2023). In dem »Warum« steckt die Unterstellung, dass Putin eine Blamage drohe. »*Weil* er die Umfragen klar anführt, will er nicht mit den anderen Republikanern auf eine Bühne« (*dpa* vom 22. 08.23). Gemeint ist hier Donald Trump, dessen verborgene Motive und Erwägungen der Berichterstatter zu kennen vorgibt. In der Literatur nennt man das »auktoriales Schreiben«. Unter serösen Journalisten war sowas früher unzulässig. Doch dies ist vorbei, die konstruktivistisch Geblendeten dürfen erzählen wie sie wollen.

Lieber Hans-Peter, das war ein sehr langer Kletterweg, aber jetzt endlich bin ich beim Thema angekommen: Wie funktionieren die Medien im Krieg? Ich beginne dieses Thema mit einer Frage an dich, mit der Bitte, sie offen zu beantworten: Informierst Du dich über das Kriegsgeschehen, über die Akteure und über die Politik der verbündeten Staaten hüben und drüben? Und wenn ja: welche Medien benutzt Du, sofern überhaupt, regelmäßig? Und welche nur gelegentlich?

Ich fände es spannend, wenn ich meine Darlegungen über »Medien im Krieg« mit deiner Antwort beginnen dürfte.

In Erwartung bin ich herzlich grüßend
Michael

Brief 22, Freiburg, Ende August 2023

Lieber Michael,

Du bittest mich, ich solle ehrlich mitteilen, welche Medien ich nutze oder genutzt habe, die mich über das Kriegsgeschehen informieren. Du fragst also nach den »Zufuhren« (205) und dem »Input«, die nach meiner Ansicht jeder Mensch benötigt, um sich ein Bild der Welt zu machen. Wenn ich es so sage, benutze ich den Begriff ›Medium‹ so allgemein wie möglich. Wir Menschen sind in diesem allgemeinen Sinn ›medial‹ abhängige Wesen. Nur über physikalische Zwischenträger kommen wir überhaupt zu einem Weltbild. Sofern wir nicht über die biologischen Sinne informiert werden, transportieren bereits die stimmlich erzeugten Schallwellen unserer Mitmenschen mediale Weltsichten, ohne die wir autistisch isoliert wären (von den Methodiken Gehörloser einmal abgesehen). Interessant finde ich, was Du über die konstruktivistische Wende im Journalismus berichtest. Da hat man wohl den Irrweg des radikalen Konstruktivismus gewissermaßen zur Tugend gemacht, um sich Beliebigkeit zu gönnen und die Aufgabe der Medien in einer Demokratie an die Wand zu fahren. Nicht nur der real existierende Staat oder die Gesellschaft und überhaupt die ›Welt‹ sind und bleiben für uns unabdingbare Referenzpunkte, auf die sich jede unserer Aussagen entweder speziell oder allgemein beziehen muss.

Für mich, der ich mich ja sehr viel mit Philosophie, mit Vorliebe mit Metaphysik befasse, ist die gesamte Konstruktivismus-Debatte eine Art Wiederholung dessen, was wir bereits im Gefolge der Kritiken Immanuel Kants erlebt haben. Hier ging es um jenes merk- und denkwürdige »Ding an sich«, das etwa die Neukantianer fallen ließen, auf das sich Kant selbst aber immer wieder bezieht. Auch wenn unser Erkenntnisapparat (heute sagt man: unser Gehirn) entscheidend an der Wahrnehmung der Welt mitwirkt, schien es Kant unmöglich zu sein, *nicht* auf jenes »Ding« zu rekurrieren, also auf eine wirkliche Welt »hinter« allen Konstruktionen.[142] Noch bei Ernst von Glaserfeld, einem eher radikalen Konstruktivisten, spürt man diese theorie-immanente Inkonsequenz, denn auch das radikalste Konstrukt ist immer noch eine Konstruktion dessen, was als »wirklich« unterstellt wird.[143] *Wir können gar nicht anders* als auf »Realität« Bezug zu nehmen. Und diese ist letztendlich nicht beliebig. Bei jeder Verabredung unterstellen wir »Realität«, nämlich Ort und Zeitpunkt eines Treffens, und jeder Pilot, wie Du richtig versinnbildlichst, wird auch bei dichtestem Nebel entweder irgendwo eine Bruchlandung hinlegen oder aber sicher auf der vorgesehenen Rollbahn aufsetzen. Und wir sind durchaus in der Lage, intersubjektiv festzustellen, ob das eine oder das andere passiert ist. Wir sollten also nicht das Kind mit dem Bade ausschütten, wenn wir über all die vielen Möglichkeiten reden, mit de-

142 VOLKELT, JOHANNES: *Immanuel Kant's Erkenntnistheorie nach ihren Grundprincipien analysiert. Ein Beitrag zur Grundlegung der Erkenntnistheorie.* Leipzig [Leopold Voss] 1879
143 GLASERFELD, ERNST VON: Einführung in den radikalen Konstruktivismus. In: WATZLAWICK, PAUL (Hrsg.): *Die erfundene Wirklichkeit, Wie wissen wir, was wir zu wissen glauben? Beiträge zum Konstruktivismus.* München [Piper] 1981, S. 16-38

nen die Realität auch verfehlt werden kann so wie eben das Rollfeld durch den Piloten.

Jetzt zu »meinen«, den von mir hauptsächlich genutzten Medien: Ich lese täglich *tagesschau.de* im Internet, die *Berliner Zeitung* und die *Nachdenkseiten*. Ich ›wildere‹ zudem auf verschiedenen Internet-Plattformen wie etwa *Telepolis* oder *multipolar*, ich schaue in ausländische Tageszeitungen, wie vor allem den britischen *Guardian*. In solchen Medien suche ich tagesaktuelle Ereignisse und – speziell auf den Internetplattformen – Sichtweisen und Kommentare. Unterdessen nutze ich auch KI, von der ich mir Vorschläge unterbreiten lasse, welches Medium zu entsprechenden Fragen etwas gesagt hat. Darüber hinaus lese ich – und dadurch unterscheide ich mich vielleicht von vielen anderen Mediennutzern – sehr ausgiebig Bücher zum Thema. Über Bücher beziehe ich vor allem begründete Urteile sowie Einordnungen und Hintergrundwissen. Selten schaue ich Dokumentationen, vor allem über arte.

Ich bin nun gespannt, was Du weiter zur Rolle der Medien, speziell im Hinblick auf den Ukrainekrieg zu sagen hast.

Sei von Herzen gegrüßt
Hans-Peter

Brief 23, Hamburg, Anfang September2023

Lieber Hans-Peter,

deine Auskünfte über deine Mediennutzung weisen dich als einen sich breit informierenden Zeitgenossen aus. Wenn doch alle, die ihre Ansichten in der Internetwelt herausposaunen, nur halbwegs so gut informiert wären wie Du! Gestatte mir, dass ich zuerst die von dir aufgezählten Medien in die Schubladen der Medienwissenschaft einsortiere.

Als Erstes die tagesaktuell informierenden Newsmedien: Deine Hauptinformationsquelle, die *Tagesschau* (ARD), ist Repräsentant des Mainstreams; sie vermittelt die Positionen und Themen der Bundesregierung, der Parteien und Sprecher »der bürgerlichen Mitte« meist sachrichtig, aber auch wichtigtuerisch. Dann die *Berliner Zeitung*. Sie ist in erster Linie eine Lokalzeitung für den Osten Berlins. In überregionaler Hinsicht zeigt das Blatt – seinem Standort und seiner Tradition geschuldet – ein besonderes Interesse an der Position Moskaus und Putins, erkennbar an den Korrespondentenberichten und Kommentaren. Im Übrigen verwertet die *BeZ* dieselben Quellen wie die etablierten Newsmedien, vor allem dpa und epd.[144] Dein drittes Newsmedium ist der

---

144 Du weißt vermutlich, dass die *Berliner Zeitung* seit 2019 dem ostdeutschen Ehepaar Friedrich gehört. Informatik-Unternehmer Holger

Internetauftritt des *Guardian*. Seine Newsseite berichtet aus der angloamerikanischen Perspektive. Er pflegt den nüchtern-sachlichen Stil der britischen Qualitätspresse. Seine Redaktion informiert tatsächlich aus unabhängiger Sicht.[145] Sie ist auch über die britische Politik zum Ukrainekrieg bestens informiert. So gesehen kommt der *Guardian* den normativ gesetzten Anforderungen an Newsjournalismus, wie ich sie im vorigen Brief beschrieben habe, recht nahe. Auch vermeidet er das nur schwer erträgliche Moralisieren und Besserwissen deutscher Journalisten.

Als Zweites: Die von dir genannten Online-Magazine packen wir in die Schublade der ›Sekundärmedien‹. Damit meinen wir solche Angebote, die selbst keine tagesaktuellen Nachrichten aufbereiten und keine Newsrecherchen betreiben. Sie beleuchten und beurteilen vielmehr das, was man dank der Newsmedien weiß oder wissen könnte. In den analogen Zeiten erfüllten die Wochenzeitungen diesen Job. Von denen ist nur mehr *Die Zeit* übriggeblieben; sie hat sich (aus meiner Sicht) in ein exzellent gemachtes Diskursmedium weiterentwickelt. Heute gibt es in der Online-Welt unüberschaubar viele Meinungsmedien. Manche präsentieren zu Themen, die von den Mainstreammedien nur einseitig vermittelt wurden, abweichende Sichtweisen. Die von dir genannten Magazine und Foren (Plattformen würde ich sie nicht nennen) rechne ich zur system- und mainstreamkritischen Szene. Ihre mitunter polemisch intonierten Meinungsbeiträge entziehen sich meist dem klassischen Links-Rechts-Schema; sie liefern Werthaltungen und Argumente,

Friedrich ist der Verleger. In ihrem »Manifest« zeigten die beiden Friedrichs viel Verständnis für Putin und wenig Sympathie für die Europäische Union.

145 Die Zeitung gehört einer Stiftung, deren Aufgabe es ist, die wirtschaftliche Unabhängigkeit der Zeitung sicher zu stellen. Die hohe Wertschätzung seiner Leser spiegelt sich in einem wachsenden Spendenaufkommen.

die sich mit der »vorherrschenden« Meinung (wie auch immer diese zustande kommt) kritisch auseinandersetzen.

Kann ich daraus schließen, lieber Hans-Peter, dass Du in Bezug auf unser Thema ›Ukrainekrieg und die Medien‹ den Mainstreammedien misstraust und lieber abweichende ›alternative Sichtweisen‹ für deine Meinungsbildung heranziehst? Damit wärest Du wahrlich nicht allein. Wenn ich in meinem Bekanntenkreis herumfrage, begegne ich weithin großer Medienskepsis: »viel zu regierungsnah« oder »die Öffentlich-Rechtlichen sind genauso grünrot wie die SPD und die Grünen.« Oder auch: »Die fressen dem Regierungssprecher aus der Hand«. Konservative Ansichten »kommen kaum zu Wort«. Und auch dies: »Wer die Corona-Politik falsch findet, den diffamieren die Medien als Querdenker oder Schwurbler«. Dasselbe höre ich auch in Bezug auf die Waffenlieferungen an die Ukraine. »Wer dagegen ist, den stempeln die Leitmedien als Putin-Versteher ab«.

Du wirst mir zustimmen, dass diese Medienskepsis vor allem unter den politisch Rechten in den Neuen Bundesländern weit verbreitet ist. Meine Zitate stammen indessen nicht aus Ostdeutschland, sondern von akademisch gebildeten Bekannten in verantwortungsvollen Berufen in Westdeutschland. Ich habe dir ja im vorigen Brief darzulegen versucht, wie es kommt, dass der Journalismus seine »öffentliche Aufgabe« aus den Augen verloren hat. Das Misstrauen aber, über das wir jetzt sprechen, nährt sich aus dem Gefühl, die Newsmedien verfolgten eine politische Agenda, schlimmer noch: Manche ihrer Berichte ähnelten dem Kampagnenjournalismus (dieser Vorwurf gilt überhäufig dem *Spiegel* und der *Süddeutschen Zeitung*, denen beide ein grünlinker Moralismus vorgeworfen wird[146]).

---

146 Ein Beispiel aus diesen Tagen: https://www.telepolis.de/features/Ai-wanger-Lindemann-und-die-Sueddeutsche-Zeitung-Der-Skandal-als-Geschaeftsmodell-9288757.html?seite=all

Diesen Medienverdruss finden wir nicht nur bei unseren Freunden und Bekannten. Je nach Umfrage sagen 25 bis 45 Prozent aller Erwachsenen, sie hätten »wenig oder gar kein Vertrauen« in die Newssendungen der öffentlich-rechtlichen Programme.[147] Viele meinen, die Nachrichtenredaktionen würden von der Politik in Berlin beeinflusst, manche glauben sogar, die Regierung kontrolliere die Fernsehprogramme und damit auch das, was als Nachrichten ausgestrahlt werde. Deshalb könne man den TV-News nicht (mehr) glauben.[148] Damit ist auch dieser Zusammenhang offenbar: Je größer die Enttäuschung über die Ampel-Regierung, desto größer auch der Frust der Medien-Nutzer. Rund ein Fünftel der Deutschen hat das Gefühl, man werde »von den Massenmedien systematisch belogen«.[149] Immer mehr gehen den Nachrichten der etablierten Newsanbieter

147 Die Bandbreite ist so groß, weil je Erhebung unterschiedlich gefragt und die Antwortkategorien unterschiedlich definiert werden. Ein Beispiel: In der Erhebung der »Mainzer Langzeitstudie Medienvertrauen« sank der Anteil derer, die »den Medien eher resp. voll und ganz« vertrauen, von 56 Prozent (2020) auf 49 Prozent (2022). Das relativ größte Vertrauen genießt hier das öffentlich-rechtliche Fernsehen mit 62 Prozent. In: *Media Perspektiven* 8/2023, S. 2-5.

148 In der jüngsten Erhebung der Konrad-Adenauer-Stiftung über den Zusammenhang zwischen Politik- und Medienvertrauen vom März 2023 gaben 39 Prozent an, »wenig oder gar kein Vertrauen« in die öffentlich-rechtlichen Medien zu haben. Unter den konservativ Denkenden sind es nur 32 Prozent, bei den unzufriedenen Bürgern hingegen sind es 77 bis 92 Prozent. (Umfrage 1032 von 2021/2022). Quelle: Konrad Adenauer Stiftung e.V. (2023): Monitor Wahl- und Sozialforschung März 2023, S. 14-17.

149 Befragung des Demoskopie-Instituts Forsa im Auftrag der Universität Hohenheim im Juni 2023 unter: https://www.uni-hohenheim.de/fileadmin/uni_hohenheim/Aktuelles/Uni-News/Pressemitteilungen/2023-08_Populismus_und_Demokratie.pdf Nebenbei: Wie schlampig solche Erhebungen ausgewertet werden, zeigt schon die Formulierung »X Prozent der Deutschen.« Die Nationalität wurde nicht abgefragt. Und Fragegenstände wie »Massenmedien« werden von jüngeren Befragten unterschiedlich oder auch falsch verstanden (Sind Facebook, Instagram, TikTok usw. Massenmedien? Natürlich nicht).

ganz aus dem Weg, vor allem den Berichten zum Ukraine-Krieg.[150] Dass es für die Newsverweigerung den Begriff ›information fatigue‹ gibt, habe ich im vorigen Brief schon erwähnt. Einerseits.

Andererseits werden die TV-Nachrichtensendungen der Öffentlich-Rechtlichen trotz alledem häufiger genutzt als jede andere Newssendung, derzeit so häufig wie noch nie – irgendwie paradox, nicht wahr? Der letzten Reichweitemessung der AGF zufolge erreichen die vier News-Sendungen (*Tagesschau, Tagesthemen, heute* und *heute-journal*) rund 20 Millionen Menschen.[151] Nicht gerechnet die zahlreichen Sondersendungen zu aktuellen Brennpunkten, etwa zu Corona und dem Ukraine-Krieg, die mehrere Millionen Zuschauer fanden. Und hinzu kommen die beachtlichen Reichweiten unter jungen Leuten, die sich (auch) die *Tagesschau* oder die *heute*-Videos auf YouTube, TikTok oder per App anschauen.[152]

Lieber Hans-Peter, es ist schon so, dass wir beide zu der (kleinen) Minderheit der News-Junkies gehören: Wir informieren uns über das aktuelle Geschehen anhand deutscher wie auch internationaler Newsmedien, zudem interessieren uns die Beobachtungen und Einschätzungen meinungsstarker Publizisten, die nicht zum Mainstream, eher zur Szene der Andersdenkenden gehören. Neben der *taz* (okay, sie steht mit einem Bein im Lager der Etablierten) schaue ich mir auch *Kontext* (»werbefreie unabhängige Zeitung aus Stuttgart«) und *das Untergrundblättle* aus der Schweiz an, während der Corona-Pandemie mehrere »alternative« Newletter (wie: *transition news*), zudem politisch

---

150 *Reuters Institute Digital News Report 2023*. Für Deutschland unter: https://www.ssoar.info/ssoar/handle/document/86851
151 Näheres hierzu in: *Media Perspektiven*, 5/2023, S. 4
152 Die genannte Erhebung hat ermittelt, dass unter den jungen Erwachsenen (bis 49 Jahre) nur mehr die Hälfte das lineare Fernsehen nutzt, die andere Hälfte informiert sich über die zahlreichen Online-Dienste.

eigenwillige Blogs wie *clubderklarenworte, Apolut, Reitschuster* und die linke Sammelplattform *linksnet*. Und wir beide durchforsten zudem *Telepolis* und die *Nachdenkseiten*. Das alles ist sehr zeitaufwändig; ich für meinen Teil mache dies aus beruflichen Gründen, aber auch, weil es keine Informationssicherheit gibt und ich keinem Vorurteil, keiner Gesinnung folgen will. Ich vermute, dir gehe es ähnlich (Das Atomkriegsthema lassen wir hier mal außen vor).

Deutlich anders verhält sich der überwiegende Teil der Bevölkerung. Der schaut wie gesagt mehrmals pro Woche Nachrichten der Öffentlich-rechtlichen – und findet zugleich, die Inhalte der Sendungen seien oft verlogen, manipuliert, von der Regierung gesteuert.[153] Mit dieser Paradoxie leben gegen 40 Prozent der Nutzer der Fernsehnachrichten. Verrückt, nicht wahr? Um noch eins draufzusetzen: Wenn nach der *Glaubwürdigkeit* der journalistischen Newsmedien gefragt wird, erzielen *Tagesschau* und die *Heute*-Sendungen Spitzenwerte.[154] Weit abgeschlagen folgen Hörfunk-Nachrichten und die Tageszeitungen, egal, ob als ePaper oder Newsfeed. Und als letzte kommen die Social Media-Plattformen.

Ich biete dir drei Erklärungen an, die vielleicht die Medienkrise durchsichtig machen können. Die erste Erklärung geht so: Es stimmt, dass große Teile des Publikums die Nachrichten der Öffentlich-Rechtlichen als grün-gelb-rote Echokammer der Berliner Politik erleben. Weil aber nun die politische Macht derzeit grünrot plus gelb ist, finden viele Menschen, dass die Mainstream-Newsmedien diese Regierungspolitik am besten beschreiben und erklären. Dank ihrer Nähe zur politischen Elite sind sie auch gut informiert, wenn es dort um Machtkämpfe und Intrigen, um Rangeleien und (Fehl-)Entscheidungen geht. Dank dieser

---

153 Vgl. Uni Hohenheim/Forsa 2023 (Fußnote 149)
154 Vgl. *Media Perspektiven* 8/2023, S. 2-5 (Fußnote 147)

Nähe entstanden übrigens aufschlussreiche und spannend zu lesende Inside-Reportagen: hautnah und detailreich, dafür aber distanzlos.[155]

Zurück zu unserem Informationsbedürfnis: Ich denke, wer die Webseiten nur schon der *Süddeutsche Zeitung*, *Frankfurter Allgemeine* und *Tagesschau* bzw. der *heute*-Sendungen (oder deren News-Apps) täglich konsumiert, ist über Ross und Reiter in der *politischen* Landschaft Berlins gut informiert. Wer eine distanziert-kritische Sicht zusätzlich wünscht, benötigt andere Medien. Ich will hier anmerken, dass der Meinungskorridor des Mainstreams bei großen Konfliktthemen – derzeit vor allem Migrationspolitik, Energiepolitik, Russland-/Ukrainekrieg – keineswegs so eng ist, wie viele Medienverweigerer glauben. Ich finde, dass sowohl *Die Welt* (www.welt.de) wie auch die *Neue Zürcher Zeitung* (https://www.nzz.ch/deutschland) das Spektrum um konservativ-liberale und die *taz*, auch die *Frankfurter Rundschau* um linksliberale Positionen erweitern. Und wenn Du die Meinungsbreite der Mainstreammedien zu tagesaktuellen Ereignisthemen checken willst, empfehle ich dir die App *Buzzard*, die jeden Tag die verschiedenen Meinungspositionen unter den etablierten Medien zum selben Ereignis aufbereitet.

Die zweite Erklärung beginnt wie die erste. Doch im Unterschied zur ersten haben wir es hier mit den Systemkritikern und -verweigerern zu tun, die in der Propaganda-Bubble des Kreml und abgedrehter Verschwörungsprediger zuhause sind. Ich finde es interessant, dass diese Leute trotzdem regelmäßig nachsehen, was in der Parallelwelt bei den politischen Machtträgern los ist. In Gesprächen mit zahlreichen ›Querdenkern‹ habe ich gelernt, dass viele dieser Leu-

---

155 Hier zwei sehr informative Inside-Reports. 1.) ALEXANDER, ROBERT: *Machtverfall. Merkels Ende und das Drama der deutschen Politik*. München [Siedler] 2021. 2.) LAMBY, STEPHAN: *Ernstfall. Regieren in Zeiten des Krieges. Report aus dem Innern der Macht*. München [C.H. Beck] 2023

te in einem schizoiden Zustand leben. Etwa so: »Natürlich sind die Mainstreammedien verlogene Regierungsknechte, aber es ist wichtig zu wissen, was in der Realpolitik abgeht.« Dazu passt, dass inzwischen jeder vierte Deutsche zu glauben scheint, die Berliner Regierung werde von »geheimen Mächten« gesteuert. Dies sagt jedenfalls die vorhin erwähnte Erhebung des Forsa-Instituts. Wie diese geheimen Mächte agieren, das erfahren die Verschwörungsgläubigen in den Posts und Blogs auf Plattformen der Social Media (von QAnon über *KenFM* und RTDE bis zu den AfD-nahen Klimaleugner-Blogs). Über die Mainstreammedien erfahren sie, wie die Politiker die finsteren Ziele der geheimen Weltmacht umsetzen: Impf-Zwang, 5G-Technologie, Aufrüstung der jüdisch regierten Ukraine, Umvolkung vermittels Millionen muslimischer Migranten und so weiter.

Die dritte Erklärung hören manche gern, vor allem verschwörungsgläubige Systemkritiker mögen sie gar nicht: Die aufgeführten Leitmedien berichten regierungsnah und wertekonform, aber sie beherrschen das journalistische Handwerk. Meist nennen sie ihre Quellen, bieten gut informierte Analysen und Hintergrundberichte und setzen die Themenagenda. Deshalb nennen wir sie Leitmedien. Wir (mein Institut) haben mit Inhaltsanalysen zu den Themen Flüchtlingspolitik und Corona-Maßnahmen herausgefunden, dass die fünf Leitmedien den Positionen der Bundesregierung meist zustimmen und die Sorgen und Nöte der sozial Schwachen meist ausblenden – und dass die meisten Lokal- und Regionalmedien wiederum den Leitmedien folgen. Zudem werden die Leitmedien am häufigsten von andern Medien zitiert (*Der Spiegel* ist Spitzenreiter). Dies erklärt, warum so viele Menschen den Leitmedien eine relativ hohe Wirkungsmacht und zugleich hohen Konformismus zuschreiben.

Ich könnte dir noch eine vierte Erklärung anbieten, doch die ist ziemlich trivial: Bekanntlich findet (der Demoskopie zufolge) derzeit noch knapp ein Drittel der Erwachsenen die rotgrüngelbe Politik mehr oder weniger akzeptabel. Dieses Drittel – immerhin rund 20 Millionen wahlberechtigter Deutsche – macht die Stammkundschaft der Mainstreammedien aus. Dieses Drittel lebt im Einklang mit den Leitmedien, es freut sich über den (innerhalb des Mainstreams) relativ meinungsoffenen Diskurs und über das vollmundige Gerede in den Talkshows. Es schreibt anerkennende, auch freundlich-kritische Leserbriefe, es spürt keine »kognitiven Dissonanzen«, es sieht keine Paradoxien. Für dieses knappe Drittel ist die Medienwelt in Deutschland mehr oder weniger noch in Ordnung.[156]

Ich erzähle dir das alles, weil ich eine Antwort auf unsere Frage nach den Hintergründen des aktuellen Unbehagens suche. Ich könnte an meine Darlegungen im vorigen Brief anknüpfen und dir so manches über die wirtschaftlichen Zwänge der Medienverlage schreiben. Die großen Web-Plattformen (Facebook, YouTube usw.) und Aggregatoren haben den journalistischen Medien ja die Werbekundschaft weggenommen. Und die kostenlos zu nutzenden News-Apps saugen ihnen das junge Publikum weg. Also müssen sich die journalistischen Medienmacher dem kommerziellen Informationsmarkt andienen (manche sagen: unterwerfen), um nicht Pleite zu gehen. Aber das ist hier nicht unser Thema. Wir wollen ja diskutieren, woran es liegt, dass die Medien beim Thema Ukrainekrieg in *inhaltlicher Hinsicht* so konformistisch wirken und ihre »öffentliche Aufgabe« nur mehr bedingt erfüllen.

Ich biete dir hierfür die sogenannte Milieutheorie an. Sie stammt vom französischen Soziologen Pierre Bourdieu. Mit ihm im Rücken fragen wir uns: Woher kommen denn

156 Die erwähnte Erhebung der Konrad-Adenauer-Stiftung (Fußnote 148) belegt die große Überstimmung zwischen Medienzufriedenheit (Öffentlich-Rechtliche Medien), Politikvertrauen und Parteienpräferenz für rot-grün-gelb.

all die Medienmacher? Die wortführenden Journalisten der Leitmedien jedenfalls gehören demselben soziokulturellen Milieu an wie die meisten Politikerinnen und Politiker der grün-rot-gelben Fraktion, wie die meisten Hochschullehrenden und die meisten Kulturschaffenden in den Institutionen. Die letzte Repräsentativerhebung zum journalistischen Berufsbild (sie stammt von 2006!)[157] ergab, dass rund 85 Prozent der Journalistinnen und Journalisten aus der etablierten Akademiker-Mittelschicht kommt (Angestellte, Beamte, Selbständige). Diese Daten bilden ein soziokulturell homogenes, politisch derzeit grün-linkes Milieu ab. *Die Zeit* kommentierte diesen milieugeprägten Habitus so: »Der journalistische Mainstream trübt die Wahrnehmung für andere Lebenswelten als die eigenen – wer lieber in Kollegenkreisen den Lauf der Dinge diskutiert, als selbst nachzuspüren, koppelt sich automatisch von der Realität ab. Empathie kann eigene Erfahrung nicht ersetzen, das zeigte der letzte Bundestagswahlkampf, als die Journalisten fast geschlossen eine politische Wechselstimmung witterten. Dass dies mehr mit ihrer eigenen Lebenswelt zu tun hatte als mit der bundesrepublikanischen Wirklichkeit, belegte eindrucksvoll das Ergebnis.«[158] Dies ist heute kaum anders, wie die von mir zuvor zitierten Repräsentativbefragungen 2023 belegen. Der Begriff ›Elitendiskurs‹ passt zur Konsonanz, die zwischen der Wertehaltung der Leitmedien und jener der politischen Elite besteht und den die öffentlich-rechtlichen TV-Talkshows uns immer wieder vor Augen führen.[159] Nicht von ungefähr wechseln viele leitende Journalisten in die Mi-

---

157 WEISCHENBERG, SIEGFRIED; ARMIN SCHOLL; MAJA MALIK: *Die Souffleure der Mediengesellschaft: Report über die Journalisten in Deutschland.* Konstanz [UVK] 2006, S.65-71

158 »Papa ist Beamter«, in: *Die Zeit* Nr. 5 vom 26.01.2006

159 KRÜGER, UWE: *Meinungsmacht. Der Einfluss von Eliten auf Leitmedien und Alpha-Journalisten – eine kritische Netzwerkanalyse.* Köln [Herbert von Halem] 2019, S. 255

nisterien, um dort als Pressesprecher und Polit-PR-Manager besser besoldet weiterzuarbeiten. Bourdieu verstand solche Konsonanzen als »Habitus«, ein Lebensstil, der die Elite mit ihren Denk- und Wertemustern prägt.

In diesem Eliten-Milieu (viele Journalisten in Berlin strengen sich sehr an, dieser Elite zugerechnet zu werden) hat sich eine ›Haltung‹ ausgeformt, die aus grün-halblinken Politikern und halblinks-grünen Journalistinnen und Journalisten Gesinnungsfreunde macht. Ihre konsonante Haltung sieht man vor allem bei wertebesetzten Konflikt-themen: Willkommenskultur, Corona-Pandemie-Maßnahmen, Russlandsanktionen, Waffen für die Ukraine. Eine an der Universität Mainz durchgeführte Inhaltsanalyse von acht Leitmedien ergab für die ersten drei Monate des Ukraine-Kriegs diesen Befund: »Vergleicht man die Medienpräsenz von Regierungs- und Oppositionsparteien insgesamt, kam die Regierung auf etwa 80 Prozent und somit auf eine mehr als viermal höhere Medienpräsenz als die Opposition.« Die mit großem Abstand positivste Bewertung der »Konfliktakteure« erhielten Baerbock und Selenskyj; positive Bewertungen erhielt Bundeskanzler Scholz nur dann, wenn er die militärische Unterstützung für die Ukraine ankündigte.[160]

Diese Konsonanz unter den Leitmedien, die demselben Bildungsmilieu geschuldet ist, erleben viele Menschen als Regierungshörigkeit – was viele Journalisten als böse Unterstellung empfinden und in Talkrunden auch von sich weisen (Du erinnerst dich vielleicht an den Auftritt der *Spiegel*-Journalistin Melanie Amann bei Markus Lanz[161]). Offen-

---

160 MAURER, MARCUS; JÖRG HASSLER; PABLO JOST: *Die Qualität der Medienberichterstattung über den Ukraine-Krieg.* Forschungsbericht für die Otto Brenner Stiftung, 2023, S. 7-12
161 Sendung vom 29. September 2022; der Ausschnitt mit Melanie Amann findet sich unter: https://www.youtube.com/watch?v=QeCKrG56FQc [13.03.23].

bar verhindert die Zugehörigkeit zum selben Milieu – quasi der blinde Fleck des Journalismus – eine tiefergehende Selbstreflexion. Bemerkenswert ist dabei Folgendes: Zur politisch-kulturellen Elite rechnen wir maximal 15 Prozent der berufstätigen Bevölkerung. Da sie aber die Schlüsselpositionen innehaben, prägen und steuern sie den öffentlichen Diskurs und damit die öffentliche Meinung. Michael Hartmanns Beschreibung lautet so: »Die Eliten sind ein abgehobener Selbstrekrutierungsbetrieb, der die Demokratie aushöhlt.«[162] Sie besitzen, um den alten Antonio Gramsci aufleben zu lassen, eine *hegemoniale Macht*. Du kannst dies an der Durchschlagskraft erkennen, mit der diese kleine Minderheit ihre Moralvorstellungen – etwa: wokes Gehabe, Gendersprache und Political Correctness – der großen Mehrheit oktroyiert und vermeintliche Frevler – Stichwort Lindemann, Frontsänger der Band Rammstein – an den öffentlichen Pranger stellt (Wie dieser Trend die politische Debattenkultur verengt und viele zum Schweigen bringt, beschrieb u. a. Monika Grütters[163]). Dass dieser Moralismus auch auf die Karrierechancen junger Leute einwirkt, empört selbst linke Systemkritiker, wie dieses Zitat zeigt: »Die Linientreue (der Medien, M. H.) bei Themen der Energie- und Klimapolitik, bei Familien- und Genderfragen, bei Themen der Migration und der generellen Werteordnung sind Voraussetzungen für Karriere, Reputation und gesellschaftliche Anerkennung beziehungsweise persönliche Repräsentanz im öffentlichen Raum geworden. Wer hier nicht mitmacht, wird aussortiert, ignoriert, diffamiert. Eine Spirale gegenseitiger Begutachtung, moralischer Zertifizierung und publizistischer Rundum-Beäugung sorgt dafür, dass nicht die Falschen, die ›Umstrittenen‹, die Skeptiker

162 HARTMANN, MICHAEL: *Die Abgehobenen. Wie die Eliten die Demokratie gefährden*. Frankfurt/M. [Campus] 2018
163 GRÜTTERS, MONIKA: Zerstört die Political Correctness die Debattenkultur? In: *Deutschlandfunk Kultur* 15.02.2020

und Hinterfrager nach oben getragen werden, sondern eine geistig leichtgewichtige Masse an Opportunisten und Mitläufern«. Diese Polemik stammt von Fabian Nicolay, der den Szene-Blog *Achgut* herausgibt.[164]

Wenn wir uns vorstellen, das Mediensystem entspräche der Matroschka-Schachtelpuppe, dann stellt der genannte Habitus des Elitenmilieus mit ihren Denk- und Wertemustern die äußerste Puppe dar. Wenn wir weiter fragen, wie es kommt, dass die Leitmedien (inklusive der linksliberal eingestellten Redaktionen) auch in der Beurteilung Russlands und seines Ukrainekriegs eine weitgehend konforme Haltung zeigen, dann öffnen wir die Matroschka und sehen, dass die innere Puppe die Farben der Grundwerte unserer bürgerlichen Gesellschaft (Kürzel: FDGO) trägt. Indem Russland mit seinem Ukrainekrieg diese Werte attackiert, erscheint das Nato-Militärbündnis als unsere Versicherung und insofern als Garant unserer Werte. Wer diese Nato-Versicherung in Frage stellt – so, wie Ihr dies auf der Berliner Kundgebung im Februar 2023 getan habt –, der ist für die Leitartikler und Frontreporter ein Verräter, fast schon ein Feind der Demokratie. Du erinnerst dich gewiss an die TV-Nachrichten von Eurer Kundgebung: Die Kameras schwenkten über die Masse der Zuhörenden, und die Reporter behaupteten, viele Fahnen der Deutschnationalen und Dummköpfe der AfD zu erkennen (die paar Figuren musste man in der Masse der vielleicht 15.000 Friedensbewegten quasi mit der Lupe suchen).

Die Sozialwissenschaften nutzen für solche Phänomene den Begriff ›Framing‹ (Rahmung): »Er bedeutet, einige Aspekte einer wahrgenommenen Realität auszuwählen und sie in einem Text so hervorzuheben, dass eine bestimmte

---

164 Unter: https://t898de7f5.emailsys1a.net/mailing/180/693122g/224030 65/9259/2893a44296/index.html Das Zitat stammt aus dem Newsletter vom 8. September 2023.

Problemdefinition, kausale Interpretation, moralische Bewertung und/oder Handlungsempfehlung für den beschriebenen Gegenstand gefördert wird.«[165] Aus der unüberschaubaren Vielfalt an Ereignissen und Themen wird nach vorgegebenen Deutungsmustern ausgewählt, aufbereitet und präsentiert – was nicht in den Rahmen passt, wird weggelassen. Ich meine also, dass der von den Leitmedien repräsentierte Frame die Geschichte der Überlegenheit westlicher Demokratien erzählt mit ihrer ›freien‹ Marktwirtschaft gegenüber den autoritären Systemen. Und wenn wir jetzt diese Puppe aufmachen, dann entdecken wir ganz im Innersten der Matroschka den Puppenkern: den Mythos der marktwirtschaftlich alimentierten Demokratie, die politisch plural und meinungsoffen funktioniere. Wir in Deutschland erzählen uns diesen Mythos als großartige Geschichte, wie die Alliierten das Nazi-System überwunden und uns Westdeutsche ins Licht der freien westlichen Welt geleitet haben. Auch deshalb setzen viele Leitartikler im Brustton der Überzeugung die Nato-Kritiker mit den Putin-Verstehern und Demokratieverächtern in eins.

Lieber Hans-Peter, wenn wir bei der Frame-Metapher bleiben, sind wir uns gewiss einig, dass in Ostdeutschland der aus DDR-Zeiten überkommene Frame eine konträre Wahrnehmung rahmt. Dort spürt man noch immer die emotionale Bindung an die einstige Sowjetunion, die sich fast 40 Jahre lang als der wahre Bezwinger des Nationalsozialismus feiern ließ. Diese Verehrung hat den Untergang der UdSSR und den Aufstieg Putins überdauert. Sachsens CDU-Ministerpräsident Kretschmer tritt (aus verschiedenen Gründen) als Sprecher dieser Russlandfreunde auf.[166]

---

165 Die Metapher ›Framing‹ eingeführt hat der us-amerikanische Sprachwissenschaftler ENTMAN, ROBERT: Framing: Towards a Clarification of a Fractured Paradigm. In: *Journal of Communication*, 43 (3), 1993, S. 51-58
166 Wobei ich den Eindruck habe, dass er dies vornehmlich aus opportunistischen Gründen tut.

Vielen älteren Ostdeutschen ist auch heute noch die institutionelle Trennung zwischen Staat und Gesellschaft eher fremd. Dem bürgerlichen Individualismus, auch der Idee der zivilgesellschaftlichen Selbstorganisation misstrauen sie und erinnern sich wehmütig an ihre privaten Solidargemeinschaften. Und sie deuten die Mainstreammedien noch immer als Transmissionsriemen für staatspropagandistische Denkmuster. Ich schreibe dies nicht als Meinung, sondern aufgrund meiner Beobachtung während rund 30 Jahren in Sachsen. Für viele Ostdeutsche ist das Mediensystem wie selbstverständlich staatsabhängig, früher von der Staatspartei der DDR, heute von der Bundesregierung. Und die ist wiederum ein Vasall der USA wie damals die DDR am Gängelband Moskaus.

Dieses Denk- und Wertemuster der Staatssozialisten, dieser ostdeutsche ›Frame‹ schien nach und nach zu verblassen. Doch seit dem Krieg gegen die Ukraine im März 2022 gewinnt er wieder an Deutungskraft. Glaubt man den aktuellen Erhebungen, dann tragen die Leitmedien mit ihrem Frame, mit ihrer die westlichen Werte verherrlichenden und die ostdeutsche Russland-Bindung diffamierenden Berichterstattung kräftig dazu bei.[167] Die AfD dankt es ihnen.

Sorry, ich bin ins medienwissenschaftlich untermauerte Referieren über die Dysfunktionen der Medien gerutscht. Falls Du durchgehalten hast: Danke für deine Langmut! Nun möchte ich dir Platz für deinen Kommentar und mir eine Verschnaufpause geben, ehe ich den Fokus noch enger auf unser Thema Medien im Krieg richte.

Herzlich grüßt
Michael

---

167 Das Manifest »der aus der DDR stammenden Linken und Friedensaktivistin Sahra Wagenknecht« zeuge von »moralischer Verkommenheit«, kommentierte der *Tagesspiegel* am 13.02.2023.

Brief 24, Freiburg, zweite Septemberwoche 2023

Lieber Michael,

deine Medienanalyse finde ich sehr erhellend. Sie liefert mir Erklärungen für die neuen Verwerfungen, die im Hinblick auf Grundfragen in dieser Republik entstanden sind. Und das betrifft natürlich auch den Ukrainekrieg. Ich selbst habe diese Verwerfungen vor allem während der Coronakrise erlebt. Deutlich wurde mir, dass meine bisherigen Vorstellungen über meine politisch-weltanschauliche Zugehörigkeit brüchig geworden waren. Plötzlich stritt ich mich mit Freunden, mit denen ich bislang weitgehend einer Meinung war. Aus meiner Sicht hatten sich diese Freunde und Bekannten in der Krisensituation ängstlich-kritiklos den interpretativen Vorgaben der Regierung angeschlossen, während ich dabei blieb, ›denen da oben‹ zu misstrauen. Weshalb sollten die verordneten Maßnahmen nachweislich richtig und zum Teil nicht etwa schädlich sein? Und bestand nicht die Gefahr, durch ihre autoritative Durchsetzung mit der Verfassung in Konflikt zu geraten? Enttäuscht bestellte ich die *Süddeutsche Zeitung* ab, die mir während der Corona-Zeit wie ein Lautsprecher der Regierung vorkam. Ein lieber und sehr naher Freund andererseits war über meine Skepsis geradezu empört. Es müsse etwas mit meiner Kindheit und meiner schwierigen Vater-beziehung zu tun haben, wenn ich so unfähig sei, wissen-schaftlich verbürgte Vorgaben zu akzeptieren.

Ich habe einen Vorschlag, was die Ursachen solcher Ver-werfungen sein könnten: Der soziale Wandel vollzieht sich weltweit mit einer rasanten Geschwindigkeit. Die »neue Unübersichtlichkeit« (Habermas) ist erschlagend. Viele Menschen ringen um Orientierung. Was gestern noch ei-nigermaßen richtungsweisend war, befindet sich morgen schon beim alten Eisen. Ganz natürlich ist es aber, dass Menschen Zugehörigkeit und Bindung brauchen.

Identität wird vor allem dadurch ermöglicht, dass ich weiß, dass auch andere die Dinge ähnlich beurteilen, wie ich selbst. Identität in diesem Sinn ist ein rares Gut ge-worden. Wo also bin ich mental beheimatet? Welcher poli-tischen Richtung gehöre ich an? Mit wem kann ich mich einvernehmlich austauschen? All das ist extrem schwierig geworden.

Ich selbst werde unterdessen dem Wagenknecht-Milieu zugerechnet. Wer etwa die zahllosen, oft begeisterten Kom-mentare zu *Wagenknechts Wochenschau* (YouTube) durchgeht, der weiß, wovon ich rede. »Frau Wagenknecht, wir brau-chen sie als Kanzlerin!« »Frau Wagenknecht, sie sprechen uns aus dem Herzen!« Da entwickelt sich tatsächlich ein soziales »Milieu« im Sinn der entsprechenden soziologi-schen Forschungen.[168] Und Wagenknecht hat recht, wenn sie dieses Milieu streng jenem anderen Milieu entgegen-setzt, in dem sich nach ihrer Ansicht die Lifestyle-Linken befinden.[169] Das wären jene, denen es unter anderem wich-tiger zu sein scheint, dass man die Gendersternchen richtig setzt, als dass die Prekarität der benachteiligten Schichten

168 BREMER, HELMUT; ANDREA LANGE-VESTER: *Soziale Milieus und Wandel der Sozialstruktur.* Wiesbaden [Springer] 2007
169 WAGENKNECHT, SAHRA: *Die Selbstgerechten. Mein Gegenprogramm für Ge-meinsinn und Zusammenhalt.* Frankfurt/M., New York 2021

aufgehoben wird. Während Wagenknecht – paradoxerweise als rechtslastig diffamiert – eher klassisch linke Positionen vertritt, verortet sie die Lifestyle-Linken im akademischen Milieu der Gutverdiener. Nach ihrer Auffassung hat dieses Milieu zurzeit das Sagen. Hier scheint – deine Analyse bestätigt mir das – eine unselige Mesalliance zwischen Medienmacht und politischem Führungsanspruch vorzuliegen. Dem Zusammenhalt in der Gesellschaft dient das nicht.

Aber wir wollten über den Ukrainekrieg reden und wie die Medien ihn wahrnehmen. Kannst Du dazu noch etwas sagen?

Ich erwarte deine Antwort und verbleibe mit altfreundschaftlichen Grüßen
Hans-Peter

Brief 25, Hamburg, Mitte September 2023

Lieber Hans-Peter,

deine Überlegungen zur politischen Sicht von Sahra Wagenknecht kann ich gut nachvollziehen, auch teile ich deine und Wagenknechts Kritik am pseudolinken Lifestyle-Milieu, die den Hang zur Selbstbespiegelung – getarnt als Plädoyer für »Wokeness« – aufs Korn nimmt (*Die Selbstgerechten*, 2021). Und diese Kritik trifft auch auf viele Journalistinnen und Journalisten zu, die aus dem öffentlichen Diskurs eine moralisch aufgeladene Befindlichkeitsveranstaltung machen. Nicht von allen und nicht immer, gleichwohl so intensiv, dass dieser Moralismus eine hegemoniale Kraft entwickelt und so auftritt, als sei er der neue Mainstream. Ist er nicht.

Wenn wir die aktuelle Kriegsberichterstattung in den Blick nehmen, sehen wir, wie sich die verschiedenen Auffassungen in zwei polare Lager verklumpen. In meinem vorigen Brief benutzte ich das Wort ›Framing‹ (Rahmung) zur Beschreibung der Unterschiede zwischen der westdeutsch geprägten und der östlich geprägten Weltsicht (236). In Kriegszeiten – ich meine nicht Putsche, Partisanen- oder Bürgerkriege, sondern den klassischen Krieg zwischen Nationalstaaten, – spaltet sich die politische Welt in zwei feindliche Lager.[170] Im Krieg verdichtet jedes Lager seinen ›Frame‹ zur Totalität. Jede Seite sieht sich absolut im Recht und sorgt dafür, dass »ihre« Medien die Gegenseite als hässlich und böse beschreiben. Auch Sahra Wagenknecht verteufelt jetzt die Nato und wird in vielen Kommentaren mit dem Moralzeigefinger als feindliche »Nationalbolschewistin« diffamiert.

Wer jetzt die Einseitigkeit unserer Medienberichte seit Kriegsbeginn beklagt, der ist naiv. Denn neben dem physischen Krieg tobt der Informationskrieg. In diesem Psychokrieg setzen die kriegführenden Regierungen massive PR-Mittel ein, um die öffentliche Meinung zu manipulieren. Jetzt, im Krieg Russlands gegen die Ukraine, sind hunderte PR-Agenturen damit beschäftigt, in der westlichen Bevölkerung die ukrainische Militärführung als erfolgreich erscheinen zu lassen und die positive Einstellung zur Nato als Bündnispartner mit »guten Geschichten« hochzuhalten. Umgekehrt soll die russische Seite als korrupt, kriegsverbrecherisch und inkompetent erscheinen.[171] Wenn es dich interessiert: Der Politologe Jörg Becker hat Informationen über die Pro-Ukraine-Arbeit der vielen westlichen PR-Firmen zusammengetragen und beschreibt, wie europäische Agenturen unter der Leitung Nataliya Popovych (Mitarbeiterin der Selenskyj-Regierung) und David Gallagher (Direktor der PR-Firma Lynn Global) für eine konzertierte Kampagnenarbeit sorgen. Hier auszugsweise zwei

---

170 Wir sind die Guten, die andern die Bösen: Dieser Kriegspropaganda folgen die Heimatmedien der Kriegsparteien. Bekannte Beispiele aus den USA: 1990 der Golfkrieg (die »Brutkastenlüge« der US-Regierung kam erst Jahre später ans Licht). Dann 2003 die Lügengeschichte des Verteidigungsministers vor der UN-Versammlung, gefolgt von den Heldenberichten US-amerikanischer TV-Medien aus Bagdad. Auch die Gräuel der US-amerikanischen Söldnerfirma Blackwater und das Foltergefängnis Abu Ghraib blieben viele Jahre unerwähnt.
171 Mustergültig das Handbuch von David Gallagher: *Fighting Putin's Propaganda*. Unter: https://lynn.global/narrative-response-toolkit/

ihrer Anleitungen für die Medienmacher, stellvertretend für viele weitere:

Pro Ukraine:
* Geschichten von Alltagshelden und menschlichem Interesse in der Ukraine;
* Beispiele für Siege des ukrainischen Militärs oder Taten von Widerstand und Wut

Gegen Russland:
* Beweise für russische Barbarei und deren Kriegsverbrechen;
* Inhalte, die Präsident Putin lächerlich machen, indem sie ihn schwach und isoliert erscheinen lassen.[172]

Es versteht sich, dass die russische Kriegspropaganda das Gleiche mit umgekehrten Vorzeichen tut, allerdings weniger PR-Kampagnen, umso häufiger Falschinformationen verbreitet. Kleines Beispiel, stellvertretend für zahllos viele: Vier Wochen nach Kriegsbeginn verbreitete der Kreml die News, die Ukraine würde mit Unterstützung der USA und Deutschland an Biowaffen forschen. Diese Vorwürfe waren erfunden (Laut IFHS gab es keinerlei Anzeichen für solche Aktivitäten). Sehr viel Phantasie entwickeln die russischen Fake-News-Labors vor allem mit gefälschten Videos in den Sozialen Netzwerken, um die angebliche Nazi-Regierung in Kiew als den bösen Feind zu brandmarken – mit der Doppelstrategie, weltöffentlich den Opfern ihrer Angriffen die Schuld zu geben und zugleich die ver-

---

172 BECKER, JÖRG: PR-*Arbeit für die Ukraine*, in: https://www.fr.de/politik/ukraine-krieg-russland-pr-public-relations-feinbilder-russland-propaganda-selenskyj-92431664.html

unsicherten Menschen in westlichen Staaten gegen ihre Regierung in Rage zu versetzen.[173]

Mit diesen knappen Hinweisen will ich dir sagen, dass es in Kriegszeiten auch unter Journalisten keine neutralen Beobachter gibt (womit ich unterstelle, dass es diese überhaupt gibt, aber dies ist ein anderes Thema). Wir Mediennutzer sollten dies im Kopf haben, gerade wenn wir so aufregend wirkende Video-Reportagen etwa von *Bild*-Reporter Paul Ronzheimer sehen, wie er mit Schweiß auf der Stirn und raunender Stimme in die Kamera spricht, während im Bildhintergrund das Artilleriefeuer aufblitzt: Das ist eine Ich-Story, die von einer PR-Agentur vermutlich supervisioniert wurde.[174]

Weniger Skepsis ist angesagt, wenn wir Newsmedien aus Staaten lesen, die sich für neutral erklären, etwa die Schweiz und Österreich. Meiner Erfahrung nach berichten die Schweizer Newsmedien sachlich-distanzierter, wenn auch mit demselben Frame (»Nur der Westen repräsentiert die freie Gesellschaft«) wie die Newsmedien der Bündnisstaaten. Wie erlebst Du, lieber Hans-Peter, die Haltung der *Guardian*-Korrespondenten und -Kommentatoren? Findest Du nicht auch, dass ihre Berichte deutlich abgewogener scheinen als die der deutschen Medien? Leider habe ich keine Ahnung, was und wie die Medien in Indien berichten. Vielleicht folgen auch sie ihrem »Frame« insofern, als ihre

173 Im Falle der Kriegsverbrechen von Butscha behauptete das russische Staatsfernsehen, die Bilder von den Verwüstungen seien gestellt. Näheres über die Taktiken der russischen Kriegspropaganda findet sich hier: https://www.handelsblatt.com/politik/international/propaganda-wie-russland-desinformationen-im-ukrainekrieg-nutzt/29001670.html

174 Die Anmerkung ist mir wichtig, dass es deutsche Newsmedien gibt, die recht genau und so sachlich wie möglich die den Westmedien zur Verfügung stehenden Nachrichten zum Ukraine-Krieg aufarbeiten und präsentierten. Für mich beispielhaft ist das Newsletter des *Tagesspiegel*: plus@tagesspiegel.de.

Regierung ja eine russlandfreundliche Außen- und Wirtschaftspolitik betreibt.

Allerdings gibt es einen zentralen Unterschied zwischen den beiden Kriegslagern. Die westlichen Korrespondenten und Reporter können sich in zivilen Gebieten der Ukraine frei bewegen und recherchieren. Auch gibt es dort ein paar staatsunabhängige Medien. Wer aber von der Kriegsfront berichten will, der muss dem Setting einer PR-Agentur wie auch den Anordnungen des ukrainischen Militärs folgen: Er ist »embedded«, wenn auch kein Propagandist. Das heißt: Er berichtet einseitig und episodisch meist über positive oder brenzlige Aspekte, aber er lügt nicht im Sinne von Fake News. An der russischen Front, überhaupt in Russland läuft das Spiel ganz anders: Man erfindet die Wirklichkeit, wie sie passt. Im Rückblick auf unsere Konstruktivismus-Debatte könnte man sagen: Die Russen sind tatsächlich Konstruktivsten, ihre Medien erzählen die Geschichten, die der vom Kreml verordneten Wirklichkeit entsprechen. Solch konstruierte News gibt es seit der russischen Kriegsanlasslüge, dass die »Nazi-Regierung« aus Kiew abgesetzt werden müsse.[175] Tage später kamen die Zensurgesetze und die Schließung (Übernahme) staatsunabhängiger Medien. Seither konstruiert die staatliche Kriegs-PR wunderbare Erfolgsgeschichten mit Hilfe gestellter Szenen und erfundener Ereignisse für ihre Staatsfernsehsender. Den Berichterstattern wird bis zur Wortwahl vorgeschrieben, über was sie berichten sollen und über was sie schweigen

---

175 Die Lügengeschichte wurde schon im März 2022 entlarvt: https://germany.representation.ec.europa.eu/zwolf-mythen-uber-den-krieg-russlands-der-ukraine-und-die-wahrheit_de und: https://www.zdf.de/nachrichten/politik/putin-propaganda-ukraine-krieg-russland-100.html

müssen. Wenn Du mehr wissen willst: Hier gibt es weitergehende Infos.[176]

Es ist interessant zu sehen, wie die russischen Staatsmedien über eine vom Staat gewünschte irreale Ereigniswelt erzählen. Lieber Hans-Peter, um dies mitzuerleben, möchte ich mit dir ein Experiment durchführen: Wir suchen aktuelle Newsmedien, die Nachrichten (nicht Meinungen!) von der Ukrainefront aus russischer Sicht anbieten (ich verstehe kein Russisch, ich lasse mir die Sendungen übersetzen). Wegen der Gleichschaltung und Zensur ist es ziemlich egal, für welchen Sender wir uns entscheiden.[177] Professionell gemacht finde ich zum Beispiel den Staatssender *Russija*, der eine Video-Liveberichterstattung bietet. Interessant ist auch der noch vor wenigen Jahren unabhängige Sender NTV, der heute neben zahllosen Online-TV-Kanälen der staatlichen Gazprom Media Holding gehört.[178] Er zeigt viel Werbung (so kommt es, dass man bei uns neben Videos über russische Panzerangriffe auch einen Werbespot von Porsche sehen kann). Ich finde es erhellend, die Ansage der Moderatorin über ein Übersetzungstool auf Deutsch oder Englisch anzuhören oder als Text zu lesen. Auch überzeugte Russlandfreunde in Ostdeutschland müssten erkennen, dass sie blanke Staatspropaganda sehen, die verdreht und verschleiert, was sich tatsächlich zugetragen hat.

Nebenbei: Das stumpfsinnige Freund-Feind-Denken hat leider auch unsere Behörden und Anstalten erfasst.

---

176 Eine instruktive Beschreibung, wie das russische Propagandasystem organisiert ist, findet sich auf der Webseite der US-Regierung unter https://www.state.gov/wp-content/uploads/2020/08/Pillars-of-Russia%E2%80%99s-Disinformation-and-Propaganda-Ecosystem_08-04-20.pdf

177 Kanal Eins versteht sich als der Haupt-TV-Sender Russlands. Er bringt die (aus Sicht des Kreml) wichtigsten Nachrichten des Tages: https://www.1tv.ru/news

178 Rossija 1 online: https://smotrim.ru/live/63251; der Sender NTV: https://www.ntv.ru/video/

Man sieht dies daran, dass russische Online-TV-Sender für Deutschland (RT Deutsch) blockiert worden sind. Man muss einige Tricks anwenden, wenn man sich die Sendungen gleichwohl anschauen will. Dies bedeutet, dass interessierte Menschen bei uns leider keine Gelegenheit haben, die als TV-Nachrichten getarnten Propagandafilme über den heldischen Einsatz russischer Soldaten kennen zu lernen (das Verbot ist Wasser auf die Mühlen der Ultrarechten und Verschwörungsprediger).

Zurück zum Experiment: Ich habe mir heute unter der Rubrik »Die wichtigsten Nachrichten des Tages« eine von fünf Hauptnachrichten bei *1tv,* dem wichtigsten Staatssender Russlands angeschaut. Es ist eine mit vielen Interviews und Kriegshandlungen gespielte Frontreportage, die von einem großartigen Tagessieg russischer Truppen bei Tokmak erzählt.[179] (im deutschen Fernsehen lief zeitgleich die Gegengeschichte über den militärischen Erfolg der *ukrainischen* Truppen nahe bei Tokmak). Die anderen *1tv*-Hauptnachrichten des heutigen Tages zeigen Auftritte Putins in einem neuen Militärkrankenhaus und in einer Schule, umringt von begeisterten Schülerinnen und Schülern. Die-

---

179 Hier der Begleittext zum TV-Kriegsvideo: »Die Streitkräfte der Ukraine versuchen unsere Verteidigung im Raum Rabotino und Kleshcheevka zu überwinden, erleiden jedoch eine vernichtende Niederlage // Nun zur Situation in der NWO-Zone. Heftige Kämpfe an der Saporoschje-Front in der Nähe von Rabotino. Das ukrainische Kommando identifizierte diese Siedlung als Richtung des Hauptangriffs. Sie versuchen bereits seit dem dritten Monat, das Dorf einzunehmen: Dahinter öffnet sich ein Ausgang zur strategisch wichtigen Stadt Tokmak. Und dann Melitopol, Berdjansk und der Landkorridor zur Krim. Doch alle Angriffe der Streitkräfte der Ukraine werden durch die Ausdauer und den Mut der russischen Kämpfer zunichte gemacht. Wie in Kleshcheevka, an der Südflanke von Artemovsk. Dort versuchen die Militanten erfolglos, sich für ihre vergangenen Misserfolge zu rächen. Über den beispiellosen Mut und die militärischen Fähigkeiten unserer Verteidiger sprechen die Militärkorrespondenten Anna Prokofieva und Dmitry Kulko von Channel One. Dmitri Kulko, Anna Prokofjewa« vom 03.09.2023

se Jubelszenen erinnern mich an das Staatsfernsehen der Sowjetunion. Und sie verweisen ungewollt auf die mit der Informationsfreiheit gegebenen Möglichkeiten westlicher Medien und Berichterstatter. Doch was machen die daraus?

Wir beide könnten jetzt viele PR-induzierte Verzerrungen im Nachrichtenangebot auch der hiesigen Medien zusammenstellen. Zum Beispiel die während Monaten publizierten Berichte über den unmittelbar bevorstehenden Start der Gegenoffensive, die nicht kam. Über High-Tech-Waffen, die als *game changer* gefeiert wurden. Oder die Berichte und Analysen über die Wirtschaftssanktionen gegen Russland, die noch im Sommer 2022 den baldigen Ruin der russischen Wirtschaft prophezeiten. Inzwischen dämmert Wirtschaftsjournalisten, dass die Sanktionen de facto Russlands Industrien deutlich gestärkt und die westdeutsche Wirtschaft deutlich geschwächt haben. Und so weiter. Und doch bleibt ein relevanter Unterschied bestehen: Anders als die Journalisten in Russland können wir hier im Westen die Aussagen und deren Quellen überprüfen. Im großen Meer des Nichtwissens gibt es darum ein paar Inseln des Wissens. Zum Beispiel, dass russische Truppen in Butscha und in der Region Charkiw viele hundert Zivilisten gefoltert, verstümmelt, vergewaltigt und ermordet haben.

Diese Vorgänge konnten intersubjektiv geklärt werden (authentische Videos, neutrale Zeugen, auswertbare Spuren): Es sind ›objektive‹ Tatsachen.

Vielleicht bin ich erneut zu langatmig geworden. Lass mich darum meine Darlegungen über »die Medien im Krieg« so zusammenfassen: In Zeiten der Staatskriege propagiert jede Kriegspartei, dass nur sie die Legitimation für den Krieg besitze. Allerdings verhilft die westliche Werteordnung den Redaktionen der Leitmedien zur Überzeugung, sie dürften einseitig und parteiergreifend ›für die Ukraine‹ berichten, mithin ›Framing‹ betreiben. Im Brustton der Selbstgewissheit reden sie über ihre moralisch fundierte »Haltung« und vergessen die Menschen, auch die Opfer auf der russischen Seite. Die mit der Verteidigung der Ukraine genannten Ziele (bürgerliche Freiheitsrechte, freie Marktwirtschaft, Rechtsstaat, freie Wahlen) decken sich mit dem Selbstverständnis der westlichen politischen Kultur, auch wenn es nur Wünsche sind.

Dass die unkritische Ukraine-Berichterstattung die Oligarchenstruktur in der Ukraine, zudem die neoliberalen Maximen des Kapitalismus stärkt, fällt den meisten Journalisten nicht auf. Erst, wenn es Washington zu bunt wird – ich meine die Verhaftung des ukrainischen Oligarchen und Selenskyj-Protegés Ihor Kolomojsky, der Kriegsgüter aus den USA auf eigene Rechnung verhökerte – bekommen wir ein paar Informationen über Korruption in Kiew.

Keine Frage, es ist Krieg. und im Krieg verschweigen unsere Medien »die Gegenseite«, sie erzählen lieber mal großartige, mal bestürzende Helden- und Katastrophengeschichten von dieser Seite des Schützengrabens. Hinzu kommt die täglich neu entfachte Emotionalisierung durch die Aufmachung der News (Überschriften, Bilder, Videos). Damit helfen sie dem Vermarktungsinteresse ihrer Medienhäuser (Pörksen: »profitgierige Angstunternehmer«).

Mit anderen Worten: Im Gewand des moralisch legitimierten Besserwissers treiben sie ihrem Publikum mit Ängsten vor der Ausdehnung des Kriegs – vor dem Atomkrieg zuerst – den Schweiß auf die Stirn. Das dient nicht der Aufklärung, fördert aber Reichweite und Umsatz. Viele wollen es nicht wahrhaben, aber Journalismus, auch der öffentlich-rechtliche, findet bei uns unter den Bedingungen der kapitalistischen Wettbewerbsgesellschaft statt.

Auch im Krieg.

Lieber Hans-Peter, als Bildungsforscher fragst Du mich jetzt vielleicht: Und was ist mit dem Publikum? Meine Antwort: Die mediale Panikmache fällt deshalb so leicht, weil viele Mediennutzer – übrigens auch Medienskeptiker und Newsverweigerer in den Neuen Bundesländern – gar nicht wissen, wie die Online-Medienwelt funktioniert, wie Nachrichten in Kriegszeiten erzeugt werden und wie man ihre Glaubwürdigkeit (wenigstens grob) prüfen kann. Viele wissen nicht, wie umfassend der Informationskrieg die Online-Welt penetriert.

Ihnen ist schleierhaft, wie sie die gut getarnte Kriegspropaganda hüben wie drüben erkennen können. Sie durchschauen nicht, dass viele der ›alternativen‹ Posts und Blogs, die ihre Vorurteile so bilderreich bestätigen, genau deshalb produziert werden: um ihre Vorurteile zu bestätigen. Es wäre schon viel, wenn die Menschen – ob Mediennutzer oder -verweigerer – *subjektives* Für-wahr-halten von *intersubjektiv* geprüften Aussagen trennen, wenn sie Sachverhalte, Deutungen und Meinungen unterscheiden könnten.

Mein Fazit geht so: Einseitige wie falsche Nachrichten, irreführende Schilderungen und emotionalisierende Videogeschichten erzielen *in beiden Lagern* eine verheerende Wirkung, weil viele Erwachsene in Sachen Medienkompetenz sich wie Analphabeten verhalten. Vor allem die großen Krisenthemen der letzten Jahre – Migration, Pandemie und Ukrainekrieg – machen deutlich, dass wir im Westen für das Zeitalter der Onlinemedien ein umfassendes Alphabetisierungsprogramm brauchen. Wie seinerzeit mit der Einführung der Schulpflicht Lesen und Schreiben gelernt wurde, so sollte auch die Einübung der Medienkompetenz in den Grundschulen beginnen.

Unter *dieser* Voraussetzung kann ich mir vorstellen, dass es eines Tages viele Menschen geben wird, die verstehen, warum es in der polarisierten Welt der Kriege und Konflikte keine Informationssicherheit geben kann; Menschen, die diese Wirklichkeitskonstrukte als Propaganda durchschauen; die keinen Verschwörungspropheten, keinen Fake News und keiner Ideologie mehr auf dem Leim gehen.

Menschen, die Ungewissheit aushalten, die skeptisch und trotzdem neugierig sind und dies auch bleiben wollen.

Wir haben vereinbart, mit diesem Blick in die Medien und auf die Mediengesellschaft unser briefliche Diskussion zu beenden.

Mit Dank für dein Mit- und Entgegendenken, fürs Hinhören und Nachsinnen bin ich in alter Freundschaft
Michael

Zwei Nachworte: Was haben wir gelernt?

Nachwort von Hans-Peter Waldrich

Wir hatten diesen Dialog begonnen, weil wir entdeckten, dass wir weit auseinander lagen. Der Ukrainekrieg entzweite uns, und wir fanden uns auf verschiedenen Seiten der Diskursfronten wieder. Nur in einem Punkt waren wir uns einig: Unterschiedliche, ja gegensätzliche Auffassungen zu vertreten ist normal in einer Demokratie. Natürlich verband uns eine alte Freundschaft, die bis in die Schulzeit zurückreicht. Aber es waren wohl auch demokratische Grundüberzeugungen, die uns dringlich nahelegten: Jetzt sich nicht auseinanderdividieren, schon gar nicht die Freundschaft beenden, sondern umgekehrt: Jetzt erst recht miteinander reden! Denn bei Einigkeit kann man eigentlich wenig voneinander lernen, ein Lernprozess beginnt erst, wenn Unterschiede, Gegensätze sichtbar werden.

Was habe ich dabei gelernt? Deutlich vor allem, dass die gleichen Wertsetzungen zu sehr verschiedenen Urteilen führen können! Es sind ja gerade unsere gemeinsamen demokratischen Grundüberzeugungen – alle irgendwie der Aufklärung verpflichtet: die Hochachtung der Menschenrechte und der politischen Freiheit – die wir in wichtigen Punkten verschieden, ja gegensätzlich ausbuchstabieren. Die Unterschiede resultierten keinesfalls aus Informationsdefiziten oder aus einem Mangel an Klugheit bei dir oder bei mir. Daher sagte ich mir während unseres Dialogs oft: Versuche einmal, so zu *fühlen* wie Michael! Seine Empörung darüber, dass in diesem Krieg systematisch dasjenige zerstört wird, was wir beide für zentral halten: Freiheit, Lebensrecht und Menschenwürde. Kannst Du nicht auch *fühlen*, dass dieses neue Eindringen von Antihumanität in Europa etwas ist, das dein ganzes Engagement herausfordert? Leider und wirklich leider muss dieses Engagement zurzeit kriegerisch sein. Denn ähnlich wie zur Zeit der Bedrohung durch Hitler gibt es einfach keine andere Wahl, als der Gewalt entschlossen mit Gegengewalt einen Riegel vorzuschieben.

Neben jener »Übung«, die Wertsetzungen des anderen und deren Prioritäten möglichst echt nachzufühlen, stand ich auch vor der Herausforderung, meine eigene Position auf ihre Sinnhaftigkeit zu prüfen. Kannst Du wirklich dazu stehen, was Du da vorträgst, fragte ich mich oft. Wenn ein so hoch geschätzter Freund wie Michael so ganz anders urteilt als Du, dann heißt das, dass Du selbst dein eigenes Urteil revidieren würdest, könntest Du vollkommen in die Haut von Michael schlüpfen. Verallgemeinert gesagt, bedeutet das: Unser politisches Urteil ist im gleichen Ausmaß fragwürdig, wie die Hochachtung vor dem politischen Kontrahenten echt ist. Tatsächlich könnte er »genauso gut« recht haben. Versuche ich mich ernsthaft in den anderen hinein zu versetzen, verwandelt sich dessen Gegenposition vielleicht unversehens in die eigene.

Und doch kann und soll das nicht geschehen. Denn es gehört zu unserem Menschsein, dass wir jeweils individuelle Perspektiven haben. Nachdem wir in den Dialog getreten sind und nachdenklich und zugewandt den anderen nachempfunden haben, ist es geradezu unsere Aufgabe, das Besondere an unserer eigenen Sichtweise herauszustellen. Nicht rechthaberisch, nicht blind und taub gegenüber dem anderen, sondern als Verpflichtung gegenüber uns selbst.

Das ist die Wurzel des Rechts auf freie Meinung: die redliche Mühe im Austausch mit den anderen das Eigene zu begründen und dazu zu stehen. Wir können nicht anders: Wir sind Individuen und dürfen es ganz und gar sein. Das ist der Sinn jener Normen, die in einer freiheitlichen Demokratie die Menschenwürde ausmachen. Nichts Bedeutsames würden wir zum demokratischen Diskurs beitragen, würden wir nachplappern und uns bequem irgendwelchen Modeströmungen anpassen. Das ist der Stil von Diktaturen, nicht von pluralistischen Demokratien.

Im institutionalisierten demokratischen Prozess würde am Ende einer vielleicht konflikthaften, jedenfalls kontroversen Auseinandersetzung die Abstimmung stehen. Der Sinn des Mehrheitsprinzips liegt darin, vorübergehend Einheit auch dort herzustellen, wo Vielheit vorliegt. Wer dabei heute unterliegt, kann sich mehrheitlich vielleicht morgen durchsetzen. So wird der Friede auch dann gewährleistet, wenn Pluralität das Normale ist.

Abstimmen zu zweit geht leider nicht. So bleibt nur der Respekt vor der abweichenden Meinung des anderen. Aber dieser Respekt nährt sich auch im Verborgenen aus dem leichten und halbbewussten Zweifel daran, ob überhaupt an der eigenen Sichtweise »etwas dran« ist. Und genau an diesem Punkt beginnt auch schon ein mehr oder minder spürbarer Lernprozess. Oft bemerkt man dessen Ergebnisse erst später: Nicht selten und eher unbewusst hat man sich einen Teil der Ansichten des anderen selbst »einverleibt«. Auf jeden Fall hat man einen Gewinn davongetragen. Dann wird der »Streit« mit dem anderen zu einem Moment unserer nie beendeten Sozialisation, zum Teil jenes lebenslangen Vorgangs von Austausch und Kommunikation mit unseren Mitmenschen, ohne die wir nicht wären, was wir sind.

Freiburg, Mitte September 2023

Nachwort von Michael Haller

Am Anfang war die Sprachlosigkeit. Ich war sprachlos angesichts der Tiefe des Grabens, der sich zwischen der »Bewegung für Frieden« und meiner Sicht auf das Kriegsgeschehen auftat.

»Gegen Waffenhilfe für die Ukraine!« War dies nicht eine für Kopf und Herz beleidigend simple Losung, die im Namen der Verantwortung (deutsche Vergangenheit!) jede Verantwortung von sich weist? Haben wir Deutsche denn nichts gelernt aus »München 1938«? Keine Solidarität mit den Opfern der Gräuel, die Putins Soldaten vollbrachten?

Klar, das waren alles Unterstellungen. Doch sie wurden durch die Reden an der Berliner Kundgebung im Februar 2023 bekräftigt. Dann keimten auch bei mir im Untergrund der Selbstgewissheit Zweifel auf: War meine Position die menschenrechtlich besser begründete, die politisch weitsichtigere, die psychologisch stimmigere? Im Rückblick auf unseren Diskurs finde ich bereits diese Art des Fragens problematisch, weil sie nach der besseren Begründung sucht, statt Empfindungen und Motive des anderen nachzuvollziehen. Möglich, dass ich die Befürchtungen, vielleicht Ängste vor einem Atomkrieg meinerseits verdrängt hatte; dass ich diejenigen, die diese Angst nicht verdrängen können, besser verstehen und ernst nehmen sollte.

Vielleicht lag es am gegenseitigen Zutrauen, in der Sache offen, mit den Erwägungen möglichst klar und im Stil fair miteinander umzugehen. Und: Wir sind beide keine politischen Ideologen, die ihre Kritik als Wahrheit verkünden müssen. Jedenfalls fiel es uns nicht schwer, unser Gespräch durchzuhalten und aus der Kontroverse einen Diskurs zu machen. Oder lag es daran, dass wir beide an Aufklärung interessiert sind und Behauptungen wie auch Fehldeutungen (inklusive polemischer Zuspitzungen) mit Toleranz und Nachsicht begegneten? Nicht das bessere Argument, sondern die um das Humanum bekümmerte praktische Vernunft wollten wir, wenn möglich, als Sieger sehen.

Was habe ich im Fortgang unseres Debatte über das Debattieren gelernt? Wir sind beide im Nachkriegsdeutschland aufgewachsen, in einer Zeit, in der das demokratische Miteinander wie auch der Respekt vor dem Andersdenkenden erkämpft und gelernt wurde – und heute wieder in Frage steht. Viele haben vergessen, dass verständigungsorientierte Diskurse ohne Konsens über unsere Grundwerte nicht funktionieren: Man redete aneinander vorbei, man missverstünde sich oder wüsste nicht, was der andere bezweckt.

Ich frage mich: Wie würde solch ein Disput mit einem russischen Kollegen verlaufen, sagen wir: mit einem Putinisten, der unsere Grundwerte und damit auch das Fundament der meinungsoffenen, demokratisch organisierten Gesellschaft ablehnt und die »gelenkte Demokratie« besser findet? Mir scheint, unser auf westliche Grundwerte bezogener Basiskonsens reicht im Osten bis nach Odessa, nach Dnipro, Charkiw und vielleicht bis Kramatorsk. Doch in Luhansk und Donezk, vermute ich, liefe solch ein Gespräch mit einheimischen Intellektuellen anders: im Grundton emotional, in der Argumentation vermutlich konfrontativ, im Gefolge von Missverständnissen auch aggressiv.

Jedenfalls fanden in unserem Briefwechsel die zum Teil hart geführten Kontroversen über die Vorgeschichte des

Krieges, über politische Verantwortung, über Atomkriegsgefahr und Waffenlieferung, über Völkerrecht und solidarisch zu verteidigende Menschenwürde auf dem Boden dieses Grundverständnisses statt. Über Freiheitsrechte, über soziale Gerechtigkeit und demokratische Teilhabe hatten wir nichts zu diskutieren: Übereinstimmung zu deklamieren ist beruhigend, aber nicht lehrreich.

Und das Thema? Sehe ich die Rolle Deutschlands im Ukrainekrieg heute mit anderen Augen? Was die Bündnispolitik der Nato-Staaten betrifft, so habe ich im Verlauf unserer Debatte mehr und mehr die Zuversicht in die Bündnistreue mit der Ukraine verloren. Was die politische Kompetenz, die Weitsicht und Entschiedenheit der Regierungen, zuallererst unserer Bundesregierung betrifft, stiegen meine Zweifel von Monat zu Monat. Die nach dem Modell Potemkin orchestrierte Strategie Putins hat unser Bundeskanzler schlicht nicht durchschauen wollen – im Unterschied zum britischen und US-amerikanischen Geheimdienst. In Berlin wurden die Geheimdienst-Infos nach Maßgabe des Wunschdenkens interpretiert (der Putin will doch nur Übungen abhalten), weil offenbar nicht sein durfte, was nicht sein sollte. Die dann mit der Losung »Zeitenwende« einsetzende Rhetorik war nicht die Stimme einer dezidierten Wendepolitik, eher eine die Verzagtheit verdeckende Camouflage, deren Motivgrund im Wesentlichen Angst ist. Es gab im vorigen Jahrhundert im Vergleich zur aktuellen Situation fundamentale, die Existenz vieler Staaten bedrohende Katastrophen. Es ist der unerbittlichen Entschiedenheit der damaligen Akteure zu verdanken, dass Krisen überwunden und Kriege beendet wurden. Ich sehe in der aktuellen Krisenzeit unter den Bündnisstaaten weit und breit niemanden, der ähnlich wie seinerzeit Winston Churchill, Franklin D. Roosevelt, Charles de Gaulle, John F. Kennedy, Willy Brandt, das Trio Helmut Kohl, Francois Mitterand und Michail Gorbatschow die Krise zu bändigen versteht.

Angst: Gelernt habe ich, dass die von Hans-Peter vehement verfochtene Position – zugespitzt im Schlagwort »Apokalypse-Blindheit« – eine ontologische Wahrheit thematisiert, die alle Menschen betrifft und mit der Angst zusammenfällt, die das Wissen um unsere Endlichkeit in uns auslöst. Vielleicht ist diese Angst der untergründige Treiber des beklagten politischen Zauderns. Nur: Entschlossene Politiker müssen ähnlich wie Extremsportler diese Angst verdrängen oder mit Hilfe ihrer Entschlossenheit domestizieren. Wenn nicht, lähmt die Angst das politische Handeln. Aus Akteuren werden Bedenkenträger, Entschiedenheit wird zur inhaltsleeren Pose.

Heute, im September 2023, steht zu befürchten, dass die lähmende Angst vor der Ungewissheit zur Zerstörung der Ukraine führen wird – ein Land, für das wir uns im ersten Kriegsjahr ungeheuer engagiert und riesige Anstrengungen, auch Entbehrungen auf uns genommen haben, im Glauben, die verbündeten Nato-Staaten würden dort mit den Menschenrechten auch das Selbstbestimmungsrecht mit aller Entschiedenheit verteidigen. Im Rückblick auf die vergangenen 18 Monate erkenne ich mich als einen von der Realpolitik der westlichen Machthaber mehr und mehr enttäuschten ... Idealisten.

Hamburg, im September 2023

Literatur

ALEXANDER, ROBERT: *Machtverfall. Merkels Ende und das Drama der deutschen Politik*. München [Siedler] 2021

AMBOS, KAI: *Doppelmoral. Der Westen und die Ukraine*. Frankfurt/M. [Westend Verlag] 2022

ANDERS, GÜNTHER: *Die Antiquiertheit des Menschen. Über die Seele im Zeitalter der zweiten industriellen Revolution*. Ungekürzte Sonderausgabe. München [C. H. Beck] 1968

ANDERS, GÜNTHER: Über Verantwortung heute (1959). In: Ders.: *Die atomare Drohung. Radikale Überlegungen*. 4. Aufl. München [C. H. Beck] 1983, S. 24 - 54

ARMBRUSTER, IRENE: Einstein, Prophet des Friedens. In: *Aus Politik und Zeitgeschichte*, 13.06.2005, B 25-26/2005 (25.05.2023), unter: Prophet des Friedens | Einstein | bpb.de

BABEROWSKI, JÖRG: Lässt sich der Pazifismus verteidigen? (mit Olaf L. Müller) in: *Philosophie Magazin* Nr. 2/2023, S. 24 - 29

BECKER, JÖRG: PR-Arbeit für die Ukraine: So inszeniert sich Kiew im Krieg. in: *Frankfurter Rundschau* vom 31.07.2023 (https://www.fr.de/politik/ukraine-krieg-russland-pr-public-relations-feindbilder-russland-propaganda-selenskyj-92431664.html)

BELTON, CATHERINE: *Putins Netz – Wie sich der KGB Russland zurückholte und dann den Westen ins Auge fasste.* Hamburg [Harper Collins] 2020

BERGER, PETER L.; THOMAS LUCKMANN: *Die gesellschaftliche Konstruktion der Wirklichkeit. Eine Theorie der Wissenssoziologie.* 22. Aufl. Frankfurt/M. [Fischer] 2009

BOEHM, OMRI: *Radikaler Universalismus. Jenseits von Identität. Universalismus als rettende Alternative.* Übersetzung aus dem Amerikanischen Michael Adrian. Berlin [Propyläen] 2022

BRÄHLER, ELMAR; OLIVER DECKER: *Autoritäre Dynamiken und die Unzufriedenheit mit der Demokratie in Ostdeutschland.* 2023. https://efbi.de/files/efbi/pdfs/ Policy%20Paper/2023_2_Policy%20Paper.pdf

BREMER, HELMUT; ANDREA LANGE-VESTER: *Soziale Milieus und Wandel der Sozialstruktur.* Wiesbaden [Springer] 2007

BROWN, ARCHIE: *Der Mythos vom starken Führer. Politische Führung im 20. und 21. Jahrhundert.* Berlin [Propyläen] 2018

BRUCKNER, PASCAL: *Der Schuldkomplex. Vom Nutzen und Nachteil der Geschichte für Europa.* München [Pantheon Verlag] 2008

BUNDESZENTRALE FÜR POLITISCHE BILDUNG (bpb): *Kennzahlen zur Armut in Russland (Stand: 2018) Dossier »Russland-Analysen«.* 2018. https://www.bpb.de/ themen/europa/russland-analysen/nr-382/305905/ dokumentation-kennzahlen-zur-armut-in-russland/

BUNDESZENTRALE FÜR POLITISCHE BILDUNG (bpb): »Militär und außenpolitische und strategische Ausrichtung«, Dossier »Russland-Analysen«. 2022. https://www.laender-analysen.de/russland- analysen/416/militaer-und-aussenpolitische-und- strategische-ausrichtung/

CASTEL, ROBERT: *Negative Diskriminierung. Jugendrevolten in den Pariser Banlieues.* Hamburg [Hamburger Edition] 2009

CEADEL, MARTIN: *Thinking about Peace and War*. Oxford 1989

CHALMERS, DAVID J.: *Realität+ Virtuelle Welten und die Probleme der Philosophie*. Berlin [Suhrkamp] 2023

CZEMPIEL, ERNST-OTTO: *Weltpolitik im Umbruch*. 3. Aufl. München [C. H. Beck] 2003

DELUMEAU, JEAN: *Angst im Abendland. Die Geschichte kollektiver Ängste im Europa des 14. bis 18. Jahrhunderts*. Bd. 1 und 2. Reinbek b. Hamburg [Rowohlt] 1985

DÖRRE, KLAUS: Demokratie statt Kapitalismus oder: Enteignet Zuckerberg! In: KETTERER, HANNA; KARINA BECKER (Hrsg.): *Was stimmt nicht mit der Demokratie?* Berlin [Suhrkamp] 2019, S. 21-51

EINSTEIN, ALBERT: *Über den Frieden. Weltordnung oder Weltuntergang?* Hrsg. v. Otto Nathan und Heinz Norden. Bern [Lang] 1975

ELTCHANINOFF, MICHEL: *In Putins Kopf. Logik und Willkür eins Autokraten*. Stuttgart [Tropen (Cotta Nachf.)] 2016

ENTMAN, ROBERT: Framing: Towards a Clarification of a Fractured Paradigm. In: *Journal of Communication* 43 (3), 1993, S. 51-58

FISCHER-FABIAN, SIEGFRIED: *Preußens Gloria. Der Aufstieg eines Staates*. München [Droemer-Knaur] 1976

FLECKER, JÖRG; MANFRED KRENN: Politische Verarbeitungsformen gefühlter sozialer Unsicherheit: »Attraktion Rechtspopulismus«. In: CASTEL, ROBERT; KLAUS DÖRRE (Hrsg.): *Prekarität, Abstieg, Ausgrenzung. Die soziale Frage am Beginn des 21. Jahrhunderts*. Frankfurt/M., New York [Campus] 2009, S. 323-332

FOERSTER, HEINZ VON; BERNHARD PÖRKSEN: *Wahrheit ist die Erfindung eines Lügners*. Gespräche für Skeptiker. 5. Aufl. Heidelberg [Carl-Auer] 2003

FRASER, NANCY: *Der Allesfresser. Wie der Kapitalismus seine eigenen Grundlagen verschlingt*. Berlin [Suhrkamp] 2023

FREUD, SIGMUND (1933): *Zeitgemäßes über Krieg und Tod | Warum Krieg? Der Briefwechsel mit Albert Einstein*. 1933. Neuaufl.: Stuttgart [Reclam Verlag] 2022

GARTON ASH, TIMOTHY: »Ich bin sozusagen der europäischste Brite, den es gibt«. In: *Der Spiegel*, Heft 16/2023

GARTON ASH, TIMOTHY: *Europa. Eine persönliche Geschichte*. München [Hanser] 2023

GASSERT, PHILIPP; TIM GEIGER; HERMANN WENTKER: Zweiter Kalter Krieg und Friedensbewegung. Einleitende Überlegungen zum historischen Ort des NATO-Doppelbeschlusses von 1979. In: Dies.: *Zweiter Kalter Krieg und Friedensbewegung. Der NATO-Doppelbeschluss in deutsch-deutscher und internationaler Perspektive*. München [Oldenbourg] 2011, S. 7-29

GAUCK, JOACHIM; HELGA HIRSCH: *Erschütterungen. Was unsere Demokratie von außen und innen bedroht*. München [Siedler-Verlag] 2023

GLASERFELD, ERNST VON: Einführung in den radikalen Konstruktivimus. In: WATZLAWICK, PAUL (Hrsg.): *Die erfundene Wirklichkeit. Wie wissen wir, was wir zu wissen glauben? Beiträge zum Konstruktivismus*. München, Zürich [Piper] 1981

GLUCKSMANN, ANDRÉ: *Philosophie der Abschreckung*. Stuttgart [Deutsche Verlags-Anstalt] 1984

GOEMANS, HEIN: »Putin hat leider noch viele Optionen«. In: *Der Spiegel* Nr. 44/2022

GREINER, BERND: *Made in Washington. Was die USA seit 1945 in der Welt angerichtet haben*. 2. Aufl. München [C. H. Beck] 2021

GUHA, ANTON-ANDREAS: Atomare Abschreckung – Sicherheit oder Gefahr? In: *Ist der Frieden noch zu retten? Die Abschreckung und ihre Alternativen*. Hrsg. v. Jürgen Tatz. Frankfurt/M. [Athenäum] 1986

HABERMAS, JÜRGEN: *Faktizität und Geltung. Beiträge zur Diskurstheorie des Rechts und des demokratischen Rechtsstaats*. Frankfurt/M. [Suhrkamp Verlag] 1992

HALLER, MICHAEL: »Das Medium als Wille und Vorstellung«. In: *Die Zeit* Nr. 27/1991, S. 54

HALLER, MICHAEL: Journalismustheorie und journalistische Praxis. In: LÖFFELHOLZ, MARTIN; LIANE ROTHENBERGER (Hrsg.): *Handbuch Journalismustheorien*. Wiesbaden [Springer VS] 2016, S. 131-150

HALLER, MICHAEL: Mit geschwellter Brust und Epauletten. Anmerkungen zum veränderten Berufsbild im Journalismus. In: HÖMBERG, WALTER (Hrsg.): *Marginalistik. Almanach für Freunde der fröhlichen Wissenschaft*. München [Allitera Verlag] 2023, S. 137-152

HARTMANN, MICHAEL: *Die Abgehobenen. Wie die Eliten die Demokratie gefährden*. Frankfurt/M., New York [Campus] 2018

HARVEY, DAVID: *The Limits to Capital*. London 1982. Aktualisiert: Edition Verso 2006

HAVEL, VÁCLAV: *Versuch, in der Wahrheit zu leben*. Reinbek b. Hamburg [Rowohlt] 1980

HEITMEYER, WILHELM: *Autoritäre Versuchungen*. Berlin [Suhrkamp] 2018

HIPPLER, JOCHEN: *Krieg im 21. Jahrhundert. Militärische Gewalt, Aufstandsbekämpfung und humanitäre Intervention*. Wien [Promedia] 2019

JASPERS, KARL: *Die Atombombe und die Zukunft des Menschen. Politisches Bewusstsein in unserer Zeit*. München [Deutscher Taschenbuchverlag] 1961

JASPERS, KARL: *Wohin treibt die Bundesrepublik?* München [Piper] 1966

JONAS, HANS: *Das Prinzip Verantwortung. Versuch einer Ethik für die technologische Zivilisation*. Frankfurt/M. [Suhrkamp] 1984

KAHN, HERMAN: *Nachdenken über den Atomkrieg. Konflikt-Szenarios mit simulierten Situationen im Dienst der Friedensstrategie.* Bern, München [Scherz] 1984

KARAGANOV, SERGEI A.: A Difficult but Necessary Decision. In: *Russia in Global Affairs*, 27.06.2023

KENNAN, GEORGE F.: *A Fateful Error*. 1997. https://www.nytimes.com/1997/02/05/opinion/a-fateful-error.html

KISSINGER, HENRY: *Nuclear Waepons, and Foreign Policy*. New York [Harper] 1957

KOSELLECK, REINHARD: *Vergangene Zukunft. Zur Semantik geschichtlicher Zeiten.* Frankfurt/M. [Suhrkamp] 1979

KRÜGER, UWE: *Meinungsmacht. Der Einfluss von Eliten auf Leitmedien und Alpha-Journalisten – eine kritische Netzwerkanalyse.* Köln [Herbert von Halem] 2019

LAMBY, STEPHAN: *Ernstfall. Regieren in Zeiten des Krieges. Report aus dem Innern der Macht.* München [C.H. Beck] 2023

LIPPMANN, WALTER: *Die öffentliche Meinung. Wie sie entsteht und wie sie manipuliert wird.* Frankfurt/M. [Westend] 2018

LISSMANN, KONRAD PAUL: *Günther Anders zur Einführung.* 2. Aufl. Hamburg [Junius] 1993

LOBO, SASCHA: Der deutsche Lumpenpazifismus. In: *Spiegel.de* vom 20.04.2022, unter: https://www.spiegel.de/netzwelt/netzpolitik/ukraine-krieg-der-deutsche-lumpen-pazifismus-kolumne-a-77ea2788-e80f-4a51-838f-591843da8356

LOCH, DIETMAR; WILHELM HEITMEYER (Hrsg.): *Schattenseiten der Globalisierung.* Frankfurt/M. 2011

MANSEL, JÜRGEN; OLIVER CHRIST; WILHELM HEITMEYER: Der Effekt der Prekarisierung auf fremdenfeindliche Einstellungen. In: HEITMEYER, WILHELM (Hrsg.): *Deutsche Zustände, Folge 10.* Berlin [Suhrkamp] 2012

MARCINKOWSKI, FRANK: *Publizistik als autopoietisches System.* Wiesbaden [vs Verlag] 1993

MASLA, CARLO: *Weltunordnung: Die globalen Krisen und die Illusionen des Westens*. 8. Aufl. München [C. H. Beck] 2023

MATURANA, HUMBERTO R.; BERNHARD PÖRKSEN: *Vom Sein zum Tun. Die Ursprünge der Biologie des Erkennens*. Heidelberg [Carl-Auer-Systeme Verlag] 2002

MAURER, MARCUS; JÖRG HASSLER; PABLO JOST: *Die Qualität der Medienberichterstattung über den Ukraine-Krieg*. Forschungsbericht für die Otto Brenner Stiftung. 2023

MEARSHEIMER, JOHN: Der Westen ist an diesem Krieg schuld. In: *Cicero* vom 29.06.2022. https://www.cicero.de/aussenpolitik/john-mearsheimer-ukraine-krieg-eu-russland-ende-nato-schuld

MEIER, CLAUDE (2023): »Was der Einsatz von Atomwaffen bedeutet«. In: NZZ vom 18.05.2023, S. 18

MEYER, THOMAS: *Mediokratie. Die Kolonisierung der Politik durch das Mediensystem*. Frankfurt/M. [Suhrkamp] 2001

MISHRA, PANKAJ: *Das Zeitalter des Zorns. Eine Geschichte der Gegenwart*. Frankfurt/M. [S. Fischer] 2017

MÜLLER, OLAF L.: *Pazifismus. Eine Verteidigung*. Stuttgart [Reclam] 2022

MÜLLER, OLAF L.: Vernunft, Mut, Wahrheit und Liebe: Der Jahrhundertpazifist Bertrand Russell. In: RUSSELL, BERTRAND: *Die Zukunft des Pazifismus*. Hrsg. v. Olaf L. Müller. Stuttgart [Reclam] 2023, S. 29-77

MÜNKLER, HERFRIED: *Kriegssplitter. Die Evolution der Gewalt im 20. und 21. Jahrhundert*. Reinbek b. Hamburg [Rowohlt] 2017

NIDA-RÜMELIN, JULIAN: Eine ethisch fundierte Realpolitik der Friedenssicherung. Eine philosophische Perspektive. In: NIDA-RÜMELIN, JULIAN; MATTHIAS KRUMM; ERICH VAD; et al.: *Perspektiven nach dem Ukraine-krieg. Europa auf dem Weg zu einer neuen Friedensordnung?* Freiburg, Basel, Wien [Herder] 2022, S. 111-129

ORWELL, GEORGE: *The Collected Essays, Journalism, and Letters of George Orwell: My country right or left, 1940-1943.* Hrsg. von David R. Godine. Reprint Edition 2019

RAND CORPORATION: Avoiding a Long War: U.S. Policy and the Trajectory of the Russia-Ukraine Conflict. In: RAND *Corporation*, 08.05.2022 (2023)

REALCLEARPOLITICS: John Mearsheimer on Ukraine Conflict: There Are No Realistic Options. The West Is Screwed. In: *RealClearPolitics*, 2022

RECKWITZ, ANDREAS: *Das Ende der Illusionen. Politik, Ökonomie und Kultur in der Spätmoderne.* Berlin [Suhrkamp] 2019

RÜHL, MANFRED: *Journalismus und Gesellschaft. Bestandsaufnahme und Theorieentwurf.* Mainz [v. Hase und Koehler] 1980

RUSSELL, BERTRAND: *Hat der Mensch noch eine Zukunft?* München [Kindler] 1961

SANDVOSS, ERNST R.: *Bertrand Russell.* Reinbek b. Hamburg [Rowohlt] 1980

SAPOLSKY, ROBERT: *Behave.* Penguin Press 2017. Deutsch: *Gewalt und Mitgefühl.* München [Piper] 2017

SASSE, GWENDOLYN: *Der Krieg gegen die Ukraine. Hintergründe, Ereignisse, Folgen.* München [Verlag C. H. Beck] 2022

SCHELER, FABIAN: Nato-Generalsekretär in Kiew: »Die Zukunft der Ukraine ist in der Nato«. In: *Zeit online*, 08.05.2023

SCHLOSSER, ERIC: *Command and Control. The Story of Nuclear Weapons and The Illusion of Safety.* London [Penguin Books] 2013

SCHMIDT, MANFRED G.: *Demokratietheorien. Eine Einführung.* 3. Aufl. Opladen [Leske + Budrich] 2000

SCHNEIDER, PETER: Was hätte Putin der Ukraine und Russland nach einem Sieg zu bieten? Das einzige

Versprechen des Kremlchefs ist imperiale Macht.
In: *Neue Zürcher Zeitung*, 30. 04. 2023

SCHOLL, STEFAN: Russland kollabiert in Zeitlupe. In:
Frankfurter Rundschau, 10.03.23, https://www.fr.de/
wirtschaft/zeitlupe-russland-kollabiert-in-92132042.
html

SCHUBERT, KLAUS VON: *Von der Abschreckung zur gemeinsamen
Sicherheit. Ausgewählte Aufsätze.* Hrsg. v. Friedhelm
Solms. Baden-Baden [Nomos] 1992

STIGLITZ, JOSEPH: *Der Preis der Ungleichheit: wie die Spaltung
der Gesellschaft unsere Zukunft bedroht.* München
[Pantheon] 2014

STÖVER, BERND: *Geschichte des Koreakriegs. Schlachtfeld der
Supermächte und ungelöster Konflikt.* München [C. H.
Beck] 2013

TUCHOLSKY, KURT: *Beilage zum Brief an Hedwig Müller vom
16. März 1935.* 1935. https://www.sudelblog.de/?p=427

TUGENDHAT, ERNST: Glucksmanns »Philosophie der
Abschreckung«. In: TUGENDHAT, ERNST: *Nachdenken
über die Atomkriegsgefahr und weshalb man sie nicht sieht.*
Berlin [Rotbuch] 1986, S. 45-58

TURCHIN, PETER: *End Times: Elites, Counter-Elites and the Path
of Political Disintegration.* New York [Allen Lane] 2023

VOLKELT, JOHANNES: *Immanuel Kant's Erkenntnistheorie
nach ihren Grundprincipien analysiert. Ein Beitrag zur
Grundlegung der Erkenntnistheorie.* Leipzig [Leopold Voss]
1979

VOLLMER, ANTJE: »Was ich noch zu sagen hätte«.
In: *Berliner Zeitung*, 23.02.2023. https://www.berliner-
zeitung.de/politik-gesellschaft/ein-jahr-ukraine-krieg-
kritik-an-gruenen-antje-vollmers-vermaechtnis-einer-
pazifistin-was-ich-noch-zu-sagen-haette-li.320443

WAGENKNECHT, SAHRA: *Die Selbstgerechten. Mein
Gegenprogramm für Gemeinsinn und Zusammenhalt.*
Frankfurt/M., New York [Campus] 2021

WAGNER, KATHARINA: Russlands Armut hinter dem schönen Schein. In: *Frankfurter Allgemeine Zeitung*, 18.09.2021

WALDRICH, HANS-PETER: Demokratie in einer unsicheren Welt. In: *Spektrum Iran*, 28. Jg., Nr. 3/2015, S. 45-58

WALSER, MARTIN: *Über sich und sein Werk. Vorträge und Gespräche*. München [Quartino-Verlag] 2012

WATZLAWICK, PAUL: *Münchhausens Zopf oder Psychotherapie und »Wirklichkeit«*. Bern [Huber] 1988

WEBER, MAX: *Politik als Beruf*. München, Leipzig 1919. Neuaufl.: Stuttgart [Reclam] 1992

WEISCHENBERG, SIEGFRIED; ARMIN SCHOLL; MAJA MALIK: *Die Souffleure der Mediengesellschaft: Report über die Journalisten in Deutschland*. Konstanz [UVK] 2006

WERKNER, INES-JACQUELINE: *Friedens- und Konflikforschung. Eine Einführung*. München [UVK] 2020

WILKINSON, RICHARD; KATE PICKETT: *Gleichheit ist Glück. Warum gerechte Gesellschaften für alle besser sind*. 3. Aufl. Berlin [Tolkemitt] 2010

WROBEL, IGNAZ (alias Kurt Tucholsky): Der bewachte Kriegsschauplatz. In: *Die Weltbühne*, 4. August 1931

ZICK, ANDREAS; BEATE KÜPPER (Hrsg.): *Die geforderte Mitte*. Bonn [J.H.W. Dietz] 2021

ZIZEK, SLAVOJ: *Degeneracy, Depravity, and the New Right*. Unter: https://www.project-syndicate.org/ commentary/putin-alt-right-reviving-male-chauvinist-aggression-by-slavoj-zizek-2022-08

Register

Über die Autoren

Michael Haller, Jahrgang 1945, studierte an den Universitäten Freiburg i.Br. und Basel Philosophie, Politik- und Sozialwissenschaften. Er promovierte über Hegels politische Philosophie und forschte zur Rolle der Medien in westlichen Demokratien. Vor seinem Ruf an die Universität Leipzig im Jahr 1993 war Haller während 25 Jahren als Reporter und leitender Redakteur in verschiedenen Pressemedien des deutschen Sprachraums tätig. Bis zu seiner Emeritierung im Herbst 2010 hatte er den Lehrstuhl für Allgemeine und Spezielle Journalistik inne. Heute ist er wissenschaftlicher Leiter des gemeinnützigen Europäischen Instituts für Journalismus- und Kommunikationsforschung (EIJK) in Leipzig. Forschungsgebiete: Deliberative Theorien der öffentlichen Kommunikation in Demokratien; Ermittlung und Vermittlung von Informations- und Medienkompetenz für die mediatisierte Lebenswelt, Probleme der Medien- und Kommunikationsethik.

Hans-Peter Waldrich, Jahrgang 1944, studierte an den Universitäten München, Frankfurt am Main und Freiburg i.Br. Politikwissenschaft, Philosophie, Geographie und Germanistik. Er promovierte zur Frage des Demokratieverständnisses im Marxismus-Leninismus der Deutschen Demokratischen Republik. Beruflich tätig war er an pädagogischen

Einrichtungen (Evangelische Akademie, Gymnasien) und als Lehrbeauftragter am Bundesamt für den Zivildienst und an der Universität Karlsruhe sowie Wissenschaftlicher Mitarbeiter an der Pädagogischen Hochschule. 2008 bis 2012 engagierte es sich als Landesvorsitzender der Aktion Humane Schule Baden-Württemberg (AHS) im Bereich der Reformpädagogik. Ein Schwerpunkt seiner Arbeit sind die Fragen und Probleme atomarer Bewaffnung. Er versteht sich als Friedensaktivist. Zahlreiche Buchveröffentlichungen.

Schriften zur Rettung des öffentlichen Diskurses

MICHAEL MÜLLER
Politisches Storytelling.
Wie Politik aus Geschichten
gemacht wird
2020, 168 S.,
ISBN 978-3-86962-499-0

STEPHAN RUSS-MOHL (Hrsg.)
Streitlust und Streitkunst.
Diskurs als Essenz der
Demokratie
2020, 472 S.,
ISBN 978-3-86962-552-2

STEPHAN RUSS-MOHL /
CHRISTIAN PIETER HOFFMANN
(Hrsg.)
Zerreißproben.
Leitmedien, Liberalismus und
Liberalität
2021, 256 S.,
ISBN 978-3-86962-535-5

MARCO BERTOLASO
Rettet die Nachrichten!
Was wir tun müssen, um besser
informiert zu sein
2021, 358 S.,
ISBN 978-3-86962-493-8

ISABELLE BOURGEOIS
Frankreich entschlüsseln.
Missverständnisse und
Widersprüche im medialen
Diskurs
2023, 288 S., 11 Abb.,
ISBN 978-3-86962-643-7

TOBIAS ENDLER
Demokratie und Streit.
Der Diskurs der Progressiven
in den USA: Vorbild für
Deutschland?
2022, 208 S.,
ISBN 978-3-86962-645-1

SEBASTIAN TURNER /
STEPHAN RUSS-MOHL (Hrsg.)
Deep Journalism.
Domänenkompetenz als
redaktioneller Erfolgsfaktor
2023, 316 S.,
ISBN 978-3-86962-660-4

HERMANN V. ENGELBRECHTEN-ILOW
Was läuft da schief im
Journalismus?
Warum es mit den Medien
bergab geht und wie man ihnen
aufhelfen kann
2023, 290 S., 30 Abb.,
ISBN 978-3-86962-672-7

 HERBERT VON HALEM VERLAG
Boisseréestr. 9-11 · 50674 Köln
http://www.halem-verlag.de
info@halem-verlag.de